高校篮球运动开展研究与教学创新

丛向辉◎著

中国纺织出版社

图书在版编目(CIP)数据

高校篮球运动开展研究与教学创新 / 丛向辉著. --北京 ：中国纺织出版社，2019.1

ISBN 978-7-5180-4755-0

Ⅰ. ①高… Ⅱ. ①丛… Ⅲ. ①篮球运动—体育教学—教学研究—高等学校 Ⅳ. ①G841.2

中国版本图书馆 CIP 数据核字(2018)第 034777 号

责任编辑:姚　君　　责任印制:储志伟

中国纺织出版社出版发行

地址:北京市朝阳区百子湾东里 A407 号楼　邮政编码:100124

销售电话:010－67004422　传真:010－87155801

http://www.c-textilep.com

E-mail:faxing@c-textilep.com

中国纺织出版社天猫旗舰店

官方微博 http://www.weibo.com/2119887771

北京虎彩文化传播有限公司印制　各地新华书店经销

2019 年 1 月第 1 版第 1 次印刷

开本:710×1000　1/16　印张:17

字数:252 千字　定价:76.00 元

前　言

现如今，篮球运动在世界范围内已经拥有了极高的关注度、知晓率和参与率，国际篮联也继而成为世界上最大的单项运动组织。为此，许多国家都将篮球运动作为主要的运动项目进行发展，我国也非常注重篮球运动的开展，特别是近几十年来从未间断过对篮球运动发展规律、基本理念和技战术打法的研究，不断尝试更新的发展模式和道路。高校篮球作为我国篮球事业的重要组成部分，也如火如荼地开展起来，为我国的篮球事业培养出了众多篮球相关人才。这显然对我国高校篮球的发展，甚至是对中国篮球的发展来说都是一件可喜的事情。

近年来，我国高校篮球运动的发展势头迅猛，成为学生在业余时间选择率最高的运动项目。篮球运动能够有如此良好的发展现状，除了得益于其本身具有的诸多魅力与特点，还有赖于学生越来越强的健身意识和参与篮球运动的热情。这是高校篮球运动发展的动力，也是发展的契机。不过尽管如此，我们还是要承认与欧美体育发达国家相比，我国的高校篮球运动表现出了形式单一、训练质量较低、师资力量薄弱等不足。为改变这一现状，特撰写《高校篮球运动开展研究与教学创新》一书，以期为我国高校篮球运动的发展贡献力量。

本书主要围绕高校篮球运动的相关理论和篮球实践技战术学练方法撰写，其中对高校篮球运动理论和实践的内容选择较为考究和全面。除此之外，本书还具有系统性、全面性以及逻辑性等特点，是一本较为理想的高校篮球教学与实践指导类著作。

本书共分为九章。第一章首先对篮球运动的基本知识做了概述研究，包括篮球运动的起源与发展、特点与作用、国内外重要篮球赛事与组织机构以及我国高校篮球运动的发展概况；第二章重点研究了高校篮球教学与创新问题，除阐述了篮球教学的基本理论外，还对高校篮球教学的现状与发展对策进行了研究，并分析了多媒体和慕课系统在高校篮球教学中的创新应用方式；第三章从课前准备、课中管理以及课后评价三个方面对篮球教学课程的组织与开展进行了研究；第四章对高校篮球活动的组织方法进行了研究，包括篮球活动必要的场地与设备、组织方式与编排方法等；第五章重点分析了篮球运动的安全营养保健问题，包括必要的合理营养补充、疲劳的消除以及在篮球运动中经常出现的运动性伤病的防治；第六章对篮球运动中必备的体能素质的训练方法进行了指导，重点在于指导篮球的一般与专项体能训练方法；第七章和第八章分别指导篮球运动技术与战术的学练方法；第九章则分别从多种类型入手指导篮球游戏学练方法。

在本书的撰写过程中参考了其他同领域专家学者的观点和数据，在此表示感谢。另外，由于时间和水平有限，书中难免出现一些错误或不足，恳请读者予以批评和指正，不胜感激。

编　者

2018 年 7 月

目　录

第一章 篮球运动概述

篮球运动是世界上参与人数最为广泛的运动，同时国际篮球联合会也是世界上成员国最多的单项体育组织。为了更好地研究篮球运动，首先就需要对其基本理论进行了解与研究。此外，本章还对我国高校篮球运动的发展概况进行了分析。

第一节 篮球运动的起源与发展

一、篮球运动的起源

篮球运动是在1891年由加拿大人詹姆斯·奈史密斯(James Naismith)发明的。当时奈史密斯是美国马萨诸塞州斯普林菲尔德市的一所基督教青年会干部训练学校的体育教师。冬季的马萨诸塞州较为寒冷，组织学生在室外上体育课多有不便，于是奈史密斯为了能够继续让学生们保持锻炼，他便将在室外进行的一种有趣的投篮游戏移至室内，当时选用足球作为游戏用球，并将起初摆在地面上的篮筐悬挂于室内场地的两侧距离地面约10英尺处，相当于公制单位3.05米的墙壁上。游戏规则与在室外投篮一致，还是向篮内投掷，投入篮筐内得1分，以哪一方先达到游戏开始前设定的分数为决定胜负的方法。

在固定器材方面，起初使用的是带有底部的篮筐，但由于每次进球后都要爬梯子上上下下将球取出才能再开始比赛，比较麻烦。以后逐步将竹篮改为活底铁篮，即进球后通过篮下的手动装置让篮筐的底打开，使球掉下来。后来干脆将篮筐底部取消改为铁圈下挂网，然后挂在两端墙壁的立柱支架上，篮筐下挂网的目的在于能够让裁判看清球是否入筐。后来为避免球被投掷到场外，在篮筐后面增加了挡网。以至于有些国家起初把篮球还叫做“笼球”，意为在笼中进行的球类比赛。

人们逐渐把这种游戏称为“奈史密斯球”或“筐球”，后来奈史密斯与同行们通过推敲，最终将这项游戏活动取名为“Basketball”，英文直译为“篮筐球”，简称“篮球”。

通过不断实践可以看出，篮球是一项身体接触非常频繁的、具有较强身体对抗性的运动。为了使对抗变得正常合理，避免运动中发生过多的因不合理对抗而产生的受伤情况，奈史密斯及日后的体育工作者们便开始针对这项运动制定某些限制性的规定。此后在篮球运动的发展过程中，组织者不断地改进比赛方式和规则，从而使篮球运动逐步得到规范和完善，并开始向现代篮球运动过渡。

1932 年，国际业余篮球联合会，后改名为国际篮球联合会（Fédération Internationale de Basketball；FIBA）。

国际篮球联合会（简称国际篮联）的成立，直到今天共有 213 个国家和地区加入该组织。国际篮联也就成为加盟会员国数量最多的世界体育单项组织，其会员国遍布五大洲绝大多数国家和地区。时至当下，篮球已经成为世界各国人民最喜爱的体育运动项目之一。经有关方面统计，世界上已有 5 亿～6 亿人经常参加篮球运动，属于篮球运动人口。

二、篮球运动的发展

（一）篮球运动在世界的发展

1.篮球运动发展的五大时期

现代篮球运动若以其活动的方法和规则完善的过程为标准，

可以将它的发展历程划分为由最初构思到完善建章，到宣传推广，到立项入世，再到创新发展五个阶段过程。

(1)初试探索期(19 世纪 90 年代至 20 世纪 20 年代)

这一时期，篮球运动表现出以下特点。

①在初试探索这个过程中无明确细致的游戏规则，没有人数限制、场地设备规模等要求。

②在实践中根据比赛的需要，逐渐增加或改良了一些场地设备、规则等。例如开始针对场地大小进行了规定；篮筐的位置，也开始挂在高柱上(图 1-1)；比赛时的动作也进行了规范性的要求等。

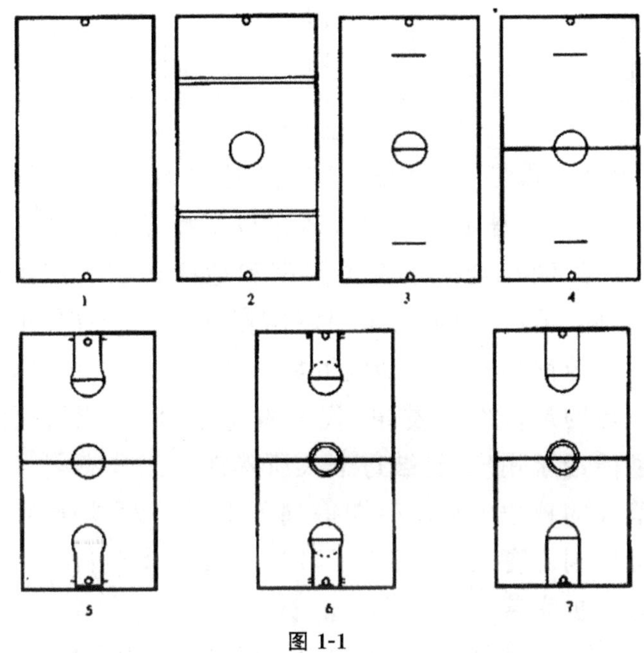

图 1-1

(2)完善传播期(20 世纪 30 年代至 40 年代末)

这一时期，篮球运动主要表现出以下特点。

①在此时期，篮球运动传播到世界各地，以其自身的魅力被各国人民所喜爱。1932 年，国际篮联的前身——国际业余篮球联合会在日内瓦成立。

②初步遵循了 13 条比赛规则，明确固定了上场参赛的人数

和时间,进一步改良了比赛场地划分区域,标识线的细化;篮球场地材质、设备进一步完善和规范(图1-2);1936年第11届柏林奥运会上,男子篮球被列为正式比赛项目。

③进攻与防守的专有技术动作逐渐增多。除此之外。场上开始出现了一些有意识的初级战术配合。技战术内容的加入,掀起了篮球运动的第一次发展高潮。

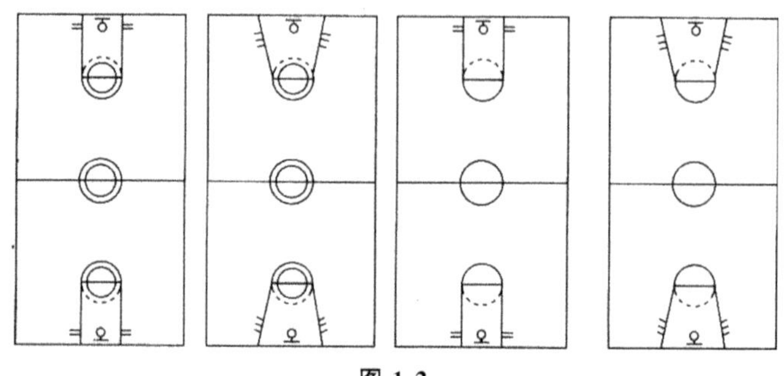

图1-2

(3)普及发展期(20世纪50年代至70年代末)

这一时期,篮球运动主要表现出以下特点。

①篮球运动在全球近百个国家和地区得到了广泛普及。各种世界、洲际、地区、国家组织的篮球竞赛如雨后春笋般诞生。其中以世界篮球锦标赛最为受到世界篮球爱好者的关注,这项比赛是世界篮球的最高级别赛事,代表着每个时代的最高篮球水平。篮球运动已经家喻户晓,被每个人所熟知。

②篮球的技战术在此时期得到了更好的发展,新颖巧妙的战术不断运用到比赛之中,形成了科学的攻防体系;比赛场地、设施及规则进一步完善。

(4)全面提高期(20世纪70年代至80年代末)

这一时期,篮球运动主要表现出以下特点。

①球员的身高、身体素质、滞空高度和攻守速度明显得到了提高,这种特点逐渐将球员的个人高度、技术和队伍整体打法结合在了一起。身体、意识的对抗日益激烈,高强度、高对抗、高速度、高技巧、高智慧、高比分的对抗开始成为篮球运动新时期发展的新趋势。

②篮球比赛规则又有过几度修改，增设了进攻方进球后被犯规的追加罚球的规定。第一次罚中即结束罚球，若第一次没有罚中，可有第二次罚球的机会，如果第二罚还不中，则结束罚球。再度调整了(减少了过本方半场的时间)球过本方半场和本方进攻的时间，这些规则的改变更加提高了比赛的攻防转换速度，并且应运而生了更多与之相配的技战术打法和体系。

③女子篮球被列为第21届蒙特利尔奥运会的比赛项目。女子篮球技术逐渐男子化，这掀起了这项运动的第二次发展高潮。篮球运动在全球普及人口增多，篮球竞技方式变化，竞技水平提高。以美国和欧洲为代表的国际强队开始增多。世界篮球的格局形成了多强争霸的局面。

④20世纪80年代中期篮球竞赛规则对场地进行了再次修改，增设了远投区，因为在远投区投中的球可以计算3分，所以也经常被人们称为“三分线”(图1-3)。不过经常看到的美国男子职业篮球联赛(NBA)的三分线为7.2米，而国际篮联的三分线为6.75米。

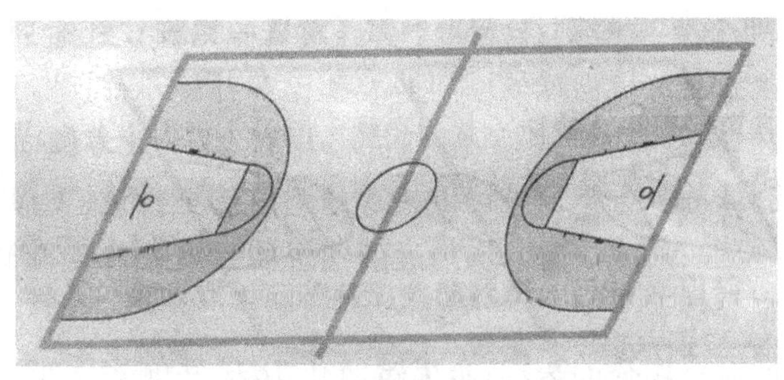

图 1-3

(5)创新发展期(1990年至今)

20世纪90年代，世界篮球运动的发展进入了一个全新的发展时期，这一时期，篮球运动主要表现出以下特点：

①20世纪90年代，国际奥委会取消了职业运动员禁止参加奥运会比赛的禁令，这使得被誉为“梦之队”的，由美国NBA职业联赛球员组成的美国国家篮球队在第25届巴塞罗那奥运会上大放异彩。他们打出的富有激情和暴力美学的篮球，向世界展示了

最高水平的篮球技艺，博得了人们的眼球，引起了巨大的轰动效应。世界篮球运动由此走向将智谋化、凶悍化、多变化、职业化、产业化融为一体的方向趋势，从而掀起了此项运动的第三次发展高潮。

②篮球运动的技术动作不断创新，效果更加实用。同时，战术越发复杂，讲求实效，攻防两端的阵形和打法多变。运动员内外攻守区域分位趋向模糊，人员占位更加灵活，人盯人防守方式更加流行，攻防两端高空球争夺更趋凶悍，对篮板球的争夺更加重视。比赛整体的竞技艺术感增强，更显观赏性。

③篮球全场比赛的时间、入场方式和球权细节进行了新的规定。将比赛改为上、下两个半场，每个半场分为 2 节，每节 10 分钟；实行三人裁判制：主裁 1 名，底线裁判 2 名；改争球制为交替球权制等。

2.篮球运动规则的演变

最初的篮球比赛对上场人数、场地大小和比赛时间均没有严格的限制，这几项规则只要双方参赛人员协调商议通过即可。裁判员鸣哨并将球掷向球场中间即表示比赛开始，双方球员起初被限制站在场地两边端线外，裁判员将球掷出后，双方跑向场内抢球。抢到球的一方持球人可以抱着球跑向篮下投篮(类似于今天橄榄球的玩法)，或通过几次传递到达想要的投篮位置投篮，首先达到预定分数者为胜。

根据篮球比赛的实践，奈史密斯在 1892 年制定了 13 条比赛规则用于约束比赛方式，主要规定包括：持球者禁止手抱球连续跑步；禁止有横冲直撞等粗野动作；禁止用拳击球；凡不符合规则的一方将判为犯规，当一方连续 3 次犯规则减掉 1 分；比赛时间被划分为 15 分钟的上、下半场。“13 条”中还对篮球场地大小和上场比赛的人数作了规定，其中要求上场人数逐渐缩减为每队 10 人、9 人、7 人，直到 1893 年最终确定上场人数为每队 5 人，从那一年开始，还逐渐形成了近似现代篮球的篮板、篮圈和篮网。

篮球在世界范围内的发展，主要是由 1904 年在第 3 届奥林匹克运动会上第 1 次进行了篮球表演赛为开端。不久后的 1908 年，美国制定了一种全国统一的篮球规则，并译成多种语言出版发行。由此，篮球运动逐渐传播到美洲、欧洲和亚洲，最终成为一项世界性运动项目。在 1936 年第 11 届柏林奥运会上，男子篮球被列为正式比赛项目，国际篮联统一了世界篮球竞赛规则，此后的 10 年间，篮球规则又经过多次修改，开始与现代篮球规则相接近，一些重要规则变化包括：(1)将得分后的开球方式改为失分方在后场端线外掷界外球开始；(2)进攻方必须在 10 秒钟内把球推进到对方半场；(3)球一旦推进到对方半场后不得再回到本方半场；(4)进攻队员不得在“限制区”或称“3 秒区”内停留 3 秒钟以上；(5)投篮队员遭遇犯规后罚球，罚球第一次如果命中将会得分，若第一罚不中，则有第二次罚球的权利等。从 1952 年的奥运会篮球比赛开始，场上出现了身高达到两米以上的球员，这样的身高对于篮筐下限制区的面积产生了影响，国际篮联为此曾两次扩大了“限制区”的面积。同时还规定了持球方队伍必须在 30 秒钟内完成出手投篮，否则将会被判为进攻违例从而交出球权。

1977 年增加了每队满 10 次犯规后，在防守犯规时罚球两次，防投篮时犯规两罚有 1 次不中再加罚 1 次的规定。1981 年又将 10 次犯规后罚球的规定缩减到 8 次。这些规则的变化都是随着球员身体条件的变化和技战术的发展所引起的，而规则的改变又促进了球员和技战术的再次发展，从而形成一种相辅相成的良性发展环境。特别是 20 世纪 50 年代后期以来，规则的改变对篮球比赛的攻守速度和对运动员的身体素质、技战术水平等各方面都提出了更新更高的要求，这些规则的演变进一步推动了世界篮球运动水平的迅速提高。

(二)篮球运动在我国的发展

篮球运动在我国的传播、普及和发展受到不同时期政治、经济、文化、教育等方面的影响，因此，这项运动在我国的发展速度和水平也随着上述因素的变化而变化。为了清楚明白地了解篮球在我国发展的历史，通常可以把它分为三个发展时期和七个不同阶段。

1.第一发展时期(1895—1948)

在这一发展时期的中国，国内社会正处于半封建半殖民地制度下，民众生活苦不堪言，内忧外患不断，社会动荡不安。篮球运动在这个时期传入中国，在当时并不能得到政府的重视，更不必谈有组织的传播和普及了。此后经过近十年的传播，篮球运动才逐渐成为我国20世纪初一些大、中学校的主要体育活动，并开始以学校为出发点传入社会。1910年(宣统二年)10月18日至22日，在清政府举行的第1届全国运动会上，篮球被列为表演项目；1914年5月22日至24日，在第2届全国运动会上，篮球被列为正式比赛项目；1924年第3届全国运动会，女子篮球被列为正式比赛项目。此后，在华北等一些地区性运动会上，篮球也是最先被列为正式比赛的项目。

在对外方面，我国男子篮球队先后参加过10次远东运动会，并在1921年的第5届远东运动会上夺冠。我国还曾派队参加了1936年的柏林奥运会，并在此期间，中国篮球协会正式加入国际篮联。

在20世纪30年代后期的红色革命根据地，广大人民群众和八路军将士对篮球这项运动异常喜爱，以当时在国内享有盛誉的八路军120师师长贺龙和政委关向应亲自组建的“战斗篮球队”，以及抗日军政大学三分校为主组成的“东干篮球队”最为典型。这些队伍的共同特点是纪律严明、斗志顽强，体能良好、打法硬朗、技术朴实，这些精神无一不是充分反映出了革命军人的优良道德品质和战斗风格，那样的精神风貌给根据地军民留下了深刻的印象，在有力地推动了当地篮球运动的普及与提高的同时，还把篮球运动作为了我国部队的传统健身运动项目。我国的“八一”男子篮球队一直秉承军队篮球的传统，在很长一段时期内始终保持球员的身体素质和技战术能力的国内领先地位，这都与继承光荣的革命传统有着密切的关联。

1945 年抗日战争胜利后，天津、北京、上海以及东北等大城市逐渐涌现出不少新的具有一定影响力的篮球队。随着 1949 年中华人民共和国的成立，党和国家对体育领域的大力支持和舆论宣传引导，为我国体育事业的蓬勃发展和群众性篮球运动的普及、运动技术水平的迅速提高奠定了坚实的基础。

2.第二发展时期(1949—1994)

在这一时期，党和政府依旧对篮球运动给予了高度重视。1949 年中华人民共和国即将成立前夕，在解放区举行的运动会上，篮球运动就被首推加入列项。几乎在同一时间，我国派出由京津两地大学生组成的篮球队参加了在匈牙利举行的第 10 届世界大学生运动会篮球比赛，并获得了第 10 名的好成绩。中华人民共和国成立后，我国篮球运动进入了空前的普及、发展和提高时期。经过此后几十年的探索和实践，集篮球基础理论、篮球科研、篮球竞赛、学校篮球教学、群众性篮球活动为一体，逐步形成了一部中国篮球运动的发展史。

在篮球运动领域中，我国一直视篮球竞技为中国篮球运动的一面旗帜，以此作为突破口，成为篮球在中国的普及与提高的标杆。早在 50 年代初，我国就在北京成立的中央体训班中设有篮球项目。在当时的历史背景条件下，为了加强国际交往和学习苏联的经验，在 1950 年 12 月 24 日，我国邀请当时的世界强队苏联队访问了北京、天津、上海、南京、广州、武昌、沈阳、哈尔滨八个城市。在苏联队参加的共 33 场友谊赛中，他们均兵不血刃地以大比分获胜，我国球队的完败充分暴露了那个时期我国篮球竞技水平落后的现状。知耻而后勇，为了摆脱这一尴尬状况，我国的体育主管部门积极采取有力措施，诸如进一步加速组建专门队伍，学习先进经验、先进技战术打法，更新传统理论观点，积极走出去参加国际比赛，请进来国际高水平运动队。这一系列的措施在短期实行后成效显著,一度使得我们战胜了不少欧洲强队。其中涌现出了黄柏龄等优秀运动员,他们的球风朴实、球技精湛,给人们留下了深刻的印象。积极的标杆作用,使得不久后我国各地区都开始组建了地区级的篮球集训队,由此,篮球运动在我国又跨入了一个新的发展时期。

由于当时国际奥委会制造“两个中国”,导致我国毅然决然地选择退出国际篮球组织,这直接使得我国参加国际大赛的机会锐减,一度与世界篮球脱离。一方面受困于国际形势的不利,另一方面这种不利因素并没有影响到国内的篮球竞赛,我们自己的联赛依旧开展得如火如荼,十分活跃。从 1955 年开始的全国篮球联赛到以后,开始按照相对固定的分等级的竞赛制度组织比赛。后来随着普及与发展的需要,1956 年至 1957 年间又实行了篮球联赛等级升降制度,以及专门针对裁判员、教练员的等级测评制度,例如裁判员只有通过了相应的等级考试才能拥有在相应级别的联赛执法的资格。当时我国篮球界的相关人士根据我国运动员身材、意识等特点与篮球运动相结合提出了“以投为主”,发扬狠、快、准、灵的风格和以我为主、以攻为主、以快为主、以小打大、积极防守的战术指导思想。此后又在总结我国篮球运动发展历程和世界篮球运动的现状基础上,确立了“积极主动”、“勇猛顽强”、“快速灵活”、“全面准确”的训练指导思想。从此,我国篮球运动的思想建设、队伍建设、理论建设、科学研究有了明确的发展方向。随着篮球运动国际交往逐步增多,运动技术水平不断提高,在技术、战术上逐步形成了我国篮球运动以“快攻”、“跳投”、“紧逼防守”为制胜法宝的独特风格。

进入 20 世纪 70 年代中期,体育战线全面拨乱反正,我国篮球运动确立了赶上国际水平的新目标,并重新强调“积极主动”、“勇猛顽强”、“快速灵活”、“全面准确”的训练指导思想和贯彻“三从一大”的科学训练原则。体育战线在新的正确方针指引下,篮球运动同所有其他运动项目一样,在总结自己经验、走自己的发展道路、努力研究国际篮球运动发展趋势,并重视在继承传统风格打法的基础上，倡导积极创新，取得了成效，得到了迅速恢复与发展。我国男、女篮球队开始重新活跃在国际篮坛上。1975 年，中国篮球协会在亚洲业余篮球联合会中取得了合法席位，1976 年，国际业余篮球联合会通过决议，恢复中国篮球协会在该会中的合法席位，并承认中华人民共和国篮球协会是中国唯一合法组织。1979 年，国家实行改革开放政策，我国篮球界不负众望，深化改革，严格训练，严格管理，对外加强了交流，篮球运动进入最佳发展时期，在世界级及洲际性竞赛中不断获得优异成绩。其中女子在 1983 年第 9 届世界锦标赛上和 1984 年第 23 届奥运会上均获得了第 3 名，进入了世界强队行列，先后涌现出一批在亚洲和国际上具有声誉的选手，例如宋晓波、柳青、郑海霞等，以她们为首的一批球员使中国女篮在 1992 年第 25 届奥运会上获得亚军；1994 年第 12 届世界锦标赛上获得亚军。男子则在连居亚洲榜首的基础上，于 1994 年世界男子第 12 届篮球锦标赛上第一次进入了世界前 8 名，表明我国篮球运动竞技水平正向世界最高水平冲击。然而 20 世纪 90 年代中后期，我国男、女篮球队在国际大赛中成绩呈现滑坡状态。

3.第三发展时期(1995 年至今)

随着我国社会主义市场经济的建立，我国的体育事业也紧跟潮流进行了改革。在此时期，我国的篮球运动从转变观念、开阔思维着眼，大胆进行了多种改革创新，做到篮球运动在群众体育全民健身方面和国家队竞技水平方面的两手抓，两手都要硬，力争两个方面齐抓共管，共同进步。并从改革管理体制和竞赛制度着手，依靠社会办队为方式，进行了大胆的实践。例如在国内顶级篮球联赛中引进外资与外援，实行联赛主客场双循环赛制等。这些措施有力地促进了我国篮球运动与时俱进的发展模式，加快了与国际篮球运动的接轨。

1995 年，在国家体委“坚持正确方向，抓住有利时机，继续深化改革，发展体育事业”的精神指导下，坚持篮球运动“积极稳妥，健康有序"的改革方针，及时有效地抓住了外商注资的契机，与外资集团合作。在1996年创造了我国职业化联赛的开端，也是一次大胆的改革尝试，即举办了由前卫体协、吉林、北京体师、上海交大等八个省市、部队、学校组队参加的男子"职业"篮球联赛当时称（CNBA 职业联赛），但遗憾的是这个联赛开始不久后就因故暂停了。此后，中国篮协认为联赛是国家篮球水平的基础，决定再一次对联赛竞赛制度进行改革，并以全国男篮甲级联赛赛制改革为基础，以职业化、商业化为导向，全面加速篮球竞赛体制改革的进程。1997年，国家体委成立了篮球运动管理中心，这在篮球运动的管理体制改革上迈出了重要的一步。随后把传统的全国甲级联赛改为中国男子篮球职业联赛（China Basketball Association，CBA），简称中职篮。通过5年的改革实践和努力，我国篮球事业拥有了新的生机和活力，不仅摆脱了初始阶段的困境，而且还展现出更为广阔光明的发展趋势。CBA 联赛的成功进行，吸引了各个年龄段的篮球爱好者和社会的关注，特别是在球队实力接近、比赛悬念丛生的2000—2001赛季中，以"小巨人"姚明、"追风少年"王治郅、"战神"刘玉栋和"虎王"孙军等人的出色表现，有效地扩大了中国篮球联赛和中国篮球在世界的影响力。时至今日，CBA 联赛的吸引力与日俱增，甚至效力于 NBA 的当打球星也开始加盟 CBA 联赛，如 J.R.史密斯、慈世平、马布里、斯科拉、布泽尔等。知名球星的加盟更加推动了中国篮球的市场，提升了关注度，也带动了球员技战术的提升，可谓是一举多得的好典范。

篮球运动的蓬勃兴起，也带动了与之相关的体育产业联动发展，巨大的市场潜力也吸引了众多国内外企业加盟赞助，以期通过篮球的影响力为他们提供有利的商机和宣传品牌形象，市场的介入使得中国篮球联赛迈出了篮球职业化、产业化的新步伐。与此同时，篮球学校、篮球夏令营等社会主办的以篮球为主要形式的活动开始出现。其中最为突出的是1998年中国大学生体育协会在企业资助下组织的全国大学生篮球联赛（CUBA），该项赛事一直延续至今，它对增加高校校园文化生活以及在学生中推广篮球运动都起到了不可忽视的积极的推动作用。

第二节 篮球运动的特点与作用

篮球作为世界上最受瞩目的球类运动项目之一,从它诞生至今始终受到世界人民的喜爱,在今天人们依旧对篮球运动的热度有增无减。因此,国际的篮球交往活动日益频繁,区域性的篮球比赛也经常开展,篮球运动显示出越来越旺盛的生命力和发展潜力,并跻身于世界体坛强项之林。

之所以篮球运动拥有这些吸引人的魅力,主要还在于其本身所蕴含的特点与价值。本节就对这些特点与价值进行分析,以期为高校大学生更好地认识篮球运动的本质提供必要的理论参考。

一、篮球运动的特点

(一)篮球运动的集体性

篮球运动的比赛形式表现为两队之间的对抗,如果想要获得比赛最终的胜利,不仅需要队员的个人技术与对抗水平,更需要整体战术的运用与团队的默契配合。篮球运动的对抗建立在个人对抗的基础上,球队只有高超的个人技术加上团队的默契配合,才能在激烈的比赛对抗中获得最终的胜利。因此,篮球运动十分注重集体性,只有进行集体之间的团结协作,才能实现个人技术的发挥,“积极进取、团结合作、人壮队强”是对篮球运动集体性要求的准确概括。

(二)篮球运动的对抗性

篮球运动的特点还表现为身体的对抗性,攻守之间的高强度对抗是篮球运动的基本规律与重要特征。篮球的比赛过程不仅表现为无球队员之间的身体对抗，还表现在持球队员与对方防守队员之间的攻守对抗，还有投篮不中的情况下攻守双方争夺篮板球之间的对抗。这些比赛中的高强度对抗对于运动员的思想作风、技战术水平、身体状况以及心理素质等方面都是严格的考验，只有在这些方面拥有优势，才能够在比赛对抗中获得主动权，并最终帮助球队获得比赛的胜利。

（三）篮球运动的健身性

篮球运动要求跑、跳、投等基本手段以及技战术多方面的综合应用，以生理学的视角看，篮球运动激烈的身体对抗有助于人体生理机能尤其是内脏器官和感官功能的提高。篮球运动对于人体身体素质以及心理素质的提高都有积极的促进作用，体现出明显的健身性特点。

（四）篮球运动的益智性

目前，篮球运动已经体现出技术与智慧的综合较量。在篮球组合多变的比赛过程中，运动员在提高自己的运动水平以及对抗水平的同时，还要不断提高自身的运动知识素养以及技战术的水平，使自己在运动中的创新能力得到提升。可以看出，篮球运动不仅可以强身健体、娱乐身心，同时还具有益智作用，体现出篮球运动的多元化价值。

（五）篮球运动的综合性

篮球运动还表现出综合性的特点，即篮球队员必须熟练掌握跑、跳、投、掷一系列的技术动作，并且在错综复杂、形势瞬息万变的比赛场上进行灵活的运用，从而获得比赛时间以及空间上的优势与主动权。因此，篮球运动无论是在技能、体能还是智能上，都对运动的参与者提出了综合性的要求。由此可见，篮球运动的速度、准确度以及空间的比拼建立在运动员的思想作风、身体素质、技术水准、战术水平等多方面发展的基础上，表现出明显的综合性特点。

(六)篮球运动的商业性

随着职业篮球运动国际性重大赛事的举办以及成为奥运动的比赛项目,篮球运动得到了进一步的推广与普及。而随着篮球运动的职业化程度不断加深,篮球运动逐渐走向商业化道路,篮球运动员与运动队等都成为一种商品。在国内外进行重大篮球比赛时,赛会的组织者会进行赛事的宣传与电视转播,进行转让球员、发行体育彩票等多种形式的商业活动,并且营销体育器械、运动服饰等商业产品,这种浓重的商业化也是篮球运动的特点之一。

二、篮球运动的作用

(一)培养团队精神

篮球运动要求运动员具有团队性,这就有助于培养运动员的集体荣誉感和纪律性,同时也有助于运动员顽强、勇敢、积极拼搏的团队精神的形成。

(二)增强国民体质

篮球运动充满了娱乐性与趣味性,具有广泛的群众基础,尤其受到青少年群体的喜爱。通过群众性篮球运动的开展与举办,能够促进运动参与者速度、力量、耐力等多方面身体素质的提高与发展,同时也能够提升运动者集中注意力以及掌控空间与时间的能力,使运动者保持中枢神经的灵活性以及对身体各个器官的支配能力,显著改善身体多种器官的功能,从而增强国民的体质。

(三)推动社会发展

在全民健身的倡导以及奥运精神的感召下,不管是竞技篮球还是大众篮球运动都表现出很大的吸引力。目前,篮球运动的商业化逐渐深入，对于发展经济、繁荣市场、创造效益的产业化都有积极的推动作用。由于大众篮球运动没有年龄、性别等方面的制约，普通民众都可以参与其中，不仅有利于提高民众的身心健康，而且提高了人们学习和工作的效率。此外，大众篮球还让民众的业余生活更加丰富多彩，这不仅振奋了民族精神，而且推动了社会主义精神文明建设，也在一定程度上促进了社会的发展与进步。

(四)促进国际交流

如今，篮球运动的国际交流不断广泛而深入。不同国家之间不仅引入外籍球员同时还将本国球员输出，这样不仅切磋了球员之间的球技，而且推动了国际的友好交往，使各国人民增进了彼此之间的了解，同时也加强了国家间的友谊。

第三节　篮球运动重要组织与重大赛事汇总

一、篮球运动的重要组织

(一)国际篮球联合会

国际篮球联合会(缩写为FIBA)于1932年6月18日在瑞士日内瓦成立，正好是在国际奥委会成立两年之后。国际篮球联合会原名是国际业余篮球联合会，初期只有八个会员国，包括阿根廷、捷克斯洛伐克、希腊、意大利、拉脱维亚、葡萄牙、罗马尼亚和瑞士。国际篮球联合会是国际单项体育组织，总部设于意大利罗马(1932—1940年)，1940年迁到瑞士伯尔尼，1956—2002年总部设在德国慕尼黑，2002年总部又迁回瑞士日内瓦，2009年迁至瑞士尼翁。国际篮球联合会的主要机构包括代表大会、中央局、执委会、秘书处与专门委员会。国际篮联下设有技术委员会、国际竞赛委员会、法律事务与资格委员会、申诉委员会、财政委员会、医务委员会、残疾人篮球委员会与传播媒介委员会。国际篮联的主要任务包括:定期修改国际篮球规则;组织世界性的竞赛活动,如世界男篮、女篮锦标赛,世界青年男篮、女篮锦标赛,每 4 年举行一届;举办教练员与裁判员训练班;审批国际裁判员。

1977 年 7 月,在西班牙加那利群岛的特纳里夫举行了第 1 届世界篮球教练员会议。会议由西班牙篮球协会组织,来自世界各地 600 多名篮球教练员出席。会议决定建立世界篮球教练员协会,选出了第 1 届协会负责人,总部设在西班牙马德里。会议还讨论了苏联和南斯拉夫的身体素质训练、捷克斯洛伐克独特的训练安排、美国篮球战术的演变等问题。1980 年在莫斯科举行国际篮球联合会代表大会,正式承认世界篮球教练员协会章程。1981 年 1 月,世界篮球教练员协会总部迁至意大利罗马。1989 年开始,分为五个地区委员会,专门负责处理该地区的篮球事务,五个地区委员会包括非洲地区委员会、美洲地区委员会、亚洲地区委员会、欧洲地区委员会以及大洋洲地区委员会。大洲组织的任务在于发展本地区的篮球运动,举办洲际或地区性质的比赛,督促执行国际篮联的章程和规定,向国际篮联通报在该地区举行的国际比赛的成绩,向中央局和代表大会报告工作等。世界篮球教练员协会在国际篮联的指导下开展活动,通过国际课程来探讨篮球运动基本规律以及提高教练员的业务水平和工作能力。

(二)国际小篮球委员会

国际小篮球委员会是国际篮联下属的国际性组织,成立于 1968 年。其职责是与各国篮球协会以及有关洲组织配合,监督、管理世界小篮球运动事宜;与国际篮联各附属委员会建立紧密联系,尤其是与青少年委员会合作,处理小篮球与青少年篮球运动的相关事宜。

1970 年,西班牙马德里召开了第 1 届世界小篮球委员会。

1972年，西班牙举行了第1届国际小篮球锦标赛。欧、美两洲的小篮球运动开展得也很好，法国与瑞士经常分为8～10岁、11～12岁两个组举行全国小篮球锦标赛。捷克斯洛伐克也有全国小篮球锦标赛。小篮球运动在南北美洲也有广泛的开展，在中美洲和加勒比地区都成立了小篮球委员会。1979年，非洲也出现了小篮球活动以及比赛。

(三)亚洲篮球联合会

亚洲篮球联合会(缩写为ABC)是亚洲单项体育组织，简称"亚洲篮联"。1964年，国际篮联承认亚洲篮联为它的区域性组织。亚洲篮球联合会主要机构包括代表大会、执行局，下设国际比赛、技术、资格审查、女子、少年、小篮球、财务、仲裁等九个附属委员会。

亚洲篮球联合会主要举办亚洲男篮锦标赛、亚洲女篮锦标赛、亚洲青年男篮锦标赛、亚洲青年女篮锦标赛。这些赛事都是每2年举行一届。

(四)非洲篮球协会联合会

非洲篮球协会联合会，是非洲单项体育组织，简称"非洲篮联"。非洲篮球协会联合会于1960年成立，总部设于埃及开罗，主要机构包括代表大会、中央局。

非洲篮球协会联合会主要是举办非洲男篮锦标赛、非洲女篮锦标赛。男篮比赛于1962年开始举行，女篮比赛开始于1966年，两项赛事都是每2年举行一届。在国际篮联赞助下，举办国际篮球教练员、裁判员学习班。出版法文、阿拉伯文的公报。在非洲发展小篮球运动。

(五)欧洲常设委员会

欧洲常设委员会是欧洲单项体育组织，成立于1957年，总部设于德国慕尼黑。欧洲常设委员会主要机构包括代表大会、执委会，下设规则、技术、青少年、国际比赛日程、欧洲锦标赛组织、欧洲教练员培训、女子篮球、财务等附属委员会。

欧洲常设委员会主要举办欧洲男篮锦标赛、欧洲女篮锦标赛、欧洲青年男篮锦标赛、欧洲青年女篮锦标赛、欧洲少年男篮锦标赛、欧洲少年女篮锦标赛。以上赛事都是每 2 年举行一届。

(六)大洋洲篮球联合会

大洋洲篮球联合会，是大洋洲单项体育组织，简称“大洋篮联”。大洋洲篮球联合会成立于 1966 年，总部设于澳大利亚，其主要机构包括代表大会、执委会。

大洋洲篮球联合会主要举办大洋洲男篮锦标赛与大洋洲女篮锦标赛。

(七)泛美洲篮球联合会

泛美洲篮球联合会是泛美洲单项体育组织，总部设于秘鲁利马。泛美洲篮球联合会主要机构包括代表大会、执行局。

泛美洲篮球联合会主要举办泛美洲男篮球锦标赛与泛美洲女篮球锦标赛。这两大赛事都是每 4 年举行一届。

(八)中美洲区域委员会

中美洲区域委员会是美洲区域性单项组织，成立于 1959 年，总部设在秘鲁利马。中美洲区域委员会主要机构包括代表大会、中央局。

中美洲区域委员会主要活动是举办中美洲男篮锦标赛与中美洲女篮锦标赛。

(九)南美洲篮球联合会

南美洲篮球联合会是美洲区域性单项组织，成立于 1922 年，总部设于秘鲁利马。南美洲篮球联合会主要机构包括代表大会、中央局。

南美洲篮球联合会主要活动是举办南美洲男篮锦标赛、南美洲女篮锦标赛与南美青年锦标赛。

(十)中国篮球协会

中国篮球协会是中华全国体育总会的下属会员，是全国性群众体育组织。中国篮球协会不仅是国际业余篮球联合会会员，同时也是亚洲篮球联合会会员。

中国篮球协会的任务是依据国家的体育方针、政策及相关法规，对全国篮球运动的开展进行统一的组织与协调，推动群众普及活动以及运动水平的提高，促进亚洲以及世界篮球运动的发展与进步。

中国篮球协会的职责是：宣传并普及篮球运动，组织广大群众尤其是青少年积极参与篮球运动，从而增强体质并提高篮球运动的技术水平；按照国家体育行政机关以及国际组织的相关规定，协助举办相关的国际性竞赛，同时向有关部门提出国际活动以及相关建议；协助组织全国性的各类型各级别的篮球竞赛与训练工作；对本项目的运动竞赛制度、规则以及进行拟定，并报请体育行政主管部门批准并执行；协助组织进行教练员与裁判员的培训，对等级运动员、教练员以及裁判员制度资格提出审查与处理意见；根据国家体委与国家体育总局、国家奥委会的委托，选拔并推荐国家队教练员、运动员协助组织国家队的集训与参加国际篮球比赛；负责选拔教练员出国任教与运动员个人到境外进行训练比赛的归口管理工作；协助并组织篮球运动相关的科研工作。

中国篮球协会设有主席、副主席、秘书长和副秘书长，下设男子教练、女子教练、青少年教练、竞赛裁判、科学研究五个委员会。

二、篮球运动的重大赛事

(一)奥运会篮球比赛

奥运会篮球比赛是国际性的篮球比赛之一。在 1904 年，刚发明不久的篮球运动就在当年举行的第 3 届奥运会上作了项目表演。在 1936 年德国柏林举行的第 11 届奥运会上男子篮球被正式列为奥运会的比赛竞技项目，而女子篮球在 1976 年加拿大蒙特利尔举行的第 21 届奥运会上被正式列为奥运会的比赛竞技项目。奥运会篮球比赛每 4 年举行一届，而奥运会篮球比赛的参加办法也在不断改变：到 1980 年的第 22 届奥运会时，规定由 12 个国家参加，这 12 个参与国家分别为上届奥运会的前三名与欧洲预选赛和美洲预选赛的前三名，以及亚洲、非洲和大洋洲各一名。这些参与国分成两组进行两个阶段的比赛来决定最终的名次。

综观历届的奥运会篮球比赛，篮球强队多集中在欧美国家，其中美国男篮与女篮的竞技水平尤为突出。

(二)世界男子篮球锦标赛

国际篮球联合会所举办的男子篮球世界锦标赛是声望最高的国际篮球赛事，本赛事将决出世界上国际篮球联合会所属的 212 个国家和地区篮球队伍中的冠军。首届世界男子篮球锦标赛于 1950 年在阿根廷布宜诺斯艾利斯市举办，每 4 年举办一届。从 2006 年开始，参加世锦赛的球队由之前的 16 支增加到 24 支。国际篮球联合会扩充男子篮球世界锦标赛参赛队伍的目的在于提升世界篮球的整体水平，营造更好的国际篮球竞争氛围。2012 年 1 月 28 日国际篮球联合会宣布世界男篮、女篮锦标赛将更名为篮球世界杯，首届男篮世界杯于 2014 年在西班牙举行。

随着自身的不断发展，世界男篮世界杯在国际上的影响力也越来越大，并成为世界上最具吸引力的体育赛事之一。

(三)女子篮球世界锦标赛

女子篮球世界锦标赛是由国际篮球联合会主办的国际性的比赛。女子篮球世界锦标赛于 1957 年开始举办，每 4 年举行一届，参加队伍为上届世界锦标赛的前三名、上届奥运会前三名、主办国、亚洲、非洲、中美洲、南美洲、欧洲、大洋洲各一支球队，以及主办国邀请的一个队。女子篮球世界锦标赛的比赛方法是：上届的世界锦标赛的冠军队与主办国队直接进入决赛阶段；其他各支球队分为三个小组进行预赛，各组队伍的前两名进入决赛阶段并与上述两支球队进行1至8名的争夺；而预赛中各个小组的第3、4名进行9～14名的排名赛。第10届世界女篮锦标赛中，参加的12支球队分为A、B两组进行预赛，之后进行半决赛和决赛。具体的比赛方法是：预赛中经过单循环赛确定小组各球队的名次，获得A、B两组前两名的队交叉进行半决赛，胜者争夺冠亚军，负者进行3、4名的争夺；预赛中获小组3、4名的球队同时也进行交叉比赛，决出5至8名；预赛中获小组5、6名的队也通过交叉赛排出9至12名。与男子篮球世界锦标赛相同，2012年1月28日国际篮球联合会宣布女子篮球世界锦标赛更名为女子篮球世界杯。

（四）世界青年男子篮球锦标赛

世界青年男子篮球锦标赛是由国际篮球联合会主办的国际性的篮球比赛，于1979年开始举行，每4年举行一届，从2007年后变为每2年举行一届。比赛一般是14支队伍参加，比赛的具体办法为：预赛分成三个小组，每个小组的前两名与上届的冠军以及主办国的球队进入决赛阶段，进行1～8名的争夺；预赛各组的第3、4名，进行9～14名名次争夺的比赛。

（五）世界青年女子篮球锦标赛

世界青年女子篮球锦标赛同样是由国际篮球联合会主办的国际性的青年女子篮球比赛，每4年一届，从2007年后变为每2年举行一届。世界青年女子篮球锦标赛于1985年开始举办，参赛队伍为各大洲的青年女子冠军队与主办国特邀队及东道主队。

参加世界青年女子篮球锦标赛的运动员都是20岁以下的青少年。

(六)国际军事体育理事会男子篮球锦标赛

国际军事体育理事会男子篮球锦标赛是由国际军事体育理事会主办的军队体育组织之间的国际性的篮球比赛，每4年一届。国际军事体育理事会男子篮球锦标赛的参赛队伍都是世界各国军事体育组织的男子篮球代表队。

(七)斯坦科维奇洲际篮球冠军杯

斯坦科维奇洲际篮球冠军杯比赛是由国际篮球联合会(FIBA)主席程万琦博士发起，于2005年在中国北京首次举办。斯坦科维奇洲际篮球冠军杯是为了表彰国际篮联秘书长斯坦科维奇先生为国际篮球发展所作出的贡献，以斯坦科维奇先生的名字命名而举办的比赛。作为国际奥运会单项主席中唯一一名华人，程万琦博士决定将该项赛事在中国举办以推动我国篮球事业的发展与进步。

斯坦科维奇洲际篮球冠军杯比赛是各个大洲冠军或者亚军之间的比赛，目的在于促进世界各国家之间篮球运动的交流。

(八)世界大学生夏季运动会篮球比赛

世界大学生夏季运动会篮球比赛是由国际大学生体育联合会主办，该项目只限制学生参加，是国际性的大学生运动会比赛项目之一。世界大学生夏季运动会篮球比赛原则上是每2年举行一届，参赛队伍是世界部分国家的大学生篮球代表队。

(九)亚洲运动会篮球比赛

亚洲运动会篮球比赛是亚洲运动联合会举办的一项综合性的运动会，于1951年开始举办，每4年一届。在1951年举行的第1届亚运会上，男篮比赛就已经成为该赛事正式的比赛项目，而女子篮球的比赛项目于1974年举行的第7届亚运会上被列入该赛事的正式比赛项目。

（十）亚洲男、女篮球锦标赛

亚洲男、女篮球锦标赛是亚洲篮球联合会所举办的洲一级别的篮球比赛。亚洲男子篮球锦标赛于 1960 年在菲律宾马尼拉举行了第 1 届比赛，而首届亚洲女子篮球锦标赛于 1965 年在韩国汉城（今首尔）举办。

第四节　我国高校篮球运动发展概况

一、高校篮球运动发展现状中的积极因素

篮球运动的魅力吸引了我国近两亿人的广泛参与，这项运动也已成为世界上最引人注目的竞赛项目之一。在我国，许多机关、部队、企业、学校、农村、工厂中都有组建篮球队，篮球运动成为人们喜闻乐见的文化健身活动，这些都是中国篮球运动发展的社会基础所在。

新中国成立后，国家非常重视大众篮球运动的发展，不断加强对大众篮球运动的投资建设，营造有利于学生的篮球发展大环境，尤其是对于篮球运动在高校中的推广来说更是如此。高校篮球运动的本质功能是提高学生健康水平，丰富课余文化生活。

近几年，高校篮球运动取得了较大的发展成绩，为我国高校篮球运动的发展注入了新鲜的活力，为我国篮球运动的发展和篮球运动员招生拓展了广阔的空间。目前，我国高校篮球运动的发展较为迅速，已经有越来越多的高校学生参与到了篮球运动中。篮球运动寓健身、文化、人文于一体，具有较强的教育功能，因此，我国高校已将篮球运动作为体育教学的重要内容，并列入体育教学大纲。篮球运动项目不仅成为高校体育课的重要教学内容，而且还成为高校篮球俱乐部的重要活动内容和各级职业篮球学校

的教学内容。这些篮球基层组织均为篮球运动的发展创造了有利的条件，为我国篮球运动事业的发展提供优秀的后备人才储备。

二、高校篮球运动发展现状中的消极因素

1998 年举行的中国大学生篮球联赛(CUBA)使高校篮球运动真正进入人们的视野，这个联赛的建立标志着中国大学生篮球运动于 1998 年正式登上中国篮球运动广阔的历史舞台，来到了广大高校学子的身边。自此以后，篮球运动作为我国高校在开展体育运动的重要组成部分，对丰富和发展体育课教学的多样性具有重要作用，我国的大学生篮球运动不断获得更好、更快的发展。

篮球运动有利于提高身体素质、增强学生体质、增加体育学习兴趣、发展高校篮球运动等。因此，对高校篮球运动的开展现状及其分析研究有着十分突出的现实意义。但是，我国高校在开展篮球运动的过程中，也存在一些问题，这些问题在一定程度上对我国高校篮球运动的发展起到了一些阻碍作用，在此通过对我国高校篮球运动开展现状的分析，总结出了几个影响篮球运动在高校开展的消极因素。

(一)目标定位不够明确

我国目前的竞技体育之所以取得了较为理想的成绩，主要是因为管理体制和运营机制与我国的国情是相符的。但当前竞技体育的人才培养模式暴露了诸多从人的全面发展的角度来看的问题。例如，竞技体育和教育相脱离，体育运动训练和接受教育不能够真正地良好共存，一些家长怕孩子因为打篮球而耽误了学习成绩，万一篮球方面不能成才，也因为学习成绩不好而没有资格从事其他工作，这些环境都致使后备人才资源匮乏；又由于运动员文化素养较低，退役后就业面窄等一系列问题，都在严重阻碍着我国竞技体育的深入发展。多年来，我国高校的竞技体育一

直处于较为尴尬的状况下，主要体现在两个方面：一方面，有竞赛市场；另一方面，没有培养出优秀人才。因此，这是未来我国高校篮球运动发展过程中亟待解决的问题。

（二）学生身体素质欠佳

在篮球运动或其他运动的比赛和训练中，体能素质是能否顺畅使用技战术的最基本保障。体能素质不是短期内就能迅速提高的，它要进行长期循序渐进的体能训练才能保持良好的状态。但对于现代大多数大学生而言，他们每天的训练时间有限，并不能像运动员一样进行每天的体能素质训练。在目前教学条件下，尽管很多大学生热衷此项运动，但篮球运动还只是作为一种体育选修课程，要制订规范的体能训练计划用来提高学生的身体素质，还是有些不切实际的。这就需要有关部门和学者通过悉心的研究，争取能早日找到合理有效的方法。

（三）教师专业素养不足

众所周知，高校体育教师对高校体育的发展起着举足轻重的作用。目前，我国高校中多数篮球队的教练员是由体育教师代任，他们多数毕业于体育院校，虽然拥有比较系统的体育理论知识，但是他们毕竟没有成为职业运动员，参加的比赛较少，实战经验有限，对于高水平的运动训练也接触得较少。这样尽管一些高水平运动员进入高校，也会因得不到高水平教练员的系统指导，而使学生本身的技战术能力停滞或出现水平下滑的现象。尽管有部分专业篮球教练员进入部分高校，但是这对于全面提升高校篮球教练员的整体执教水平仍有一定距离。

（四）训练的科学性不够

目前的高校篮球队由于训练强调低、训练时间不足、训练方法单一落后、训练检测和恢复尚不完善等原因，导致篮球运动训练的成果很不理想。这主要是因为大学生篮球运动员文化基础普遍薄弱，为了兼顾学业，必须付出比其他学生更多的时间和精力，这样会导致精力分散，为学业与打球疲于奔命，压力较大。因此，他们只能利用课余时间中的2～3小时进行练习，这些训练时间只是用于提高专项竞技能力就已经明显不够了。这也使得在训练强度方面达不到较高的水准，而低强度、低水平的运动训练很难提高训练质量，因此也影响了我国高校篮球运动员水平的提高。在训练方法和手段方面，我国高校篮球队多数是采用一般性的训练手段和方法进行篮球训练，而训练内容也多以技战术为主，其中篮球体能训练往往交由学生根据需要和自身的实际情况自觉完成，心理训练所占的比重就更小了。而对于多数篮球队训练过程的检测和运动后的恢复方面都处于空白状态。

(五)竞技能力水平较低

在一些体育发达国家，大学生篮球运动的竞技水平已经达到较高的层次。以美国的NCAA为例，在1992年之前，国际奥委会还禁止职业运动员参加奥运会，那个时候NCAA就一直代表美国队参加奥运会、世锦赛等世界性高水平篮球赛事，获得优异的成绩。欧洲、南美洲等国家的大学生篮球运动员的竞技能力也拥有很高水平。

而我国篮球运动由于受到一些历史背景和体制的影响，长期处于制约之下，竞技体育也受其影响而实行单一化体委负责制模式。又由于长期的对于体育重竞技轻教育的思想，导致竞技体育与教育相脱离，走的是一条十分狭窄的体校路子，而高校体育所进行的只是体育教学与业余运动训练，基本与竞技体育无关。在这种提高和普及极不协调的情况之下，势必会导致我国高校竞技运动水平不高的问题出现，这就明显会与国外高校产生很大差距。目前，我国高校的篮球运动员毕业后被篮球职业队选中的概率较小，这种体教结合培养出的大学生球员的水平与职业球员的水平还有很大的差距，这说明我国高校篮球的发展仍存在较大的问题。

第二章　高校篮球教学与创新研究

高校中开展的篮球教学是提升学生篮球理论知识和技战术水平的重要途径。只有保证高质量的篮球教学，才能更加顺畅地完成预期教学目标。而随着体育教育的发展以及篮球运动的发展，篮球教学也在发生着变化，为此，创新篮球教学的方法也很有必要。本章就重点对高校篮球教学及其创新进行研究。

第一节　篮球教学的概念

在高校体育教育中，篮球运动已经成为不可或缺的重要教学内容。由此就使得篮球运动教学成为一项在具体、明确的教育目标指导下的，并由教师和学生共同组成的教与学的一种双边活动的教育过程。高校篮球运动教学致力于在教师的指导下的学生学习和掌握篮球运动的基本知识，基本技术和技能，增进健康，增强体质，促进学生身心全面发展的教育过程。可以说，篮球教学是整个体育教学活动系统的重要组成部分。

第二节　篮球教学的基本理论

一、篮球教学的任务

体育教学的进行是为了完成既定的任务，这对于篮球教学来说也是如此。具体来说,篮球教学需要完成的任务主要有以下四个方面。

(一)增强学生身体素质

不管从事什么样的体育运动,良好的身体素质都是必要的基础。篮球运动要求学生必须具备跑、跳、投等运动技能,因此,通过篮球运动的教学,不仅能够促进学生身体正常发育,全面提高其身体素质,增强其体质,而且还能对学生的身心发展产生积极的影响。另外,还需要强调的是,要想很好地学习和掌握篮球技术和战术,增强学生的运动能力,身体素质这一基础必须打好。

(二)培养学生篮球知识与技能

篮球教学的内容主要有三个方面,即篮球理论、篮球技术和篮球战术。因此,篮球教学要使学生对篮球基础知识以及篮球技术和战术知识有所掌握,并且能够有效提高运动技能。其中,篮球理论知识是掌握技术和战术的依据,而篮球技术则是篮球战术的基础。篮球教学三个方面内容之间的关系相互作用、相互统一,它们是一个不可分割的整体。

(三)激发学生创新意识和篮球能力

学生的创新意识和创造能力是篮球教学过程中非常重要的一项教学任务。篮球运动是一项创造性活动,在运用篮球的技战术时,学生的运动能力具有明显的复杂性、多变性及灵活性。因此,通过篮球教学能够对学生的创新能力产生一定的促进作用。

(四)培养学生优秀品格

篮球运动是一项集体性和对抗性的运动项目。首先,通过篮球教学和竞赛过程,能够使学生坚强的意志品质得到较好的培养,使学生形成自己的世界观、人生观以及价值观。其次,篮球课程教学的教育过程对于篮球人才的培养是有所帮助的,换句话说，就是篮球的教学过程是一个能够较好地完成人才的培养的教育过程。因此，在篮球教学过程中，要重视对学生集体主义精神和勇敢拼搏的良好的意志品质的培养。

二、篮球教学的内容

篮球教学的内容主要包括篮球的理论知识、技术动作和战术配合，其是以教学对象的层次和教学目标为依据进行选择的。

（一）理论知识

篮球教学中的理论知识的教学能够有效指导学生学习篮球技能和进行篮球活动实践。

目前，我国篮球运动得到了较好的发展，并且已经形成了比较完善的理论与知识体系，其包含的具体内容主要有：篮球技战术分析，篮球教学训练理论、篮球竞赛的组织，篮球竞赛的规则、篮球竞赛的裁判法等，这些都是篮球运动教学最基本的内容，要求学生熟练掌握这些知识。

（二）技术动作

技术动作是篮球运动技能中最基础的内容。技术规格、动作方法要领和技术的运用等都是篮球技术动作的主要内容。在进行篮球技术动作的教学时，要求教师对示范动作的规范性加以注重，从而为学生树立正确的技术动作定型打好基础。

（三）战术配合

由于特定的战术布阵是篮球运动集体对抗形成的主要形式，在篮球运动竞赛中，战术阵势和战术配合是主要特征之一，因此，战术配合方法是篮球教学的重要内容之一。

在篮球教学实践中，两三个人的基础配合和全队配合是篮球战术配合教学的主要内容。在教学过程中，一方面，教师应通过合理有效的教学方法使学生对人与球移动的路线、攻击点、运用时机及其变化等内容有正确的了解和认识；另一方面，教师还要注意学生的战术配合与协作意识的培养，使学生在篮球比赛实践中能对战术配合进行灵活的运用。

三、篮球教学的原则

教学原则是教学规律的总结和概括，是从事教学活动必须遵循的准则。通常，篮球教学需要遵循的原则可以分为两种，即一般教学原则和专项教学原则，具体如下。

（一）一般教学原则

1.直观性原则

利用学生的感官和已有的经验，通过视觉、听觉和肌肉本体感觉，获得对篮球技术战术的生动表象和感觉，并使之与积极的思维相结合，从而掌握篮球技术、战术和技能，发展思维能力，就是所谓的直观性原则。由于感觉是认识的基础，所以在篮球教学中正确运用直观性原则，对于提高教学效果有重要的意义。

直观教学的方式有很多，其中，较为常用的主要有动作示范、录像、电影、沙盘演示、技战术图片等，这些方式在篮球教学中也较为适用。

2.渐进性原则

渐进性原则是指篮球教学的进行要以学科的逻辑系统和学生的认知规律为基本依据，从单一到综合，从低级向高级逐步发展，使学生能够对篮球的基本知识、基本技战术和基本技能有一个逐步掌握的过程，形成严密的逻辑思维体系。由于篮球知识技能的学习是一个渐进的过程，这就要求学生在掌握技术技能时要由浅入深地进行。

3.巩固提高原则

在篮球教学中加强师生交流，能够使学生经常复习所学的篮球知识、技术和技能，并且能够使健康水平、篮球技术能力和思想品质得到进一步的提高。而且通过交流，也可以及时反馈学生的学习效果，让教师能有效地调节、控制教学过程，提高篮球教学效果。因为根据遗忘规律和运动条件反射建立与消退的理论，学生学到的知识与技能在一段时间内，如不经常复习就会遗忘或消退。另外，根据“用进废退”原理，学生对所学习的篮球技能进行反复练习，对于运动能力、身体素质和生理机能的发展都是有所帮助的，能够起到强身健体的作用。因此，要注意巩固提高所学到的篮球知识和运动技能。

4.自觉性原则

在篮球教学过程中，要想有效提高教学质量，需要同时具备两个条件，并将两者有机地结合起来。这两个条件是：教师的主导作用的发挥，学生学习的自觉积极性的调动。

5.身体全面发展原则

在篮球教学过程中，促进学生全面协调发展的基础是选择和安排全面多样的教材内容，指导学生进行全面的身体锻炼。只有这样，才能使学生身体的各个部位得到全方位的发展。

6.因材施教原则

在篮球教学过程中，体育教师“教”的对象是全体学生，教师对全体学生提出统一的教学要求。但需要强调的是，教师也要注意每个学生的身体素质与能力水平是有差异的，因此要重视针对个别学生的“教”，也就是要贯彻因材施教。

7.多样综合性原则

篮球运动具有项目集体性、比赛对抗性、技能综合性和战术多变性等显著特点，这就在一定程度上决定了篮球教学要遵循多样性与综合性原则。

（二）专项教学原则

以篮球运动的特点为依据，而需要遵循的专项教学原则主要有以下几个方面。

1.技术个体化和区别对待的原则

规格和规范是指动作的基本结构符合人体运动学特征，达到节省和实效的目的。所以，篮球教学普遍追求的目标是技术动作的规范性。但是，由于学生的很多方面都存在着一定的差异性，比如，身体形态、身体素质、行为习惯、智力和篮球运动经历等方面，这就使得“技术的规范化”的个体表现的差别也较大。使初学者通过练习，形成符合自身条件的动作完成方式，是篮球教学的目的所在。因此，篮球教学要在规范化的基础上遵循技术的个体化原则，允许学生之间存在技术动作上的细微差别。另外，在篮球教学中也必须以不同的对象为依据来有针对性地选择想用的教学方法，贯彻区别对待原则，从而取得理想的教学效果。

2.专门性知觉优先发展的原则

篮球运动以球为工具，同伴、场地、器材等要素构成了特有的运动环境。对环境和器材的感知是专门性知觉发展的过程，其中手指、手腕对球的控制能力对篮球教学至关重要，教学中通常采用大量的熟悉“球性”的练习来优先发展这种能力，以确保技术动作的学习。因此，专门性知觉优先发展是篮球运动所特有的教学原则，应该严格遵循这一重要教学原则。

3.学习技术动作与实战对抗运用相结合的原则

篮球教学中往往对实战对抗能力的提高非常重视，这是由篮球技术对抗性和开放性的特点决定的。从认知策略上来说，技术动作的学习与实战运用相结合发展，与开放性运动技能教学的规律是相符的。学生在习得篮球技能时，应该首先将对抗的概念和技术实效的概念建立起来。从某种意义上来说，在适应中学和从实战中学是篮球技能形成与发展的普遍规律，因此，要想取得理想的教学效果，就要求篮球教学必须把技术动作的学习与实战运用的能力培养发展有机地结合起来。

4.少而精与实效性原则

在篮球教学过程中，贯彻少而精与实效性原则，总的要求就是应该将篮球教学中的主要矛盾抓住。具体要求为：组织教法尽量简单易行，不断提高教学的实效性。在篮球教学过程中，不仅要抓好篮球基本功和主要技术的教学，突出教学重点，在使学生掌握好篮球运动基本技术的基础上提高运用技术的能力；还要做到以练为主，精讲多练。教师的讲解要简明扼要，尽量让学生多进行实践练习。除此之外，还要设置教学目标，讲求教学效果。教学中要有具体的教学目标，同时重视对教学效果的检查和评估，及时改进教学方法，提高教学质量。

四、篮球教学的方法

教学过程中师生之间进行信息交流，教师向学生传授知识技能时所采用的技术手段，就是所谓的教学方法。以篮球教学理论和实践经验为主要依据，可以把篮球教学方法分为两种类型，一类是常规教学方法，另一类是现代教学方法。

（一）常规教学方法

1.讲解法

在教学过程中，为了使学生通过听来感知教学内容，采用简练准确的语言来对相关教学内容进行分析的方法，就是所谓的讲解法。技术动作的方法和要领、战术配合的方法和要求，以及运用过程中的注意事项等都是讲解法的主要内容。

在教学实践中，要注意掌握好讲解的时机，突出重点，讲解的内容要与学生的知识程度相符。

2.演示法

在教学过程中适时地示范技术动作和战术配合方法，并通过投影、幻灯、挂图、录像等电化媒体手段，使学生通过观看来直观地感知教学内容的目的的方法，就是所谓的演示法。

3.练习法

在讲解与示范的基础上，通过组织学生进行身体练习而达到掌握篮球技能的目的的方法，就是所谓的练习法。以练习的形式为主要依据，可以将其大致分为分解练习、完整练习、简单条件下的练习和复杂条件下的练习几种；以篮球运动特点为依据，则可将其分为个人技术练习、配合性练习和对抗性练习等。需要强调的是，在篮球教学中运用练习法时，练习强度、练习密度、运动量的安排要科学、合理，注重实效性。

4.纠错法

教师对学生在教学过程中出现的错误及时进行纠正的方法，就是所谓的纠错法。在篮球教学实践中。常用的纠错法只有两种，一种是诱导法，另一种是条件限制法。

这里需要重点强调的是，上述几种教学方法是一个统一的体系，应该在篮球教学中相互配合使用，单一地使用某种方法是无法实现篮球教学的整体功能的。

(二)现代教学方法

1.目标分类法

以教学的目的任务和初始测量的结果为依据，将教材内容分解成具有不同层次进行教学的方法，就是所谓的目标分类法。

目标分类教学法就是把教学内容分为若干个教学目标，然后以目标分类体系为主要依据将相应的评价标准制定出来。在教学的开始、过程之中和教学结束，分别对教学状态进行若干评价——开始阶段为初始评价，过程中为形成性评价，结束时为终结性评价。

评价结果作为反馈信息提供给教师和学生，使教师对教学目标的达成情况始终有一定的了解，通过重复教学、调整、强化和个别辅导等措施，分层次地实现教学目标，最终达到所有学生都得到提高和发展的教学目的。

2.指导发现法

指导发现法主要包括两个方面，一个是教师的指导，另一个是学生的发现。合理运用指导发现教学法能在高校篮球教学中取得良好的教学效果。

指导发现法具体内容是教师通过指导语的方式对所授篮球教材内容进行改造，使之成为学生通过努力可以自行解决的问题，同时向学生提供大量的观察和分析的直观感知材料。学生在课前以自己的篮球知识、经历和理解为依据进行预习，带着遇到的问题，到课堂上寻找解答方案，教师在学生解决问题时给予必要的指导，最后采用分析和归纳的方法共同进行总结。这种方法主要在篮球战术的学习、篮球攻防关系的认识和篮球技术要点的掌握等情况下得到运用。

3.案例教学法

案例教学法是一种在高校篮球教学过程中运用较为广泛的方法，主要应用于篮球战术配合教学、篮球竞赛组织编排、篮球规则与裁判方法的教学过程中。以教学大纲的要求为主要依据，选择篮球比赛中比较精彩的典型战例作为教材内容，教学中通过对案例的分析，可以形象生动地进行教学，对于学生建立概念，归纳出要掌握的有关知识和要求，然后组织集体的练习，最后达到掌握的目的有一定帮助的方法，就是所谓的案例教学法。

要注意在运用案例教学法时，案例的选择能反映教学内容，并具有典型意义，同时要求学生具有一定的篮球运动基础，因此，这种方法比较适合运用到篮球专修课的教学中。

4.程序教学法

以认知规律和技能形成的规律为主要依据，将篮球技战术教学内容分解成若干个相互联系的小步子，使之成为便于学习的逻辑序列，并在教学过程中，建立起有针对性的、适宜的评价信息反馈系统的教学方法，就是所谓的程序教学法，其也被称为学导式教学法或小步子教学法。程序教学法的具体步骤为：首先教学开始，学生依据小步子进行学习，学习后及时进行评价；其次教师依据评价结果对学习效果进行即时反馈。如达到了预定的标准，则进行下一步学习；如没有达到标准，则返回去重新学习，并配以相应的校正措施。该方法在篮球技术的教学中较为适用。

5.合作学习教学法

高校篮球教学组织是一个师生共同参与的社会活动的过程。因此，在教学过程中，离不开教师与学生、学生与学生的相互配合。充分调动教、学双方积极性和主动性的教学方法，就是所谓的合作学习教学法。合作学习教学法的步骤为：依据教学中自愿的原则把学生分成人数不等的若干个小组，练习时要以小组为单位结成“伙伴对子”。小组内发挥技术骨干的作用，优生帮助差生。教学过程中多运用小组练习、小组竞赛和小组评价等方法进行活动，在小组和伙伴的合作活动中学习掌握篮球教学的内容，使学习成为学生之间合作的活动，在和谐的人际关系和愉快的合作学习环境中完成学习任务。

第三节 高校篮球教学的现状与发展对策

一、高校篮球教学的现状

(一)教学指导思想贯彻不力

现阶段,我国普通高校体育教育的目的是增强学生体质,培养学生“终身体育”的意识,使其成为身心全面发展的人才。

一项专门针对我国高校篮球课教学的调查显示,高校篮球教学存在不少问题,其中,在篮球教学思想方面,我国高校篮球教学中,“以人为本”“健康第一”“终身体育”等教学指导思想还不够深入,在篮球教学实践活动中体现得不够明显。现阶段,大多数高校大学生在篮球教学课之后并不能对篮球运动有全面、系统的认识,更不要说以篮球运动为终身体育内容了。在篮球课程学习过程中,学生只是进行枯燥的“传球”“运球”“投篮”等练习,整个教学过程程序化、单调不生动,学生缺乏主体参与意识。高校篮球教学促进学生身心健康的持续发展的教学目标很难实现。

目前,我国各级学校中的体育教学仍以传统的教学方法、以技术教学为中心的体育教学理念,所以,在高校篮球教学中,很难体现出篮球运动的知识性和娱乐性,在学习篮球的过程中,学生也无法体验到篮球运动真正的内涵,无法对篮球运动中的那种团结、坚强的精神加以体会,这不利于学校体育教育目标的实现,也不利于通过篮球教学促进学生身心健康的可持续发展和其社会适应能力的提高。

(二)教学目标定位不够明确

篮球教学目标不明确成为制约学校篮球教学发展的一个非

常重要的因素之一。在高校篮球教学过程中，教学训练和接受教育不能够真正的良好共存，一方面，学生自身和学校都更注重文化课程的学习，另一方面，对于篮球教学应该达到什么样的一个地步或完成什么样的教学任务，学校并没有具体的规定。

（三）教学模式单一

现阶段，很多教师将教学理念与训练理念相混淆，使得篮球教学几乎被篮球训练所代替，篮球教学过程变成了学生篮球基本功训练的过程。

在篮球教学程序的安排上，照搬篮球一般的训练内容。在篮球教学中，教师通常是将教学分为运球、传球、投篮、比赛等几个环节，进行逐一地示范和讲解相关的篮球技术动作，然后，学生再根据教师的讲解和示范进行模仿练习。整个篮球教学程序单一、无变化和任何创新，教学模式单调乏味，难以调动起学生学习的积极性。

篮球教学模式单调是当前篮球教学存在的主要教学问题，这种教学模式难以促进学生轻松自在地完成学习任务，难以使学生在娱乐身心的体验中掌握篮球教学内容，导致大学生虽然掌握了篮球运动技能，但是由于缺乏篮球意识，使其在篮球运动实践中的篮球技术应用缺乏灵活性，不利于大学生在篮球运动过程中独立性和创造性思维的培养，在实际的教学过程中学生学习的主动性和积极性不高，教学效果不尽如人意。因此，现阶段探索新的篮球教学模式十分重要。

（四）教学内容难以满足学生发展

在对高校学生对于篮球课想法的调查中，大部分学生表示，大学时期的篮球教学内容与中学时期的教学内容几乎没有区别，缺乏新的内容的补充，因此，不能满足学生发展的需要。

目前，我国高校篮球课教学内容难以满足学生发展的需求主要表现在两个方面。

其一，高校篮球教学缺乏必要的理论课，教师在课堂中仅仅是对篮球运动理论知识一带而过或根本不作解释，而是直接从篮球运动技术训练开始，这种教学安排违背了学生对事物（篮球运动）认识和理解的基本规律，同时也严重弱化了对篮球运动的技战术知识、竞赛与裁判知识，以及篮球运动的历史文化等理论知识的教学，这些都说明高校在对篮球教学的安排方面不合理。

其二，随着社会的发展，当前大学生迫切需要的是通过篮球理论课与技术教学相结合，篮球技战术教学与学生兴趣爱好结合，提高篮球运动水平。对于学生而言，篮球教学应适当添加篮球游戏、篮球赛事欣赏等多元化元素的教学理念和实践内容。而从我国篮球教学发展现状来看，现行高校篮球教学内容严重落后于学生的发展需求。

现阶段，我国篮球教学缺乏创新，高校对于体育课程的重视程度不够，很多篮球教师是"得过且过"的心态，不能满足当前高校大学生学习篮球运动的需要，难以调动大学生参与篮球运动的积极性和主动性。在现有的高校篮球课堂教学中，教师对学生的主体性不够重视，严重制约了大学生的运动思维和想象力的发展，也不利于学生通过篮球运动的学习养成良好的性格特征，这对未来高校篮球的发展有着很大的消极影响。因此，现代篮球教学改革与发展过程中，丰富和开发篮球教学内容，使篮球教学实践符合时代发展潮流，是其重要的工作内容。

（五）教学管理不够完善

我国专门针对学校篮球教学的理论研究相对较少，大多数篮球教学工作者和学校领导的教学管理经验不足，学校篮球教学管理及篮球人才的培养管理主要是通过各市教委体卫艺处或体育协会来进行管理和指导的，同时这些体育组织还对学校的课余体育训练进行监管。

就我国学校篮球教学现状来看，篮球教学工作主要是在校长的领导下，由体育教研组组长实施具体工作内容，而学校、教师、学生作为不同的行为主体，有着不同的教学目标和学习任务，彼此之间难以形成一个共同的为社会培养实用性全面人才的教学目标。

在专业体校中，篮球专业的大学生在参与篮球训练后，大多都想升学和未来发展上享有一定的照顾。然而，目前大多数学校无法做到对篮球后备力量在升学与未来发展环节上进行良好地衔接，一些教练员在训练中不尊重学生的成长发展规律，只顾眼前的学业成绩和科研成绩，忽视了学校篮球后备人才的输送。这不仅严重影响了学校的美誉度和知名度，还在一定程度上影响了学校的篮球后备人才的招生数量和水平。

在综合类高等院校内，由于各个系别之间多重视文化课的教学，对于包括篮球运动在内的体育运动项目的教学重视不够，在教学管理方面也存在着诸多漏洞，很多大学生在体育课中都属于自由活动的状态，篮球教学缺乏必要的管理制度和措施，再加上，校篮球运动队的管理涉及学校的许多部门，导致很多问题的出现，如工作协调起来难度较大，而部分领导和教练员对篮球运动人才培养的目的和意义认识不清，学校对篮球运动管理机制不予重视等，这些因素都阻碍了篮球教学在高校的科学发展。

(六)教学训练缺乏科学性

在高校篮球教学中，以篮球教练员对篮球队的教学训练为例，当前，我国高校的篮球运动队由于训练强调低、训练时间不足、训练方法单一落后、训练检测和恢复尚不完善等原因，导致篮球运动训练的成果很不理想。

在教学训练方法和手段方面，我国高校篮球队多数是采用一般性的训练手段和方法进行篮球训练，而训练内容也多以技战术为主，其中篮球体能训练往往交由学生根据需要和自身的实际情况自觉完成，心理训练所占的比重就更小了。而对于多数篮球队训练过程的检测和运动后的恢复方面都是处于空白状态。当然，大学生篮球运动员文化基础普遍薄弱，为了兼顾学业，必须付出比其他学生更多的时间和精力，这样会导致精力分散，为学业与打球疲于奔命，压力较大。因此，他们只能利用课余时间中的2～3小时进行练习，这些训练时间只是用于提高专项竞技能力就已经明显不够了。这也使得在训练强度方面达不到较高的水准，而低强度、低水平的运动训练很难提高训练质量，因此也影响了我国高校篮球运动员水平的提高。但不可否认，和上述原因相比，篮球教学训练的不科学性是导致当前普通学生及大学生篮球运动员的篮球运动成绩不高的主要原因。

（七）教师专业素养不足

在体育教学中，教师是主导者。目前，我国高校中多数篮球队的教练员是由体育教师代任，他们多数毕业于体育院校，虽然拥有比较系统的体育理论知识，但是他们毕竟不是职业的篮球运动员，参加的比赛较少，实战经验十分有限，对于高水平的篮球运动训练也接触得较少。因此在篮球运动训练和比赛方面的理论和实践的教学方法有所欠缺。

而将一些专业的篮球运动员引入高校参与高校篮球教学的建议无法真正落到实处，原因在于这些运动员的篮球运动经验丰富，但缺乏教师专业素养。实践也证实，尽管有部分专业篮球教练员进入部分高校，但是这对于全面提升高校篮球教练员的整体执教水平仍有一定距离。

因此，当前我国高校篮球教师的专业素养还不够全面，或多或少地存在这样或那样的不足，而篮球教学是理论与实践并重的教学过程，学生的篮球理论知识学习和运动训练实践在很大程度上还依赖于教师的指导，因此，要想提高当前篮球教学水平，促进篮球运动教学的发展，同时教师也要对自身的篮球理论和篮球实践知识进行不断丰富，并不断进行篮球教学方面的科学研究，深入学生，了解学生需求，以真正促进篮球教学的发展。

除了上述几方面问题之外，篮球教学经费不足也是制约篮球教学发展的重要因素。调查显示，目前大部分学校篮球运动的发展都存在经费不足问题，资金来源比较单一，大部分资金来源于学校和上级行政部门的拨款，在训学生没有训练补贴和伙食补贴，没有良好的后勤保障和支持，篮球人才培养得不到经济保障。同时，由于经费缺乏，大部分学校的篮球教学场地和设施有限，同时对篮球教学过程缺乏必要的医务指导。

二、高校篮球运动的未来发展对策

在我国篮球课程教学发展过程中，为了促进其能够获得更好的发展，需要根据教学过程中出现的各种问题来进行相应的调整。篮球课程教学正是在不断改革和调整的过程中实现了持续发展。具体而言，我国高校篮球课程教学的未来发展对策如下。

(一)促进篮球文化的发展和传播

1.培养学生终身体育意识

在教学活动中，学生的学习应该是一个主动、能动性的学习活动，这一过程具有自主性、互动性和开放性的特点。具体来说，在参与篮球活动的过程中，高校大学生可以结识具有同样兴趣爱好的学生，这对于其扩大自己的交际圈、培养自己的人际交往能力具有重要的作用，此外通过与他人（尤其是志同道合的人）接触，有利于大学生学习对方的优秀品质，对大学生积极学习、提升自我、挑战自我以及积极创新具有重要的促进作用。因此，篮球运动不仅能增强学生的身体素质、提高学生的运动能力，还能在学生进入社会后继续受益，教师在高校教学中应让学生充分认识到这一点，以促进其将篮球运动作为一项终身受用的运动来学习，引导学生树立正确的体育价值观，使学生终身受益。

2.倡导学生形成健康的生活方式

体育教育功能具有培养学生公平竞争的精神，提供一种健康的生活方式的功能。通过现代篮球教学,应使学生养成健康文化的生活方式。近年来,在NBA、CBA以及大学生超级联赛等一系列赛事的影响下,高校大学生参与篮球运动的人数越来越多,学生对篮球运动对自身健康生活方式的建立之间的关系认识日渐清晰,即从事篮球运动有利于建立健康文明的生活方式。在高校篮球教学中,教师重视篮球文化的传播能在和谐的教学氛围中促使学生的体育锻炼和行为的规范化和常态化,有利于大学生的身心健康和良好生活方式、行为习惯的养成,对当代大学生的健康成长具有重要作用。

3.提升学生的人文素养

实践表明,现代文化可以起到分界线的作用,能表达组织成员对组织的认同感、重视组织利益,有助于增强组织的稳定性,引导和塑造成员的良好的态度和行为。篮球文化是篮球运动的重要组成部分,高校大学生通过学习篮球运动能受到篮球运动文化的影响,这种影响是潜在的,又是非常重要的,特别是对学生的行为习惯的养成具有重要的促进作用。具体来说,在高校篮球运动教学中,教师应重视对篮球文化知识的详细阐述和介绍,使学生更加深入地认识篮球运动中所蕴含的合作精神、竞争精神、拼搏精神和民族精神,使学生通过学习篮球运动来养成积极向上、遵守规则、热爱民族和国家的优秀品格。

此外,在日常篮球教学实践中,学生通过身体的各种练习以及与篮球相关的各种活动,可以在加深对篮球运动感受、理解和认识的基础上,影响其运动观和价值观的形成。例如,优秀运动员的拼搏精神、严谨作风、顽强毅力、民族气节等,使学生通过篮球运动的学习提升自我素养。

4.将篮球文化内化为自我价值

促使学生将篮球文化内化为自我价值,以建立学生自我主动学习的习惯是我国高校篮球教学课的首要任务。

目前，很多大学生对篮球知识了解较少，对篮球的认识存在着很大的局限性，仅会简单的篮球技术动作，这在一定程度上制约着高校篮球教学的发展。因此，现代篮球教学应重视引导学生学习篮球文化并将篮球文化内化，具体做好以下几方面的工作。

首先，体育教师应注重和合理安排篮球理论课，通过教学过程中的系统全面地讲解让学生了解篮球运动的发展历程及发展趋势，熟悉篮球运动基本技战术原理，并掌握篮球运动的相关医疗保健知识及裁判知识。

其次，在高校篮球教学中，教师应重视和充分发挥篮球教学的育人价值，让篮球知识内化为学生的自我价值，使学生通过学习篮球运动陶冶情操、磨炼意志，使学生塑造健全的人格。

5.学生适当树立自我发展的思想

目前在我国学校篮球教学中，更重视学生综合技战术水平的均衡发展、讲究整体配合、追求整体实力的提高，而对学生个性的培养和创造力的培养、个体技术特长的发挥不够重视，这与我国传统文化和近现代史的主体思维有关。但就篮球运动而言，在集体意识和团队精神的基础上，还不能忽视学生个人的个体思维发展，因此教师和教练应在篮球教学中建立“以我为主，自我发展”的教学理念，促进学生个性特长的发展和发挥。

(二)注重教师主导性与学生能动性的结合

现代体育教学已不同于以往，现代体育教学已经摒弃了以往的简单灌输式教学方法，而更倾向于师生双边互动的教学活动。在篮球教学中，教师应根据学生适龄的身心特点，正确处理好师生关系，充分发挥两个教学主体的主观能动性，积极地进行教与学的活动。教学应以体育教师为主导，充分调动学生参与的热情和练习的兴趣。要想做到这点，就需要做到以下几点。

(1)树立正确的教学观。在篮球教学中，正确处理师生关系，发挥教师和学生双方的积极性，克服“教师中心论”“学生中心论”

的片面教学思想和观念。

(2)以教师为主导。在篮球教学实践中,教师应及时提高自身的教学水平和专业素质,做到学识渊博,技术全面,为人师表,平等待人。同时,教师应不断提高篮球教学的艺术性和启发性,培养学生良好的学习动机和兴趣。

(3)充分调动学生的能动作用。主观能动性是提高学生效率的有效动力,教师在教学中应充分调动学生的主观能动性,指导学生明确学习目标,开动脑筋积极主动地学习,并在实践中大胆地实践。

(三)明确篮球教学的目标

针对我国体育教学中存在的一些问题,篮球教学改革中对教学目标提出了更加详细的要求,篮球教学目标更加科学、细化。目前,大部分高校的篮球教学都十分强调学生的全面发展、整体实力的提高,对学生良好个性和创造力的培养不够重视,因此教师应在高校篮球教学中建立“以我为主,自我发展”的教学理念,并以此为教学指导,促进学生个性特长的发展和发挥。

受我国传统文化的影响,人们在日常的生活、学习和工作中自觉地推崇礼让、宽厚、仁慈的道德规范。我国高校的篮球教学也在一定程度上受儒家文化的影响,遵循“平衡、封闭、守常”,即讲求学生的德智体美的平衡发展,忽视学生的特长和个性培养。现代社会开放度高,竞争激烈,高校篮球教学的发展也要与时俱进,打破传统的教育教学方式和方法、重视理论创新,借鉴国内外优秀的教学理念,去粗取精、丰富高校篮球的教学,促进学生身心健康地全面发展。

(四)注重技战术的应用和创新

现阶段,篮球竞技水平和技战术的发展趋势显著。高校篮球教学也更加重视突出,应注重学生篮球技战术的运用能力,促进学生篮球竞技实力的提升。具体而言,应注意以下几方面。

1.技术全面和特长结合

现代篮球高强度的对抗要求运动员的技术尽可能地全面，不能出现明显的短板，这将是高校篮球运动未来的一大趋势，同时这也是篮球对运动员的要求。

技术全面的同时还要有特长技术，就是要求队员技术全面，能里能外、能快能缓地适应战术调整的同时，还应在某一项技术上异于常人的本领，形成个人的特长技术。

2.凶悍和智谋结合

凶悍和智谋是高校篮球发展的新观念、新趋势。一方有胆识、有毅力和有勇气地与另一方的对抗是攻守对抗的日趋激烈的重要体现，也是现代篮球运动的特点之一。对抗的胜利决定比赛的胜利。目前，现在的大学生已普遍意识到强悍作风与拼斗能力的重要性，因此，很多高校的篮球队在拼斗凶悍的基础上，也重视“智谋”的训练和比拼。

3.常规和创新结合

创新是事物向前发展的灵魂，创新也是高校篮球发展的突出特点与趋势。篮球运动的发展过程是一个不断继承与创新的过程。高校篮球运动的技战术都要随时代的发展而不断创新，只有不断进行创新，才能突破高校篮球运动发展的各种障碍，才能促进学生篮球运动水平的提高和篮球技战术风格的形成，才能使高校篮球运动充满活力，获得更加快速的发展。

4.速度和准确度结合

由于篮球规则对进攻时间的限制越来越大，进攻时间越来越短。这就决定着比赛的速度也会越来越快。另外，战术的变化也在一定程度上要求速度的提高。此外，篮球运动过程中还十分强调攻守的快速转换，要求队员之间默契配合重视反击，提高投篮次数。这种高速度、高强度、高投篮率都要求篮球运动速度与准确度密切配合。在保证速度有节奏的、有条件的同时,还要注意准确度的提高,只有准确度有了保证,才有可能取得好的成绩,才有可能取得比赛的胜利。所以根据这一趋势,在今后的训练中要多加在运动中投篮和抢投的能力,力争在快速的攻防转换中还能得分。总之,篮球比赛对抗中对于速度的转换和精准度的要求将成为未来高校篮球运动中的一大趋势。随着高校篮球运动的发展,大学生运动员对速度的理解也将更加全面和合理。

总之,高校篮球教学不仅仅要增强大学生的体能素质,还要充分利用篮球的竞技性提高学生的篮球运动水平和实战能力,并通过篮球竞技提高大学生的竞争和合作意识。

(五)建立健全篮球教学管理制度

管理机制具体是指管理系统内各构成要素之间相互联系和作用及其调节方式,它的实现依托于建立一定的组织机构和与组织机构相符的组织制度。组织机构的建立将系统内的相关关系人根据需要分配到组织系统内的各个部门。制度的建设是针对系统内各个岗位职能制定的各岗位人员的行为规范。因此,机制的实现形式是机构加制度。机制是否能保证系统内的各要素的作用能正常且充分地发挥是评判一个管理机制是否优秀的主要依据,具体是指该机制的建立是否能达到人尽其才、物尽其用,能充分调动所有组织人员的积极性。

当前,引进新的管理理念,建立健全篮球教学管理体系有助于篮球教学的优化,在现代高校篮球教学管理中,要积极借鉴和学习国外的先进管理经验。如美国大学生体育联合会有着完善的组织机构和科学的管理理念,这种先进的管理理念对我国篮球教学和篮球人才培养管理机制的完善建设具有重要的启示作用。

首先,提升管理理念,改变以往依赖于学校的管理模式,充分发挥体育教师和学生的作用,使他们参与其中。

(六)促进篮球教师队伍的专业化

应注重教师的专业化,促进教师不断发展。

首先,我国教师专业化理论要求教师资格标准的专业性,提高教师的地位和待遇。教师的发展在一定程度上依赖于严格的教师资格制度和教师资格制度标准。应以教师的专业化特征为依据,对教师的专业素质要求进行规范,并提出科学的教师资格标准。

其次,教师专业发展理论要求教师资格具有阶段性,在不同的发展阶段,都应对教师的资格进行规范和认定,促进教师向着更高级的"资格"阶段发展。

最后,教师资格的专业化发展理论主张,为了促进教师资格的认定的科学管理,应让专业机构来管理,保障教师资格的有效性并实现教师的专业化发展。

第四节　高校篮球教学中多媒体技术的应用

在体育教学中,如何把握多媒体教学与传统教学两者之间的比例关系是非常重要的。虽然多媒体教学具有巨大的作用,但鉴于体育教学户外锻炼的特殊性,就必然使得多媒体技术在体育教学中只能起到辅助教学的作用。

多媒体技术在体育教学中起到的辅助作用在体育埋论课和体育实践课中都有所体现。为此,对这方面的研究就应该从这两方面着手。

一、多媒体技术在篮球理论课中的应用

(一)多媒体技术辅助篮球体育理论课的可行性分析

教学是依据教学内容而具体展开的,由教师的"教"与学生的

“学”彼此协同构成的双边活动，体育理论教学是在教师、学生和媒体的共同参与下，运用适当的方法，指导学生掌握体育知识，培养体育学习能力和良好思想品德的一种有目的、有计划的教育过程，整个过程可描述为教师媒体反馈学生，教与学是相辅相成的。传统的教学媒体主要是教科书、粉笔、黑板，在信息高速发展的今天，原本这些传统的信息传递工具已远远不能满足现代教学的需要。因此，根据时代发展所提出的教学要求，从特定的教学关系与教学内容的实际出发，为提高教学效率和增强教学效果，在灵活地运用传统教学方法的基础上，引入多媒体技术来实施教学，使教与学的双边活动构成一种互激放大的自治系统，是行之有效的。科学技术的迅猛发展，使许多高科技成果直接引入教育领域。目前，大部分高校都配有多媒体教室，这就为改革传统的体育理论教学方法和手段提供了坚实的物质保障。

(二)多媒体技术辅助篮球体育理论课的优势

1.系统指导学生学习

教师用现代化的教学理论来组织安排篮球教学内容和教学程序，能优化教学内容，使教学过程系统化、规范化，软件涉及内容丰富，重点提示简明扼要，练习形式多样，操作灵活，界面友好。然后再通过人机互动，使高密度、大容量、生动活泼的学习内容能更好地引导学生进行学习。

2.学生可用其进行自我学习及自我评价

教师只要把教学课件制作好，就可以反复使用，学生不仅可以在课堂上学习，而且也可以在课后从计算机中拷贝相应的知识进行自学，并利用其存储的试题进行自我评价。

3.提高学生的学习兴趣和学习效率

学生对外界的新鲜事物具有高度的敏感性，同时在体育理论学习中需要除本体感觉外的大量感觉信息，特别是视听信息。这类信息在传统教学方法的教授下是无法实现的，而多媒体技术具有的特性可以给体育教师提供强有力的帮助。对学生而言，丰富多彩，活灵活现的画面展示具有较强的吸引力，多媒体技术在演示理论的广泛性、整体性、生动性和细节性上能充分发挥其优势，可使教材中的重点、难点细节以文字、声音、图像、动画等方式以三维空间的形态获得描述，让学生一目了然，熟记于心。同时，多媒体教学方式还可以活跃课堂气氛，增加教与学的互融性，充分发挥学生认知系统的优势，进而提高他们的学习兴趣。

4.有利于更新教学观念，提高教师自身素质

教学改革要求培养复合型、创造型的人才，在教学内容上改“素材”为教材，教法多样性与时效性相结合，创造出有利于学生理解概念、掌握方法、体验乐趣和学会健身的新教学模式。多媒体技术辅助教学，能挖掘和培养学生的潜力，使学生在扩展知识的同时，具备对学习新知识的好奇心，探索欲和对事物的主动思考能力，从而促进学生素质的全面发展，这些是传统体育理论教学所难以达到的。体育教师在使用多媒体技术辅助教学时，由于其在制作课件时需准备大量的素材，使用现代化仪器设备，并在教学中熟练操作这些设备，所以对其自身素质的提高起到了促进作用，其素质高低直接影响教学效果。

综上所述，多媒体技术辅助体育理论课教学可以更好地激发学生多种感觉器官以使其在短时间内最大限度地接收信息。教学内容的多媒体化，能把文字信息编码成图像加以同步识别，使教学声像俱全、图文并茂，做到清晰易懂，学生容易牢记于心。

用计算机作为教学媒体，体现教学手段的现代化，其具备多方面的教学功能，这是传统教学方法无法比拟的。多媒体技术辅助教学，大大缩短了学生学习消化的时间，加速了学习进度。

二、多媒体技术在篮球实践课中的应用

由于体育教学的特点决定了大多数体育课的用时是实践课，要求体育教师和学生共同参与到体育运动中去，再加上体育运动的场所大多为室外，因此，如何应用多媒体技术来辅助体育实践的教学就是一个非常值得研究的问题。具体来看，多媒体技术在篮球实践课中的作用主要体现在以下几点。

（一）运用灵活，重点在激发学生的学习兴趣

在体育实践课教学中，通过多媒体的声、光、色、形对学生的心理产生影响，满足他们旺盛的求知欲和强烈的好奇心，激发他们的学习兴趣。例如，在进行篮球基本战术配合的教学时，由于大多数学生对此了解不多，因此学生在配合教师进行战术示范时通常会表现得有些迟钝或紧张，因此即便花费了不少时间教学，但成果却并不显著。为此，就可以考虑使用篮球游戏软件进行辅助教学，这类软件可在竞赛规则允许的条件下随意设置比赛环境，进而更加直观地表现出各种战术配合的形态。

（二）化难为易，化动为静，有利于攻克教学的重点与难点

包括篮球运动在内的众多体育运动，其技术不仅结构复杂，而且需要在瞬间或对抗中完成，如运球、投篮等技术。这种不能在稳态中完成的动作会给相应的技术教学带来困难。这种困难主要表现在教师的示范动作受自身条件的限制，如教师对动作要领的领会程度、教师的年龄、临场身体状况、心理因素等，很多体育教师很难自如地完成动作。此外，学生的观察角度和时机也受到一定的局限。这主要是因为这些在瞬间完成的技术动作稍纵即逝，综合难度较高，学生很难把这些动作看清，也就很难快速建立完整的动作表象。为了解决这个问题，就可以利用课件演示把教师很难示范清楚的技术环节通过慢动作、暂停、重放等媒体技

术形象化、具体化，变动为静、变快为慢，进而有利于学生抓住动作要领，突出对重点和难点的学习，如此则会明显提升学习效率。

（三）通过动作对比，纠正错误动作

利用多媒体技术，把优秀篮球运动员的比赛录像或图片以及运动技术的难点、重点和常见的错误动作制作成课件。在上课时让学生观看，并与他们一起分析比较，提出问题，解答问题，使学生边看边听边想，这样就能够使学生在练习中避免许多常见错误动作的发生，达到既快速掌握动作，又培养了学生的观察能力和分析能力的目的。例如，在对单手肩上投篮的技术进行教学时，学生很难掌握由下至上依此借力的感觉，造成最终的投篮不能很好地发力，为此如果运用多媒体技术就能将错误的动作捕捉下来，将之与正确的动作相对比，可以更加直观地向学生展示正确动作与错误动作之间的不同。

第五节　慕课在高校篮球教学中的应用

一、慕课的概念与特点

（一）慕课的概念

慕课（MOOC）是大规模在线开放课程教育平台（Massive Open Online Courses）的简称，是近年来开放教育领域出现的一种新课程模式。慕课的定义，是指由主讲教师负责的支持大规模人群参与，由讲课视频作业练习论坛互动邮件和考试相互交织的网络教学过程。慕课这一专业术语最早是在 2008 年由加拿大爱德华王子岛大学网络传播与创新主任 Dave Cornier 与国家人文

教育技术应用研究院高级研究员 Bryan Alexander 两位学者共同提出来的。

慕课最初在国外的著名高等院校诸如美国的哈佛大学、耶鲁大学和麻省理工学院得到运用。我国的北京大学、上海交通大学等是 2013 年之后才开始发展慕课的,之后又有许多的知名大学纷纷加入慕课团体。也就是说,慕课正式进入中国市场是在 2013 年,从这个角度来看,我国对慕课的应用历史是非常短暂的,尽管如此,我们从中获得的利益却是不菲的。

目前,在我国虽然慕课课程涉及多个学科门类,但体育类课程的设计与开发却较少见,尤其是针对高校学生的体育类慕课更是寥寥无几。

(二)慕课的特点

与传统课堂针对单一教师授课和学生数量确定的封闭式教学环境相比,慕课能够灵活支持听课时间和学生数量弹性变化的开放学习环境。其主要特征包括以下两点。

(1)由知名学校的明星教授或教师录制课程并通过网络免费或有偿对所有学习者开放。

(2)每个微课程的核心内容是某个知识点的视频展示,利用各种类型的教学素材充分展示知识点所涉及的要点,并配以教师的语言讲解;此外,还包括教师精心设计的与所授知识点内容相关的精读材料、自测、讨论和过关作业等环节。

二、高校慕课设计的基本步骤

高校慕课设计的基本步骤如图 2-1 所示。

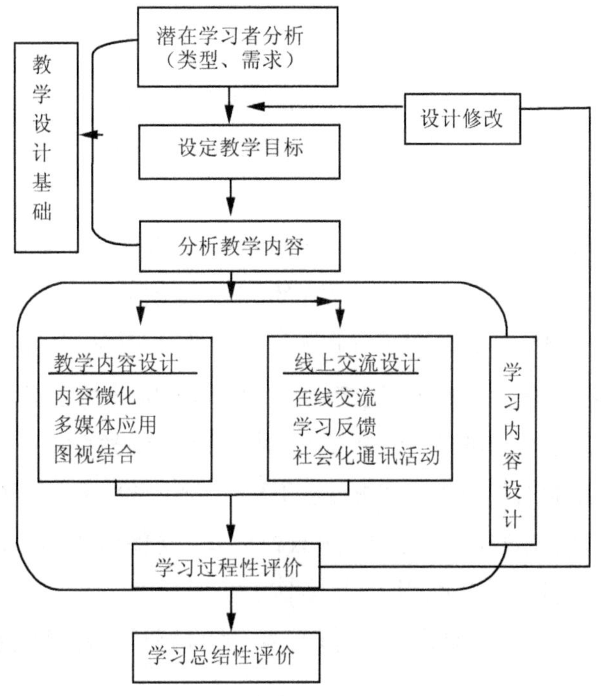

图 2-1

从整体上讲，慕课的教学设计可以分为两大部分，教学设计和实践教学线上交流设计，并且在设计完成之后对整体进行评价。

第一，与传统的课程设计开发相类似，普通高校体育慕课在设计制作时中，必须先明确教学对象，分析教学对象基本情况，包括教学对象的类型和需求，并根据具体情况确定课程整体目标。

第二，在确定教学目标之后，根据教学目标分析确定教学内容。教学内容的确定必须依赖于清晰明确的教学目标，比如我们的教学目标是让学生能够学习并掌握篮球的投篮技术，那么教学内容就一定要围绕投篮技术和技巧进行讲解，若讲解篮球的投篮规则就偏离了主题。

第三，在分析确定教学内容之后，就完成了教学设计部分。接下来就要进行具体的学习内容设计。学习内容的设计主要分为两部分：教学内容设计和线上交流设计。

第四，在教学设计的过程中要特别注意教学内容的微化，每一节慕课教学课程只能讲解某个特定的知识点、技能或者存在的突出问题。对于内容较多的情况则最好选择另外设计课程，分开进行讲解。另外，在慕课的讲解过程中要利用多媒体进行图视结合，根据教学的需求，寻找、制作教学素材，以更合理更简洁更直观地向学习者展示运动技能点。

第五，线上交流的设计，其目的在于活跃课堂，加强师生以及学生之间的交流。对于学生不懂的问题及时解决，并且在交流过程中，交换学生之间的思想，更利于促进知识的多样性的发展。通过数字化的教学手段也让老师更好地掌握学生的学习情况，了解学生学习过程中的难点，从而针对性地进行教学。

第六，根据学生的学习情况进行教学评价，根据教学过程中暴露出的问题对教学设计进行修改完善，以保证整个教学视频的完整性、简洁性、可看性以及可操作性。

第七，对整个慕课设计进行总结性的评价，保留优势，分析存在的问题并加以改进。

三、慕课在篮球运动教学中的实践应用

（一）技术教学应用

体育教学中会涉及很多的技术动作等，比如篮球教学中对于转身动作的学习，这个技术动作规范的做法是左脚向前跨出一步为中枢脚，然后右脚用力蹬地后撤，顺势做后转身动作。在转身的同时，右手按拍球的右前方，将球拉引至身体的侧后方落地，转身后换用左手推拍球。看似简单，但是对于初学者来讲在接受和学习过程中会存在一定的难度，比如重心的掌握，如何控制低重心，并且怎样确保动作规范的基础上保证整个动作的连贯性等。这就要求教师在讲授过程中要反复强调重难点，并要反复示范具体动作，并且有针对性地去教授学生难以掌握的技术。对于这些需求，传统的教学方法实施起来会耗费教师大量的时间和精力，

而且效果也不一定很好。慕课教学的宗旨是以视频的形式单独讲解某一个小知识点,因此学生可以根据自己练习过程中存在的问题有目的性地去反复看视频中的动作示范,从而更好地提升教学效果。

(二)课程教学应用

高校体育课是一门以身体练习为主要手段、以增进学生健康为主要目的的必修课程,是高校课程体系的重要组成部分,是突出健康目标的一门课程。是实施素质教育和培养德智体美全面发展人才不可缺少的重要途径。课程强调的四个基本理念如下。

(1)坚持"健康第一"的指导思想,促进学生健康成长。

(2)激发运动兴趣,培养学生终身体育的意识。

(3)以学生发展为中心,重视学生的主体地位。

(4)关注个体差异与不同需求,确保每一个学生受益。

慕课教学模式在体育教学中的应用大大增强了教学的灵活性和趣味性。体育课程种类多样,除了篮球以外,还包括足球、太极、武术等。不同的课程设计不同风格的视频,比如篮球课更加强调竞争性,而足球更加突出团队合作而太极则更多地突出其柔美等。

(三)全民健身应用

体育教学的最终目的就是要提高学生的身体素质,增强学生体育锻炼的意识。体育教学不单单是简单地传授知识,更多地还有呼吁大家重视体育锻炼和身体素质。因此,在慕课视频教学的制作过程中可以设计不同的风格,在传授知识的同时,用运动的魅力来感染大家参与到全民健身的潮流中。

第三章　高校篮球教学课程的组织与开展

高校篮球教学课程是培养学生篮球运动知识与技能的重要途径，教学质量如何直接决定了学生的篮球运动学习成果能否达到预期。为此，要想保证篮球教学课程的高质量，就需要对其组织与开展工作进行探究。

第一节　高校篮球教学课的课前准备工作

一、高校篮球教学的内容

在高校中，大学生们可以通过篮球的系统教学，掌握技战术理论知识以及对一些基础性的篮球技能有一个初步的认识。高校篮球教学内容的选择主要包括以下三个方面。

（一）篮球的基础理论知识

理论知识的重要性不言自明，高校大学生学习篮球理论知识对学习篮球技能和篮球教学的实践环节都有重要的指导作用。

目前，我国高校篮球运动通过多年的发展已经形成了比较完善的理论知识体系，包含的内容主要有：篮球的起源与发展、篮球技战术打法及分析、篮球教学训练理论、篮球竞赛的组织，篮球竞赛的规则等，这些都已经成为高校篮球运动教学最基本的内容。

（二）篮球的技术动作

技术动作是高校篮球运动技能实践中最基础的内容。在进行篮球技术动作的教学时，教师应将篮球技术规格、动作要领和技术合理运用作为主要内容教学。教师应注意示范动作的规范性，为学生树立正确的技术动作定型打好基础。

（三）篮球的战术配合

战术配合方法是高校篮球教学的重要内容，这主要是由于特定的战术布阵是篮球运动集体对抗形成的主要形式，是篮球运动中为了获取胜利而采用的将球员能力合理安排与恰当使用的方法。在篮球运动竞赛中，战术阵势和战术配合是主要特征之一。

高校篮球教学实践中，两三人的基础配合和全队配合是篮球战术配合教学的主要内容。在教学过程中，教师不仅要通过适当的方法指导学生对人与球移动的路线、得分点、运用时机及其变化等内容有正确的了解和认识，还要在平时的训练过程中注意学生的战术配合与协作意识的培养，使学生在篮球比赛实践中能灵活运用战术配合。

二、篮球运动教学文件的编排

（一）教学大纲

篮球教学大纲是以纲要的形式编定的教学指导性文件，它根据教学计划制订，是检查教学工作和评定教学质量的重要依据。

1.教学大纲的基本要求

（1）从教学实际出发

制定教学大纲要准确地提出篮球教学的总目标和总任务，并且要符合教学计划中规定的教学目标和要求。同时，教学大纲还要细致到根据教学内容合理地选择教材，把基础的、主要的和有一定难度的知识内容，科学地、主次分明地、系统地、按适当比例地列入教学大纲。

（2）合理地分配教学时数

为确保教学任务的完成，在制定教学大纲时应注意理论与实践教学的比例要适当。合理确定理论知识与技术实践考核的成绩在总成绩中所占的比例，使考核结果能够客观地考量学生的真实学习水平。

2.教学大纲的主要内容

教学大纲的主要内容包括教学基本条件、教学参考书目、教学目标、教学基本内容、教学课时数分配和教学考核办法六项。

（1）教学基本条件

具备教学的基本条件是保证篮球教学活动正常进行的基础。基本条件包括篮球场地、篮球器材的数量、规格。还要对涉及比赛使用的设施等内容均要一一列出。对于一些条件较好的学校，还应要求逐步建立和改善篮球辅助电子设备等教学设施。

（2）教学参考书目

在选择教材方面，教师应以正规的教材类篮球书籍为主，可根据需要适当增加一些权威的先进的篮球书籍或其他书籍供参考，以便在基本知识的基础上不断扩大知识范围。

（3）教学目标

教学目标是教育目标，知识目标和能力目标的综合统一。其中，教育目标是指通过篮球运动，对学生进行思想品德教育，培养学生的坚韧不拔、集体主义和遵守法纪的作风；知识目标是指使学生掌握与篮球运动相关的基本知识、基本技战术理论和掌握基本篮球技能的目标，通过教学使学生达到能讲、能做的水准；能力目标是培养学生具有从事篮球教学活动的组织管理和实际操作的能力。

（4）教学基本内容

在教育部下达的《普通高等学校本科体育教育专业九门主干

课程教学指导纲要》中已对高校篮球普修课的教学内容做出了明确规定。除此之外，教师还可根据篮球运动的发展，在教学中适当增加一些最新潮流的技术、战术和教学训练方法等，这会使得学生在学习过程中不会觉得所学内容陈旧，缺乏新意。

(5)教学课时数分配

国家教育行政部门在颁发的篮球课程方案中就确定了教学总时数。但这只是纲领性的文件，落实到真正的教学环节中时，教师还要根据具体教学内容的时数合理分配课时数。在分配时要注意突出重点，保证知识和能力培养所分配的时数形成合理的比例关系，以及保证主要教学内容有足够的时数。篮球运动一直处在不断发展的状态下，这就要求教师可适当理论联系实际，介绍一些先进的篮球技术、战术和训练方法。加强实践性教学环节，再结合篮球运动的特点，促进学生在教学过程中潜移默化地得到思想品德教育和作风教育。

(6)教学考核办法

考核内容应包括讲授的全部理论知识内容、选择重点技术考核以及包括作业、技术与战术演示和裁判操作等技能考核。

理论知识考核一般采用笔试方式，技术考核采用达标和技评的方式，技能考核采用实习和实际操演的方式。最后，总成绩中各部分的权重与比例应视培养目标的要求来确定，评定应包括学生学习过程中的学习态度，掌握的基础理论知识、基础技术与技能的评定，基本技能可与平时考核相结合综合评定。

(二)教学进度

教学进度是根据教学大纲的任务、内容和时数分配，将教材内容具体落实到每节课的教学文件。

1.编制教学进度的基本要求

在编制教学进度时应把篮球基本理论知识、基本技术与战术和基本技能等重点内容放在突出的位置上，给予这些重点知识以足够的课时数，使得这些重点能够在课堂上反复出现，确保重点内容的掌握和提高。教学进度的编制要本着科学合理的原则进行。要想制定合理的教学进度应做到以下几个方面：

（1）遵循教学规律和教学原则。教学进度应力求科学、合理，具有较强的可操作性，它与完成大纲任务的质量有着密切的关系。教学进度制定得是否符合教学规律以及是否符合教学原则，这是教师业务能力和学术水平的体现。

（2）充分体现教师的业务能力和教学水平。教师应细致掌握篮球教学的基本理论，深入研究篮球运动的基本规律，合理安排教学过程中理论与实践、重点与一般、进攻与防守的关系。对内容的安排，既要主次分明，又要把新旧串联结合起来，把技战术结合起来，把攻守两端的意识结合起来。

（3）篮球教学的重点内容包括篮球基本理论知识、基本技战术、基本技能。所以在编制教学进度时要把上述内容放在首要的位置上，教学课时数予以保证，在安排上反复出现，确保重点内容的掌握和提高。在针对如竞赛的组织管理、裁判能力的培养等受教学条件的制约，单靠课堂教学无法完成教学过程中，在编制教学进度时，须考虑课内教学与课外教学活动的结合，并在教学进度中加以说明。

2.单元式程序教学进度的编制方法

程序教学过程能明显地体现由易到难、由简单到复杂、由非对抗到对抗的原则。这种教学进度的特点是教材内容的安排要纵横关系衔接紧密、由浅入深、由点到面，并突出内容的重点。

（1）编制程序

①程序一：将篮球技术、战术根据需要分成若干不同难度的级别，然后根据其纵横联系组成彼此相互联系的教材内容系列。以投篮、运球和个人防守三项技术为例说明，见表 3-1。

表 3-1　篮球教学内容难度分级表

等级	投篮技术	运球技术	个人防守技术
一级难度内容	1.原地单手肩上投篮 2.原地双手胸前投篮 3.行进间单手肩上投篮 4.行进间单手低手投篮	1.高运球 2.低运球	1.防守的正确姿势 2.防守的正确站位 3.防守动作(滑步、上步、撤步、攻击步)
二级难度内容	5.原地跳起投篮 6.急停跳起投篮 7.转身跳起投篮	3.体前换手运球 4.急停急起运球	4.防守无球队员(防摆脱、防纵切、防横切)
三级难度内容	8.行进间反手投篮 9.勾手投篮 10.双手补篮	5.体前变向不换手运球 6.运球转身	5.防守有球队员(防投篮、防突破、防运球、防传球)
四级难度内容	11.在对抗中与各种技术相结合的投篮	7.在对抗中与各种技术相结合的运球	6.在对抗中与各种技术相结合的防守技术

②程序二:将同一级别难度的内容串联起来,组成数个教学单元,如图 3-1 所示。

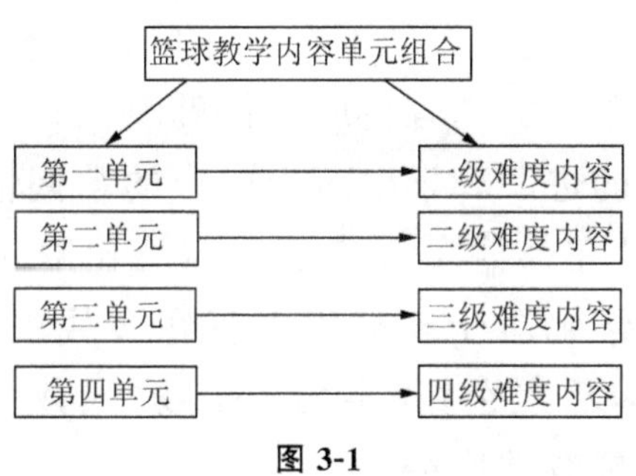

图 3-1

③程序三:以教学大纲规定的教学内容和时数分配为依据,适当地调整各单元的技术、战术,按要求和顺序分别排列在单元式进度表中(表 3-2)。

表 3-2　单元式程序进度表

单元	课次	教学内容			
		一般	重点	复习	作业
第一单元……	1				
	· · · ·				

④程序四：对基本理论知识和能力培养进行技术处理，将其穿插在各项中进行，形成一份完整的教学进度表。

(2)执行单元式程序教学进度的注意事项

执行单元式程序教学进度时，要注意如下几点。

①明确每个单元的教学目的。开始教学前，要把单元的教学内容、教学要求表述清楚，使学生心中都有数，知道要学什么、懂什么、掌握什么，以此提高学习的兴趣和自觉性。

②单元教学结束后，教师要及时进行小结，归纳经验，找出不足，针对问题调整教学方法，明确继续努力的方向。

③把握住每个单元之间的有机联系。单元与单元之间要有一定的逻辑关系性，这样有利于在后一单元的教学中可以采取适当的方法将前一单元的内容再度进行巩固。

④根据教学的进展和学生对于内容的掌握情况，可组织一些教学比赛，特别是在第四单元中要重点突出对抗教学的特点，以比赛的形式检验学生对于技战术内容在实战中的运用水平。具体方法应先简单，后复杂；先半场后全场；人数由少到多，直至按规则要求进行正规教学比赛。

(三)教学教案

教案是根据教学进度规定的教材内容、教学对象和教学基本条件而设计的，它可以说是教师每次进行课堂教学的具体工作计划，是经过个人或集体认真备课后形成的基本教学文件。在我国，教育部门会定期对从事教育事业的人士进行教案的检查和审核，所以教师对这类教学文件一定都不陌生。

1.教案设计的基本要求

教师应根据教学大纲的精神和要求，在学期前或是课前认真研究，熟悉教学进度规定的教学内容，要做到通盘考虑，掌握教材内容的关键点，细致耐心地设计好每堂课程的教案。设计教案的具体要求有以下几个方面。

(1)根据教学进度的安排，制定每次课程的一般内容、重点内容和复习内容，并需要明确提出每次课程想要达到的教学目标，以便在课后或学期后的检查和总结。

(2)根据教学进度和课的任务，确定课的类型，并合理设计学生的运动负荷。

(3)根据教学原则，使教学内容之间有逻辑性和有机联系，使教学方法和练习形式具有连续性，环环相扣，循序渐进，争取做到这次所学即为下次所学之铺垫。此外，还要考虑前后课次的联系和影响等因素。

(4)根据学生数量和课程内容的需要，计算课程所需要配备的场地、器材及辅助教学用具的数量和种类。

2.教案的格式

篮球课程的教案一般为表格式，使用时可以根据情况把准备部分、基本部分和结束部分相应扩展。表 3-3 可以代表教案的其中一种类型。

表 3-3　教案基本格式表

<table>
<tr><td colspan="2">授课班级</td><td>班级</td><td>课次</td><td></td><td>上课日期</td><td></td></tr>
<tr><td>基本教材</td><td colspan="3"></td><td>任务</td><td colspan="2"></td></tr>
<tr><td>课的部分</td><td>时间</td><td>课的内容</td><td>组织工作</td><td>教学步骤</td><td colspan="2">易犯错误及纠正方法</td></tr>
<tr><td></td><td colspan="2"></td><td></td><td></td><td colspan="2"></td></tr>
</table>

3.教案结构

篮球课的类型包括理论与实践、新授与复习、教学与训练、技术与战术,类型较多,但无论属于哪一种类型,在课程的结构上都会由准备、基本和结束三个部分组成。

(1)准备部分

一般用15～25分钟。在这个部分中,教师要向学生明确本次课的教学目标与要求;调动学生积极性;做好准备活动,使身体各系统机能进入良好的运动状态。内容包括:热身操、健步走、慢跑等练习或要求准备部分的内容一般应与基本部分相联系,结合篮球基本功的各种练习,如运球慢跑,传球慢跑,篮球游戏等。

(2)基本部分

一般70分钟左右。一堂教学课的主体就是基本部分,课的教学内容必须遵循突出重点,主次分明的原则。在具体操作中应写明教材内容的要点、教学步骤、教授手段与练习方法、练习的次数、频率、时间、运动负荷和教学组织管理等。

在这段时间内,教师按教学进度安排的课程内容教授新授内容和复习内容,以发展、提高一般和专项身体素质为基础,带领学生正式学习篮球理论和技术的相关知识,使学生掌握本次课规定的技术与战术,并结合教材内容,培养学生教学活动的组织能力。

(3)结束部分

一般用5～10分钟。其目的在于结束课程内容前,使学生逐渐恢复到相对平缓的状态下,以便学生进行后面其他课程的学习或放松紧张的身体。内容一般采用整理运动、放松运动、韵律操或罚球等节奏适宜且愉快的练习,达到放松的目的。结束前教师还要对本堂课进行简单的总结,对学生完成课堂学习任务给予适当的评价,表扬在课堂中有突出表现的学生,指出学生学习过程中出现的技术上或理解力上的问题。

教学内容和教法措施一般应按课的上述三个部分有顺序地设计,精确地计划各部分所需时间、练习形式、运动负荷大小等。

教学内容前后连贯、教法措施科学合理，是教师教学艺术水平的反映。

第二节　高校篮球教学课的课中管理工作

一、高校篮球课堂教学过程的管理

课堂教学管理要想做到科学化、合理化，在遵循体育教学规律的基础上，还要有合理的管理程序以对课堂教学进行有效的指挥和控制（图 3-2）。

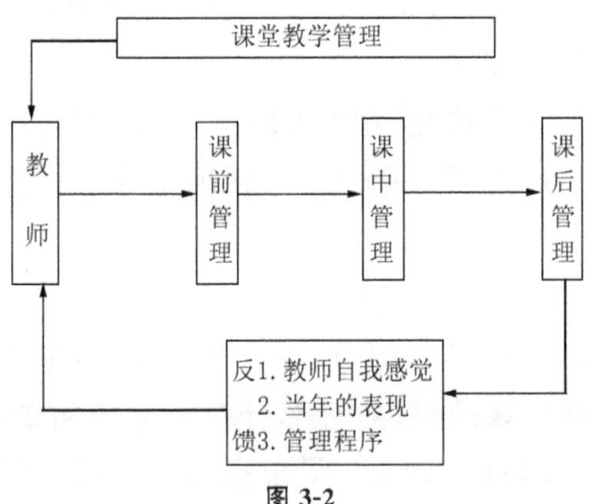

图 3-2

（一）课前管理

由于课前管理是课堂教学管理的开始，所以有经验的教师都相对比较重视。其主要内容包括：教师将本次课的内容告知体育委员或技术骨干，并对他们参与课堂管理的形式进行指导，以在教学进行时通过他们的帮助带动其他学生；教师还应将课上所需的器材、教具等的使用数量提前通知器材管理人员；如因天气等不可抗因素导致上课地点有变动也应事先告诉学生，以免出现混乱，延误上课时间；教师必须提前到达上课场地并准时上课，给课中管理创造一种良好的气氛。

(二)课中管理

篮球教学根据教学形式可以分为实践课与理论课的教学。两种课程具体来说主要包含以下内容。

1.理论课

理论课和其他学科一样,一般在教室里进行。在篮球教学中,尽管理论课的比例小于实践课,但是系统的理论教学可以使学生在实践中获得一种感性认识,在理论知识过硬的基础上,可以在实践课中迅速得到印证,促进学生技、战术水平和实际能力的提高。理论课要根据课的内容,除了传授基本理论知识外,还要对学生进行素质教育,如集体主义教育、艰苦奋斗的精神等,促进学生全面素质的发展。

教师要认真编写讲授提纲和讲稿,安排好每一个讲课步骤,利用讲授、提问、讨论、答疑等形式,使理论课上得生动活泼。

2.实践课

实践课的结构由准备部分、基本部分和结束部分组成,这三部分是一个紧密联系的整体,各部分都有其各自的意义、内容、目标和教法要求。因此,教师必须根据课的任务和学生的实际情况,选择适宜的练习手段,提出明确的要求。

(1)准备部分

目的:为顺利地完成基本部分和全课的任务做好准备,使学生从心理、生理两方面尽快进入教学状态。

任务:让学生了解课的具体任务,使学生的神经系统、内脏器官和各肌肉群迅速进入工作状态,集中注意力。

内容:班长或体委整队,向老师报告出席人数。教师记录考勤、检查服装,讲解本节课程内容、任务和要求;要求学生集中注意力,开始进行热身练习,快走、慢跑、做热身操和活动性热身游戏，也可进行与篮球结合的专门性练习。

组织方法：教师引导和鼓动学生，一般采用集体协作的准备形式。准备部分练习应照顾到全身各个部位的练习，全面且具有针对性。准备活动的时间可根据学生的身体情况、气候条件等稍加增减，一般情况下以 15～20 分钟为宜。

(2)基本部分

目的：使学生良好的形成、改善和巩固篮球技、战术能力，发展其身心素质。

任务：基本部分要求教师根据教学进度安排，使学生循序渐进地掌握和改进规定的篮球技术或战术，提高理论水平和篮球意识的增加，提高身体素质，进行意志品质培养。

内容：围绕本课教学内容和任务，按教学进度选择练习方法，提高学生的篮球技战术水平和在实战中运用技战术的能力。

组织方法：集体或分组练习。在这一过程中，一般先以学习新教材为主，复习旧教材为辅。也可以根据教学进度，先安排复习内容，然后再引入新教材。教学比赛或发展身体的练习一般安排在基本部分的最后阶段。组织教法要注意每课之间以及每个练习之间的联系，有条理地循序渐进，由简到繁，逐渐增加完成技术动作或战术行动的数量、速度、难度和对抗条件等。教师要善于观察学生的实际学习情况，用讲解示范与练习结合、改变练习形式或增减练习次数的方法来控制练习的密度和强度，进而达到调整学生运动负荷的目的。基本部分是课的主要部分，活动时间应在 75～80 分钟。

(3)结束部分

目的：有组织地结束教学活动。

任务：使学生逐渐地恢复到相对安静状态，进行简单的课堂总结，还可以布置课外练习等内容。

内容：根据最后一个教材的内容，选择一些逐步降低运动负荷的练习，以便学生在本堂课结束后还能有稳定的状态进行下一科教学的精神。可进行一些如放松跑、轻松的投篮练习、放松操等内容。然后进行课的小结与评价，布置课外作业，预告下次课的内容等。

组织方法：多采用集体形式。评讲时先整队集合，表扬练习出色的学生，还要指出练习过程中遇到的问题。恰当地评价课堂学习情况，激发学生学习的积极性，也可以重点指出练习中普遍存在的错误及纠正方法，以利于学生课后练习。结束部分的时间应在5分钟左右。

3.观摩讨论课

观摩讨论课往往是进行裁判法教学、篮球教法，技战术分析、篮球规则时采用的一种形式。这种形式可以使学生在较为直观的感受上提高观察、分析的能力，激发学生的创造性思维，提高学生的表达能力。

观摩讨论课前，教师告知学生观摩的内容、重点、要解决的问题，以及纪律等方面的要求。

观摩对象可以是某次篮球课或篮球比赛，有条件的高校可以组织学生欣赏一场职业篮球比赛。但一般情况下可以通过篮球技术、战术的视频资料等进行。观摩中要求学生对教师所讲授的内容做好笔记，及时记下自己的想法、体会和疑问。

观摩结束后，教师要及时组织讨论。由教师开始做引导性的发言，然后学生围绕议题针对观摩的对象和问题进行发言。教师应在讨论结束时作总结性发言，对讨论的问题和学生的讨论情况进行评述，未能得出结论的问题可以留待课后继续探讨。

4.实习课

实习课的目的是为了提高学生教学、训练、裁判和组织竞赛等能力。一般以参与篮球赛事志愿者或工作人员，记录台工作人员助理为主，如有机会还可以执法校内学院级组织的篮球比赛。

实习课开始之前要确定实习学生，并指导学生做好充分的准备工作，对实习过程要做好记录，实习结束时鼓励学生参与讲评和讨论,把实习感悟和遇到的有意义的情况与大家分享。最后实习生写出总结。

二、高校篮球课堂教学过程的控制

(一)篮球课堂教学方法的选用

教学方法是引导、调节教学过程最重要的教学法手段。篮球教学中,较为常见的教学方法主要有:语言法、示范法、演示法、完整法与分解法、游戏法与比赛法。下面主要来分析这些教学方法。

1.语言法

语言法就是通过语言的描述和讲解向学生传授知识和技术动作的方法,它能够让学生在短时间内获得大量的信息。虽然语言法在某种程度上略显抽象,常常与“灌输式”教学联系在一起。但语言法在教学中仍旧是不可或缺的。语言法是否使用得当,最重要的还是教师在教学中怎样运用。

在篮球教学中,教师讲解时应尽量做到语言简洁、清晰,有逻辑性和感染力。针对技术、战术的关键环节给予重点介绍,并尽量将语言法与其他教学方法结合使用,引导学生进行思考和分析问题。

2.示范法

示范法就是由教师做出正确的技术动作,学生从教师做出的动作中进行刻意的模仿,首先建立一种动作表象,熟练后开始逐步掌握动作的方法。篮球运动具有多种多样动作技术,这就要求每一个新技术的教学都需要教师提供一定的动作示范。因此,示范法在篮球教学甚至非常多的运动类教学课程中都得到广泛应用。

教师的示范动作对于学生来讲就是一种标准和榜样，所以教师的示范动作必须是标准的、规范的，而不能是错误的动作，否则会带给学生以误导和困惑。示范的合理性要求教师处理好示范的时机，根据动作结构和顺序，全面地展示动作的正面、侧面、背面和斜面给学生，并注意示范的位置，保证学生都能够清楚地观察到示范情况。

3.演示法

演示法是指以呈现静态的图片、模型或动态的视频、动画等方法让学生观察，以此让学生获得感性认识并逐步加深理解和运用。

教师使用演示法前要事先选择好与教学内容密切相关的素材，该素材要做一些截取或增补的编辑处理，保留对教学有用的部分，去除对教学有干扰的信息，以便突出教学重点，保证学生的注意力专注在所要进行的教学内容方面。适时让学生看到一些篮球明星的技术动作，用球星的潇洒和强悍引起学生的好奇心，激发学生去模仿、练习。

4.完整法和分解法

完整法指教师将一个示范动作从开始到结束不间断地、完整地进行下来，并让学生练习的方法。分解法指把一个完整的动作合理地分成几个部分或几段进行练习的方法。

完整法的优点是便于学生从整体上把握、掌握动作，这种方法的优点在于不致破坏动作的结构和割裂动作各部分或动作之间的内在联系，在学生脑中形成了一个完整的动作概念。但这个方法的不足是不易掌握动作中较为困难的要素和环节；运用分解法练习时，应考虑各部分之间的有机联系，不破坏动作的结构，使学生明确各部分在完整动作中的位置及前后衔接，分解的时间不宜过长，否则过多地分解教学后，学生可能会出现分解动作无法顺畅连接成完整动作的情况，这对于以后这项技术的运用产生了很大影响，每每遇到这个动作时，可能都会出现动作脱节或不协调的现象。分解练习应与完整练习相结合，在动作比较简单或分解容易破坏动作的结构时采用完整法，动作比较复杂并且分段不会破坏动作完整性时采用分解法。

5.游戏法与比赛法

游戏法与比赛法对于运动类课程较为常见。游戏法是指以游戏的方式组织学生进行练习的一种教学方法。比赛法是指采用教学比赛的形式组织学生进行练习的一种教学方法。

游戏法易于调动学生的参与热情，容易感染学生，使课堂气氛变得活跃，使学生在比较轻松的氛围中学习和运用技术动作。比赛法能够让学生在对抗的情况下，巩固和运用技战术，有效地发展学生的体能、适应能力和应变能力。

教学中应根据篮球教学的目的任务、教学内容的特点和学生实际掌握的情况选择适当的教学方法。没有一种教学方法是放之四海而皆准的，这就对每个教师的要求很高，要随时根据教学过程的变化选择恰当的、具有创造性的教学方法，表现自己的教学艺术和形成自己的教学风格。

(二)练习密度与负荷的控制

在篮球课程中，练习密度就是指在篮球课堂教学中实际的练习时间与课程时间的比例。教师要善于根据每次篮球课的内容和学生实际特点，适当地增加练习密度，以保证学生有充足的练习时间掌握技术动作。练习密度的原则首先就是要适度，而并不是密度越大越好。练习密度过小，却又会出现学生在课堂上看的多，打的少的情况，造成练习的激烈程度不足，“冷场”过多，同样会导致练习效果较差；练习密度如果过大，学生在练习过程中休息时间较少，会使体能过度消耗，致使技术动作不能够合理、标准的运用，最终导致学生不能获得较高水平的测试成绩。

要想对练习密度做出合理的安排与调节，可以采用以下三种较为有效的措施：

（1）练习方法的使用要合理。好的练习方法，能够让学生在练习中紧凑、有序，较少产生停顿、保持整个练习的流畅性。

（2）改进、创新教学方法。提高讲解与示范的质量，根据教学内容，运用不同的教学方法，达到精讲多练的目的，并合理安排重复练习的次数和休息间歇时间。

（3）提高篮球课的组织水平。减少不必要的组织措施，统筹规划好场地和器材的使用，并根据学生人数进行合理分组。

运动负荷是指学生在参与篮球课中的练习时，身体所承受的生理负担。学生的身体形态、技能的掌握以及技战术能力提高等必须在适宜的负荷量和强度的刺激下才能实现。教师在进行课程负荷安排时要考虑到学生身体生理机能变化的规律。负荷量应本着强度由小到大的规律逐渐增加，大小级别的负荷科学合理的变化。在课程即将结束前，应逐步降低运动负荷，使学生身体在课后尽量恢复到相对平静状态。

教师对于运动负荷的安排起着决定性作用，他不仅要合理安排运动负荷，还要在进行教学时随时注意观察学生接受练习中的实际负荷程度，并根据实际出现的情况进行适度调节。调节运动负荷一般可以采取以下方法：改变练习方法；改变练习的结构和顺序；降低或增加练习密度或难度；适度增加或减少演示和讲解；改变练习中的对抗程度。

（三）练习的反馈和技术的强化

反馈是输出信息的一部分，而这部分的输出信息，又返回到输入信息中去，通过伺服机构调整，使再次输入的信息更为精确。许多研究者认为，反馈是仅次于练习的影响运动技能学习的最重要因素。

强化是指一件事物提高了某一刺激所引起的反应出现的概率，使之在同样条件下再度发生。心理学家赫尔曾经提出过一种观点，即强化是导致学习的基本条件。

著名的学者斯金纳认为反馈和强化是学习过程中的两个基本条件。动作过程中极其广泛地存在着反馈，而反馈在学习运动技能时还有强化作用。由此可见，在篮球运动的学习过程中，反馈与强化是交织在一起共同起到作用的。

1.反馈的控制

反馈有两种形式，分别为内在反馈和增补反馈。内在反馈是练习者依靠自己即可获得的反馈，如练习投篮时，练习者可以通过看到球是否投中而逐渐调整投篮的方向、弧线、力量大小等。增补反馈是由其他人提供给练习者的反馈信息，如持球投篮时，教师可以给学生用语言提示："投篮辅助手要稳"等。在学生练习时就能给予正确的信息，这对激发学生的学习动机有很大帮助。另外，在提示错误信息的时候，最好确定动作错误的程度范围，然后进行提示。例如，学生在投篮时起跳不完全，一般只有在多次出现这种问题时，再给予纠正。因为运动技能的学习过程就是从不标准到标准的过程，具有比较明显的阶段性，随着练习的增多，动作会逐渐稳定趋于完善。

教师给予的反馈，无论是什么样的，对于学生来说毕竟是被动地接受信息。而实践中，应该是由学生决定何时反馈。例如学生在练习的过程中遇到问题，自己想要得到反馈时，这个时段再给提供相应的反馈，这样能够最大限度地发挥学习的积极性和主动性，无疑会使教学得到理想的效果。教师也要控制反馈的时间和频率，往往在学生没有需求的时候教师立即给予反馈，或者练习中不停地提示，这都会给学生造成依赖心理，使得他们主动求知、探索的欲望不强，尽管这样学习的效率可能比较高，但从长远来看，效果不一定理想。比较好的方式是让学生先进行自我体会、自我总结，培养学生发现自己的错误，改正自己错误的能力，让学生学会学习。

2.强化的控制

尽管上面说到的反馈具有一定的强化效果，但要想使篮球技能获得很快的提高，最重要的还是要通过安排练习来进行强化。简单来说，在学习完一项技术后，安排重复的练习就是一种对这项技术的强化。以时间分配上来讲，这种强化练习的方法可以分为集中练习和分散练习。集中与分散这两种练习哪一种效果更好，这在运动技能学习领域还没有定论。

这样，便可以在篮球教学中尝试着将集中练习和分散练习相结合的方式。根据不同学习阶段适当选择，如新技能的学习开始阶段，采用集中练习，随着技能的逐渐提高，采用分散练习的方式。因为集中练习是在一段时间内反复重复某一动作，这样的练习可以使学生快速地熟悉和掌握基本动作的要点，但集中练习过多又会使练习者产生厌烦心理，降低学生练习的认真度。而分散练习不但能避免学生产生疲劳，而且与集中一次练习相比，跨越数次的练习为记忆巩固过程提供了一个更适宜的机会，因为记忆的巩固其实就是长时记忆存储的过程。

第三节　高校篮球教学课的课后评价工作

一、高校篮球教学的课后管理

从理论上讲，在进行完篮球课程后，师生之间的教学活动并未完全停止。教师还需要采用多种形式，搞好课后管理，用来作为课堂教学的补充以及让学生巩固好课上所学的各种内容。课后管理的组织形式主要有以下两种。

（一）书面作业

教师要根据教学的进程，并结合教学内容布置一定量的课外作业。这种方式的作用在于复习巩固理论知识和技能，以及加深运用的重要环节。

重要意义：首先，教师在课堂上讲授的理论知识、基本技战术和技能等知识，只有充分发挥学生的主观能动性、独立思考完成作业，才能使其更好地理解和接受。教师要根据教学的需要，有计划、有目的、有重点地并及时向学生布置，并且对上交的作业要认真审阅，写出评语，指出优、缺点，还可作为平时考核的成绩，或及时返回给学生，使学生获得反馈信息，以利其继续努力学习。在这个过程中，教师还能找到学生对于知识理解上存在的困难和问题，以便及时加以指导或改进自己的教学。其次，学生在独立完成课外作业时，必须通过自己的思维活动去分析问题，解决问题，特别是遇到篮球学术上有争议的观点，学生必须通过查找资料后去分析判断，经过这一过程学生将会学到课堂上学不到的东西。通过课外作业，能有效地培养和提高学生查找篮球资料的能力，充分发挥学生的想象力和创造性。再次，经过学生完成课外作业，还能培养他们的技战术分析的书写能力、文字表达能力和绘制技战术图谱的能力等。这些都是学生必须具备的基本教学能力。

（二）自主练习

自主练习是指教师辅导那些在课堂教学中未能掌握所学的技术动作的学生，并使他们在课后进行自己练习以获得更多感悟和巩固技术的一种教学辅助形式。

课后自主练习的形式有多种，一是学生根据课堂学习存在的问题，针对技术动作，自己进行练习；二是教师指导学生练习。教师也可对成绩优异的学生给予特殊指导，为其专门制订自主练习计划，使其在篮球技术等方面拥有更大的提高和发展空间，为其日后在篮球运动上更大的进步和提升奠定良好的基础。

重要意义：通过学生自主练习，有利于教师区别对待、因材施教。给成绩优异的学生以更高的发展空间，给成绩略低的学生多加补课，提高课堂教学的整体效果。自主练习还能调动学生学习的积极性，使他们养成对篮球运动的兴趣，兴趣是最好的导师，当兴趣建立后，学生会自然而然地关注篮球运动，关注和模仿球星的技术动作，从而慢慢获得自身的进步。自主练习能促进教师和学生的互相帮助，融洽师生感情，形成良好的教学环境。另外，学生自主练习，能有效地培养学生的自学能力、独立思考问题和解决问题的能力。让学生在自主练习中进一步理解、运用和巩固课堂上所学的知识、技术和技能，能为过渡到下一次课的学习做好准备。

二、高校篮球教学课后的评价方法

对于高校篮球教学课后教师对学生的评价有客观的，也有主观的。客观评价就是制定一个可以量化的评分表，然后根据被测试学生的表现成绩与评分表相对照得到相应的分数；主观评价就是教师以评分者的身份根据自己以往对学生运动技能表现情况的主观经验给出一定的分数，作为学生的成绩。需要注意的是，为了增加主观评分的合理性，在进行时应尽量有多名教师参加。

教师对于学生在篮球教学过程中表现的评价方法有很多，比较常见的评价方法有以下三种。

(一)观察法

观察法是指教师在教学过程中，在学生无意识的情况下通过视觉观察和感受对学生的表现进行各种了解和判断。下面要提到的调查法和测试法虽然能够使学生的学习情况信息量化、规范化，但是相比于观察法，另外一种方法对于一些复杂的心理表现是难以测量和考评的。观察法在教学过程中随时可以使用，且可以涵盖在整个学期内，被观察的学生的表现将会是最为客观的常态表现，观察时教师也不会像测试和调查时那样产生心理压力，因此获得的信息是最自然、最真实的。教师应该利用各种机会进行观察，以获得上述两种方法难以获得的信息，并与二者加以比较和综合，对学生的学习行为做出准确的评定。

(二)调查法

调查法是通过预先设计的问题请有关人员进行口述和笔答，以期了解学生的学习兴趣、积极性和学习意向等信息的方法。通过调查法还可以了解学生对教学的想法、意见或建议，也可以获得学生对学习效果的满意度，以此判断教学的实效性，也为改进教学质量提供可靠的依据。

调查的主要形式有问卷和访谈两种。为了保证调查的有效性，必须事先对问卷或将要访谈的问题进行有针对性的设计，设计的问题与调查的目的应该是一致的。还要注意调查要在宽松的氛围下进行，让学生敢于讲真话，保证调查的可信性，避免走过场的行为。

(三)测试法

在篮球教学评价方法中，测试法包括篮球理论知识测试和篮球运动技能测试。理论知识测试可以了解学生的认知能力，对于这种认知能力的考核，需要在选择试题时既要设置客观题也要设置主观题。通过学生主观题的回答可以检验学生对课程所讲授内容的掌握程度和理解程度。运动技能的测试就是对学生在球场上的运动技能的表现和运用的考核，由于运动技能的复杂性，必须采用主客观评价相结合的方式才能全面反映运动技能的表现结果。

第四章　高校篮球活动的组织方法研究

高校篮球活动是高校篮球运动开展的主要方式，它的主要开展形式为篮球竞赛，并且还包括一些其他更加具有娱乐特征的活动。为了搞好篮球活动，就需要对活动的组织方法进行研究。

第一节　篮球活动的场地及设备

一、篮球竞赛的场地

（一）比赛场地

篮球运动的比赛场地为一块平坦的硬质地面（图 4-1），如洋灰硬地、塑胶地或木板地。正规篮球场地的尺寸为长 28 米，宽 15 米（从界线的内沿丈量）。

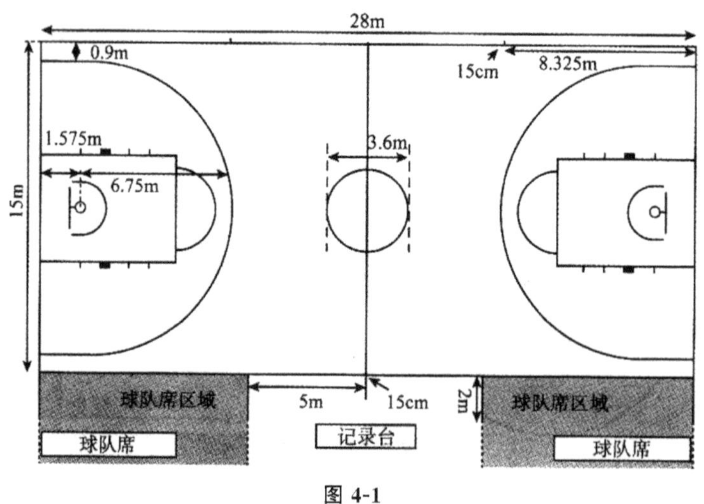

图 4-1

(二)限制区

限制区应是比赛场地上两底线旁的一个长方形区域,它由端线、延长的罚球线和起自端线(外沿距离端线中点 2.45 米)终于延长线外沿的线所限定(图 4-2)。除了端线外,这些线都是限制区的一部分。

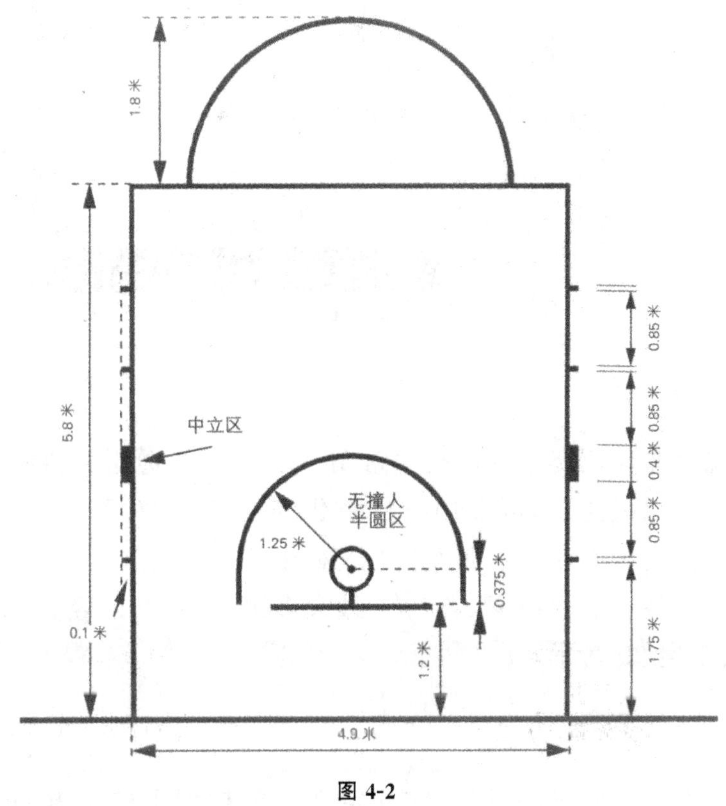

图 4-2

二、篮球竞赛的设备

(一)篮球架

篮球架为设立在两条端线中间的 2 个篮球架,每一个篮球架包括一块篮板、一个篮圈、一个篮网、一个篮球支撑构架和相应的包扎物,如图 4-3 所示。

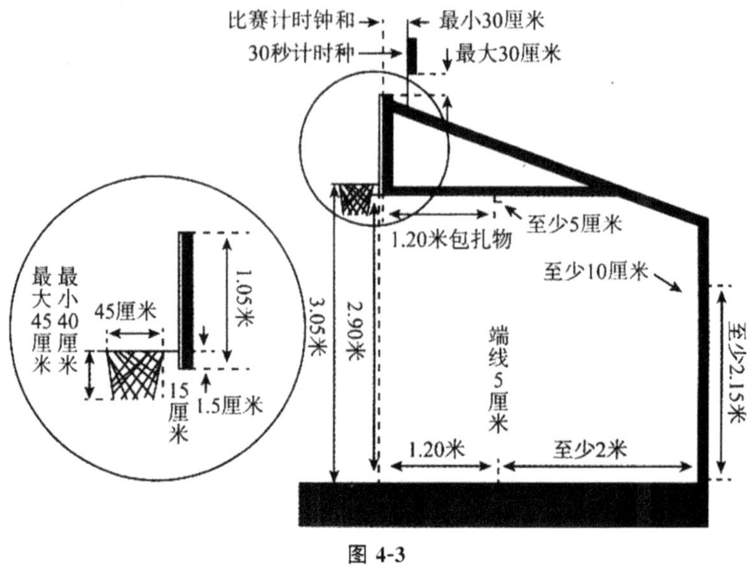

图 4-3

(二)篮板

现代篮球比赛中的篮板通常用一块适宜的透明材料制成(对于一级和二级比赛,可以用一块强化安全玻璃,对于要求并不严格的高校篮球中还有木制篮板)。篮板应制成一整块,不反光,其表面应平整。篮板横宽 1.80 米(最大多出 30 毫米),竖高 1.05 米(最大多出 20 毫米)。

(三)篮圈

篮圈是投篮时的目标,它固定在篮板构架上的下方,每个篮圈的顶沿应水平放置,距地面 3.05 米。

(四)篮球

现代篮球的表面材质为皮革,一些非正规的比赛中使用的篮球的表面材质还可能是橡胶。球体为圆形,充气到使球从大约1.80米的高度(从球的底部量起)落到比赛地板上,反弹起来的高度在 1.20～1.40 米(从球的顶部量起)。

比赛中的用球会根据男子篮球和女子篮球有所区别，即男子篮球比赛使用 7 号球（圆周为 749～780 毫米，重量为 567～650 克）（图 4-4）；女子篮球比赛使用 6 号球（圆周为 724～737 毫米，重量为 510～567 克）（图 4-5）。

图 4-4　　图 4-5

（五）其他器材

为了进行一场篮球比赛，除了需要上述必备的器材外还需要一些其他的器材、仪器用来辅助比赛中的各项事务，如用来辅助计时的电子时钟、24 秒计时钟，还有辅助计分的翻分牌，用于在比赛中起多种提示作用的比赛信号器，队员犯规标示牌，全队犯规标示牌、交替拥有指示器等仪器和器材。随着现代科技水平的提高，一些更具现代化的仪器不断运用在篮球运动中，如更新的设备还有全角度摄像装置以及高倍速慢动作回放技术。

三、参赛球队与运动服装

（一）球队

正规篮球比赛中一支球队由 12 名参赛球员能组成，此 12 人中设定一位队长。每支球队有主教练 1 名，助理教练 1 名。其他随队服务人员不得超过 5 名，此 5 名人员通常为领队、队医、队务，有需要的情况下还可以包括翻译。在比赛时，上场人数为 12

名参赛球员中的5人,其余7人为替补球员。

(二)服装

1.比赛服装

比赛中球员穿着的球衣要统一,为了满足比赛的需要,每支球队至少有深色与浅色两套比赛队服。队服背心上要印有号码以示区分不同球员,通常队服的号码数字为4～15号间的号码(含4号和15号)。另外还需注意在比赛时球员的上衣应塞到短裤之内。

对于队服颜色的选择,应为主队穿着浅色队服,客队着深色队服。如果某方球队拥有传统队服的颜色,可经双方协商一致同意后方可调换颜色。

2.其他装备

由于在篮球运动球员彼此之间有许多身体间的直接对抗,因此对于球员身上所佩戴的其他物品也有严格的要求,如不允许比赛中使用由皮革、塑料、软塑料、金属或任何其他坚硬物质制造成的用于保护手指、手、腕、肘或前臂部位的护具。如果因为面部五官受伤佩戴必要的面具、伤鼻保护器、运动眼镜、运动贴布以及头带等物品是被允许的。

第二节 篮球活动的组织工作

高校篮球竞赛是检验高校篮球水平的考试场,同时,它也是校园篮球活动的重要组成部分,深受广大高校大学生的喜爱。然而,随着篮球运动在高校中的普及,篮球赛事的举办就不再像以往那样粗糙和简单。为此,对高校篮球竞赛的组织与管理的研究显得非常必要,具体来看,主要包括对相关物质保障的准备工作、赛前的预备工作、赛中的常规工作以及赛后的结束工作。

一、竞赛前的准备工作

篮球竞赛前的准备工作是篮球比赛能否顺利进行的前提和关键。篮球赛事开始前一段的准备阶段中，首先要成立相应的组织机构，包括建立竞赛组织机构、确定篮球竞赛组织的具体方案、制定具体的竞赛规程和拟订具体的工作计划等事宜。

（一）建立竞赛组织机构

1.成立竞赛筹备委员会

竞赛筹备委员会是篮球竞赛开幕后的组委会，篮球竞赛筹备委员会对竞赛的全过程起组织领导作用。

2.设立筹备委员会的下属机构

在竞赛筹备委员会中再设立具体的工作机构。这些工作机构负责整个篮球竞赛过程中的各项具体事务，协助领导小组完成竞赛任务。凡是与竞赛有关的事务都要有相应的部门或人员负责管理。

（二）制订竞赛组织方案

组织方案由篮球竞赛领导小组制订。在组织方案中要涉及竞赛的任务、规模、水平，承办单位等内容。并且在组织方案中还要将赛制组织的软硬件、经费等情况进行基本阐述。在制订篮球赛事组织方案时要本着客观求实、精简高效和勤俭节约的原则进行，对篮球竞赛期间各项活动内容、各项活动收支做出计划、安排、预算。

篮球竞赛组织方案主要应包括以下几项内容。

（1）确定竞赛目标、竞赛任务、竞赛名称、主办单位、承办单位

(或协办单位)。

(2)确定竞赛的组织机构。根据工作需要确定组织机构,包括组织形式和人员安排。

(3)制定竞赛组织步骤。将步骤一一列出,并给出相应的完成时间表。

(4)编制竞赛经费预算。应根据主办方经济实力制定相应的经费预算。一般高校中组织的篮球运动竞赛所需的经费包括场地器材费、工作人员津贴、裁判员酬金、赛事奖金(奖品)、宣传费、文印费及通讯费等。

(三)制定竞赛规程

篮球竞赛规程是为使竞赛组织工作能够有条不紊地向前推进的指导性文件。竞赛规程就好比是赛事的"法律"一样,任何参与这项赛事的组织者和参加者都必须遵守该规程。另外,在高校篮球竞赛中如有一些特殊要求也应写入规程中。规程一经审定通过,通常情况下便不再做原则性修改,以使其具有十足的严肃性和权威性。篮球竞赛规程应提前下发给有关单位,以便各参赛单位做好相应的准备工作。

篮球竞赛规程包括以下几项主要内容。

(1)篮球竞赛的全称。

(2)篮球竞赛的日期和地点。

(3)篮球竞赛的目的和任务。

(4)篮球竞赛的主办单位和承办单位。

(5)参加竞赛的单位及人数要求。

(6)参赛运动员的资格。

(7)竞赛报名及报到日期。

(8)竞赛所采用的竞赛办法和竞赛规则。

(9)竞赛录取名次和奖励办法。

(10)抽签日期和地点。

(11)交通、住宿和经费开支等有关规定。

(12)注意事项。

高校篮球竞赛并不如国际正规比赛那样严格,如有需要,可以对一些规则进行统一商讨,如每场比赛暂停的时间和准许使用的方法等。商讨得出一致意见后写入规程。

(四)拟订工作计划

竞赛组织机构及其职能部门建立以后,组委会应及时根据整个竞赛组织各阶段任务进行妥善安排,制订工作计划,明确各个部门的任务与分工。在高校篮球竞赛中拟订的工作计划通常有如下内容。

1.竞赛部门的任务与分工

(1)接受各参赛队的报名名单。

(2)对参赛运动员资格进行审查。

(3)将竞赛日程、时间与场地安排妥当。

(4)检查场地、设备、器材的准备情况和安全情况。

(5)确定参加技术统计工作的人员,安排时间对相关人员进行培训。

(6)编制和印刷比赛秩序册。秩序册的基本内容应包括竞赛规程、组委会名单、工作人员名单、裁判员名单、代表队名单、比赛日程、成绩记录表等。

(7)制定比赛日程表。比赛日程表应包括比赛时间、休息时间、相关文化活动等基本内容。

(8)及时绘制成绩记录表、裁判员安排表以及训练场地安排表等各种表格。

(9)召集领队、教练员会议。当天比赛结束后及时公布比赛成绩并作详细记录。

(10)对比赛中可能出现的争议问题做出仲裁决定。

2.场地部门的任务与分工

(1)按篮球比赛的要求检查、落实比赛场地,保证比赛顺利进行。如记录台和球队席、换人席的设置。

（2）检查、落实竞赛所需的器材设备，如计时钟和备用钟、计分器和计分牌、30 秒或 24 秒计时器、犯规牌、全队犯规装置、锣或蜂鸣装置等。

（3）检查、落实竞赛需要的其他物品，如比赛用球、拖把、干毛巾等。

3.裁判部门的任务与分工

（1）对裁判进行公正准确、无私无畏的职业道德教育。

（2）组织裁判员赛前学习竞赛规程和进行体能测试，保持良好的精神和身体状态。

（3）记录台的工作人员要熟悉各种器材设备的操作使用，做到及时准确地反映比赛进行情况。

4.会务部门的任务与分工

（1）布置赛场，宣传竞赛法规，编辑简报，安排广播电视、报刊的报道，组织新闻发布，渲染竞赛气氛，扩大竞赛影响，吸引观众和听众。

（2）安排好医务人员和医疗用品。

（3）及时制作奖杯、奖牌、锦旗和奖品。

5.总务部门的任务与分工

（1）做好后勤服务工作。做好食宿安排、物资供应、安全保卫、医务保障等。

（2）做好财务管理工作。掌握收支、控制标准、执行预算等。

二、竞赛中的常规工作

竞赛期是指竞赛开幕到闭幕之间的时期。在高校篮球竞赛的竞赛期，相关部门需要展开高效、有序的工作，以保证篮球竞赛的正常开展。为此主要有在竞赛期的比赛管理和非比赛管理两方面工作。

(一)比赛管理工作

1.竞赛部门的管理工作

(1)定期召开领队或其他会议,会议上通报比赛组织进程,对一些问题的处理和解决情况。对一些突发情况做出及时说明,如因故需更改竞赛场地、日期和时间等。

(2)及时登记公布比赛成绩,遇有淘汰赛和交叉赛时应及时将对阵表下发各队。

(3)对赛场中可能出现的乱扔杂物、观众的不理智行为、球员围攻裁判等有损文明行为的突发事件也要有充分的估计,并作出相应的预案和处罚措施。

2.仲裁委员会的管理工作

(1)严格按照篮球竞赛的法规、规则来管理比赛,建立良好的比赛秩序,使参赛的运动队能够在平等的条件下竞争。

(2)妥善处理篮球赛场上出现的各类纠纷和申诉,及时将仲裁结果报各有关部门和参赛队。

3.裁判组的管理工作

裁判员的公正、公平和敬业态度反映了比赛的严肃性,鸣哨的准确程度体现了判罚的权威性,执法的松紧程度影响着比赛的对抗性,判罚时的待人态度影响着运动员的比赛情绪。因此裁判组的管理工作至关重要,具体应做到以下两点。

(1)组织裁判员每天开好准备会和小结会,对当天的工作及时总结,并安排好第二天的工作。

(2)加强对裁判员队伍的管理,除了赛前的学习教育之外,在比赛期间及时检查、小结与监控,保证比赛健康、顺利进行。

4.场地部门的管理工作

做好场地、设备、器材的检查工作以及赛后的维护与修理，特别要做好对一些可能会伤及球员的设施的检查，如篮板架的坚固程度；场地中是否有坚硬异物等。

5.总务部门的管理工作

(1)及时、广泛地听取各队对比赛保障方面的意见，及时改进工作。

(2)加强医务监督，及时处理伤病事故。必须保证在比赛期间医务岗位有医务人员在岗；常用的医疗设备、器材和药品完备。

(3)做好赛场、住地的安全保卫工作，保证篮球比赛的顺利进行。

在比赛期间，工作人员应认真做好自己的本职工作，尽量避免因疏忽而使比赛情况得不到及时、正确的反映以及极力避免因为器材设备的故障而使比赛延误、脱节或停顿。如果出现器材或电子设备因故无法使用的情况，应尽快做出反应，力争在最短的时间内修复或找到其他代替方法，使比赛在最短的时间内恢复。

(二)非比赛管理工作

篮球竞赛期间，各工作部门的一些非比赛活动的管理得当与否也会对整个竞赛产生很大的影响。这些工作主要包括以下几方面。

1.赛事服务的管理

(1)对比赛场地器材设备的检查、保养和维修。

(2)尽快地处理和传递当日的比赛信息，安排好每场比赛中间歇时间内的表演。

(3)为参赛人员提供特殊的服务项目。

2.赛场观众的管理

(1)做好宣传工作，引导观众讲礼貌、守纪律，文明观赛。

(2)对观众可能出现的过激行为做好应急准备。

(3)做好安保和观众疏导工作。

3.开幕式、闭幕式的管理

(1)开幕式和闭幕式的主题要明确,安排要紧凑,场面要热烈。

(2)开幕式和闭幕式的组织任务与要求是扩大篮球运动的影响,提高篮球运动的社会地位,加强篮球运动员的责任感,因此,各工作部门应为完成开幕式和闭幕式的组织任务以及达到开幕式和闭幕式的组织要求积极配合。

三、竞赛后的结束工作

篮球竞赛后的结束工作主要包括以下几项。

(1)编制和印发总的比赛成绩表、单项技术评比名次和获奖名单。

(2)组织召开闭幕式,宣布比赛成绩并颁奖。

(3)整理比赛器材设备,做好相关比赛技术资料处理和归档工作。

(4)对竞赛的收支进行财务决算。

(5)进行工作总结,为组织更高层次的篮球竞赛选拔和推荐人员。

第三节　篮球活动的编排方法

一、淘汰法

淘汰法是一种以胜进负退来确定比赛名次的方法,即获胜队可以继续参加进一层次比赛资格、失败队失去继续参加进一层次比赛资格的比赛方法。

(一)单淘汰的编排法

在比赛过程中,失败一次便失去继续参加比赛资格的编排方法为单淘汰。

1.确定比赛场数

根据报名参加的队数,以及 $2^n \geqslant N$(N 为参赛队数,n 为大于1的正整数)的关系式,确定比赛的场数、轮数和号码位置数。

比赛场数$=N-1$,比赛轮数$=n$,号码位置数$=2^n$。

2.参赛队抽签

确定参赛队在比赛中的号码位置,再按顺序将号码两两相连,列出单淘汰的轮次表,通过比赛确定冠军和亚军。以 8 个队参加比赛为例($2^3=8$),根据计算公式算出共要打 7 场比赛,分 3 轮进行(图 4-6)。

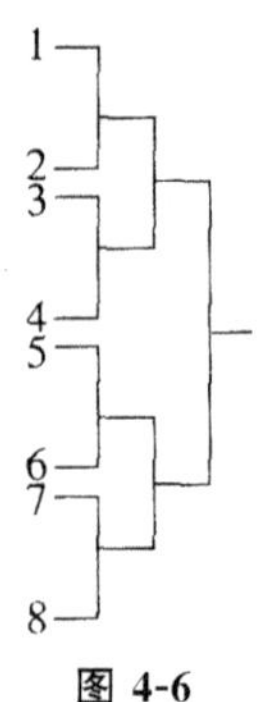

图 4-6

3.确定参赛队名次

比赛中,确定冠、亚军之外的其他参赛队的名次主要采用附加赛法,即在同一轮次中,胜队与胜队,负队与负队再进行比赛,直到排出竞赛所需要的名次顺序。例如,在 8 个队参加的淘汰赛中,需要分别排出 8 个队的名次,如图 4-7 所示的方法进行附加赛,根据比赛结果排列各参赛队的名次。

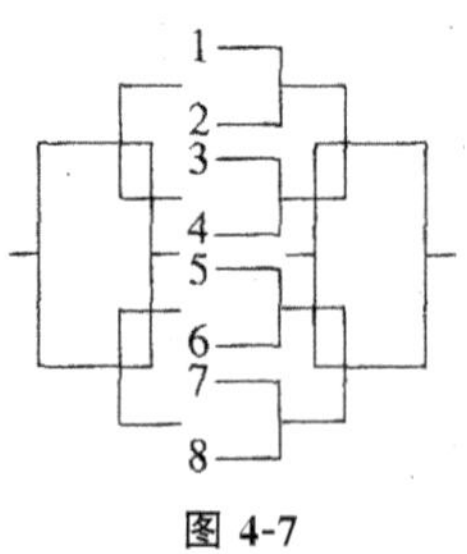

图 4-7

在实际比赛中，如果参加比赛的队数少于 2^n，则将 2^n 作为号码位置数，但要在第一轮比赛中设若干轮空队，以保证第二轮比赛中不再有轮空队。根据 $2^n \geqslant N$ 的关系，轮空的队数应为 $2^n - N$。然后按照轮空位置表定出空号码位置，再由参赛队抽签确定其号码位置。

(二)双淘汰的编排法

在比赛过程中，失败两次便失去继续参加比赛资格的编排方法为双淘汰。

双淘汰的比赛编排方法是为了使在第一轮中失败的队能够有机会继续参加比赛，甚至参加到最后争夺第一名的比赛，以减少单淘汰中的偶然性结果。

在编排实践中，双淘汰第一轮的编排与单淘汰相同，从第二轮起，把失败的队再编排起来进行比赛，只有第二次失败的队才被淘汰。因此，即使在第一轮比赛中失败的队，只要它在以后的比赛中能够保持不败，也有可能去争夺冠军。但是，如果它在冠、亚军决赛中获胜的话，还必须再赛一场才能最终分出伯仲(图 4-8)。

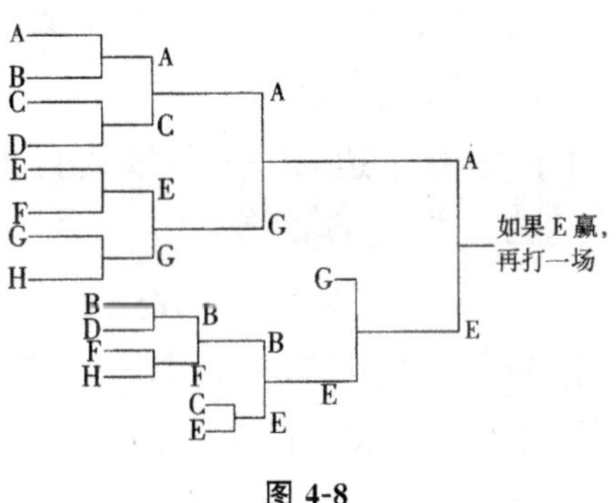

图 4-8

(三)多场淘汰的编排法

在比赛过程中，与同一对手比赛时以 3 战 2 胜、5 战 3 胜或 7 战 4 胜的形式进行淘汰的比赛编排方法为多场淘汰法。多场淘汰通常是在比赛水平比较高、双方实力相当或者在一次篮球竞赛的后阶段比赛中采用。

多场淘汰的编排可以克服单淘汰中两队之间交锋一场论胜负的偶然性缺陷，能更加客观地反映参赛队的整体实力。

二、循环法

循环法是使参加比赛的队，在整个竞赛中或在同一组的竞赛中，都能够相遇进行比赛，最后根据各队在比赛中的胜负场数，按一定的计分办法排列各参赛队名次的一种方法。

（一）单循环法的编排

在比赛过程中，所有参赛队都能相遇比赛一场的编排方法为单循环法。

单循环比赛的总场数为：$N(N-1)/2$（N 为参赛队数）。

单循环比赛的总轮数为：若参赛队数为奇数，比赛轮数等于队数；若参赛队数为偶数，比赛轮数为队数减去 1。

单循环比赛的编排都是成对进行的。无论参加比赛的队数是单数还是双数，都按双数编排，只不过如果参赛队数是单数，则在队数后面加一个“O”号，使总数成双。将成双的号数一分为二，前一半号数自上而下写于左边，后一半号数自下而上写于右边，两两对应相连，就是第一轮比赛的编排。凡与“O”号相遇的队就是轮空队。第一轮排定后，后面几轮的编排是以前一轮的“1”号位置固定不动，其他号码逆时针方向轮转一个位置，再两两相连，组成整个比赛的轮次表。例如，有 8 个队循环比赛，则应编排的轮次如表 4-1 所示。

表 4-1　8 个队循环比赛的轮次表

第一轮	第二轮	第三轮	第四轮	第五轮	第六轮	第七轮
1—8	7—8	6—8	5—8	4—8	3—8	2—8
2—7	1—6	7—5	6—4	5—3	4—2	3—1

续表

第一轮	第二轮	第三轮	第四轮	第五轮	第六轮	第七轮
3—6	2—5	1—4	7—3	6—2	5—1	4—7
4—5	3—4	2—3	1—2	7—1	6—7	5—6

(二)双循环法的编排

在比赛过程中,所有参赛队都能相遇比赛两场的为双循环。双循环比赛的总场数和总轮数比单循环增加一倍。如果将单循环整个比赛的轮次再重复一次,就是双循环的轮次。

双循环一般在参赛队伍较少且竞赛时间较长时采用,所有参赛队均相互比赛两次,最后按各队在全部比赛中的胜负场数、得分多少排列总名次。双循环制的竞赛场数和轮次均为单循环制的倍数;比赛轮次的编排与单循环编排相同,但要分别排出第一循环和第二循环轮次表;计分方法和名次排列也和单循环制相同。如果在编排过程中,两队积分相等且相互间胜负场次也相等,则按两队间比赛的胜分多少来确定名次,胜分多者名次列前。

(三)分组循环法的编排

在实际比赛中,如果参赛队数较多且竞赛时间有限,往往把参赛队分为若干小组,分组进行单循环,这就是从单循环衍生出来的分组循环。

分组循环是把参赛队分成大致相等的若干组,分别进行单循环比赛,排出小组名次后再进行第二阶段比赛的编排方法。

分组循环排出小组名次后,可采用单循环比赛的方法进行第二阶段比赛。按小组赛成绩重新编组进行单循环赛,如预赛分两个小组,可将各小组第一、二名编组循环决出 1～4 名,小组第三、四名编组循环决出 5～8 名;如预赛分四个组,可将各小组第一名编组循环决出 1～4 名,小组第二名编组循环决出 5～8 名。

三、混合法

混合法是指在一项赛事的编排方法中将淘汰法和循环法结合使用的方法。混合法编排的赛事通常会由几个阶段组成，在不同阶段中使用不同的编排方法。在现代赛事中，最常见的混合法的编排顺序为先通过分组循环法确定出线队伍，然后将出线队伍按一定规则确定签位进行后面的淘汰赛。例如，前四名交叉淘汰赛的对阵如图 4-9 所示。

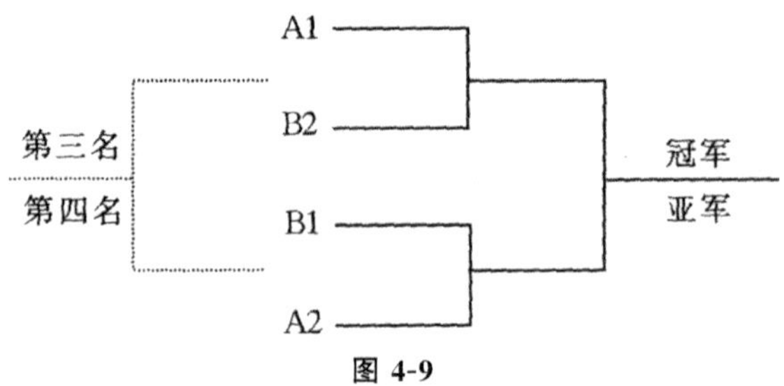

图 4-9

无论采用哪种方法，参赛队抽签后，都要将各队队名填到轮次表中，编出比赛的日程表，如表 4-2 所示。

表 4-2　比赛日程表

日期	组别	时间	比赛队	比赛场地	雨天场地

第五章　高校篮球运动的安全营养保健

篮球运动是一项强调对抗的大球运动，在比赛中学生之间的身体碰撞较多，因此也更易出现运动性伤病的风险。另外，篮球运动对学生的体能要求较高，进而就需要学生在篮球运动前后做好营养的补充，以及疲劳的恢复工作，如此才能更加顺利地参与到篮球运动中。

第一节　高校篮球运动的合理营养补充

一、高校篮球运动的科学营养

（一）营养概述

营养是一种系统全面的生理过程，这个过程从人体摄取外界食物开始，经过消化、吸收和代谢，最后利用食物中对身体健康有益的物质来维持生命活动。

营养素是指人类为维持生命活动而摄取的外界食物中的养分。营养素是人类维持生命活动、促进健康发展的最根本物质。如果未均衡吸收营养素，就会对人体健康水平与活动能力造成不良影响。人体需要补充的营养素有六大类，分别是水、糖类、脂肪、蛋白质、矿物质和维生素。

1.水

水是人类维持生存的重要营养素，人类离开水将无法生存。人体内含量最多的成分就是水，水约占成人体重的 2/3。如果人体内缺水，就会影响正常的生理功能。水的营养功能主要体现在以下几个方面。

(1)水能够使腺体分泌保持正常。

(2)水参与人体正常的代谢过程。

(3)水能够调整并维持正常的体温。

人体所需水的主要来源是饮料和食物。通常，成人每天需要补充的水分是 2000～2500 毫升，大学生在高校篮球运动中补充水分的量具体要以年龄、气候和运动强度等情况为依据。

2.糖类

糖类还被称为“碳水化合物”，碳、氢、氧是糖类的主要构成成分。根据糖类分子结构的差异性划分，可以将糖类分为单糖、双糖和多糖三大类。单糖包含半乳糖和葡萄糖；双糖包含蔗糖、麦芽糖和乳糖；多糖包含纤维素、淀粉、糖原和果胶。糖类的营养功能主要体现在以下几个方面。

(1)糖类提供机体所需的能量，维持机体正常的生理活动。

(2)糖类有利于有效吸收和利用蛋白质。

(3)糖类能够构成细胞和神经，具有重要的作用。

米、面、谷类、土豆、水果、甜食、牛奶、糖果、蔗糖、蜂蜜等日常主食、蔬果、饮料和甜品中含有大量的糖类，这些糖成分能够满足人体正常的生理功能需要。

3.脂肪

组成脂肪的几种主要元素是碳、氢和氧，作为人体重要的组成成分，脂肪在人体内具有举足轻重的作用。脂肪的营养功能主要表现在以下几个方面。

(1)脂肪是构成人体组织细胞的重要成分。

(2)脂肪包围在人体器官周围充当脂肪垫,主要用来保护人体器官和神经,以免器官和神经受外伤。

(3)脂肪能够维持人体体温,并可以有效保护人体的内脏器官。

猪油、羊油、牛油、奶油及蛋黄等动物性食物是脂肪的主要来源。除此之外,大豆、芝麻、花生等植物性食物中也含有较多的脂肪。

4.蛋白质

蛋白质是一切生命的基础,是构成细胞的主要成分。蛋白质的主要构成元素有氧、碳、氢和氮。根据食物蛋白质的营养价值划分,蛋白质可分为三大类,即完全蛋白质、不完全蛋白质和半完全蛋白质。蛋白质的营养功能主要表现为以下几个方面。

(1)蛋白质是构成和修补机体组织的重要物质,保证机体正常的生长发育。

(2)糖类和脂肪不能完全提供机体需要的能量时,蛋白质能够补充一定的热量。

(3)蛋白质可以构成抗体,抗体具有免疫作用,能够增强机体抵抗细菌和病毒的能力。

蛋类、豆制品、鱼、小麦、肉类、坚果、乳制品等食物是蛋白质的主要来源。一般来说,动物性蛋白质要比植物性蛋白质更优质。大学生的锻炼强度和年龄等因素影响蛋白质的摄入量。

5.矿物质

矿物质也被称为“无机盐”,主要包括两大类,一类是含量较多的常量元素,包括钙、钠、磷、镁、氯、钾、硫等;另一类是含量较少的微量元素,包括铁、锌、碘、铜、硒、镍、钼、氟、钴、铬、锰、硅、锡、钒等。矿物质的营养功能主要表现在以下几个方面。

(1)矿物质是构成机体组织的重要成分。

(2)矿物质能够保持机体内的酸碱平衡。

(3)矿物质有利于合成与利用机体内的其他营养物质。

奶和奶制品是矿物质中的钙的主要来源;动物内脏(特别是肝脏)、血液、鱼、肉类是铁的主要来源;动物性食物是锌的主要来源。

6.维生素

维生素也称“维他命”,维生素是维持机体健康所必需的营养素。维生素主要分为两大类,一类是脂溶性维生素,包括维生素A、维生素D、维生素E、维生素K等;另一类是水溶性维生素,包括维生素C族、维生素B族。维生素的营养功能主要表现在以下几方面。

(1)维生素A的功能主要是健齿、健骨、润肤、助消化等。

(2)维生素B_1能够有效促进能量代谢及糖代谢生成ATP(三磷酸腺苷)。

(3)维生素C具有抗氧化、缓解疲劳、缓解肌肉酸疼等作用。

动物的肝脏、深绿色或深黄色的蔬菜、红色或黄色水果、蛋黄等是维生素A的主要来源;米、面、核桃、花生、芝麻和豆类等粗粮是维生素B_1的主要来源;水果、叶菜类、谷类等是维生素C的主要来源。

(二)高校篮球运动的营养需求

1.水

一般情况下,当人体出现口渴时,就已经丢失了3%的水,这时机体处于轻度脱水的状态。机体脱水容易造成运动能力下降,所以要提前进行补水。大学生进行篮球运动主要分为以下三个阶段补水。

(1)课程前补水

大学生要根据课程情况、气候和自身的情况进行运动前补水，这是很有必要的。课前补水可以防止运动过程中发生脱水现象。一般认为大学生在进行篮球运动前2小时饮用0.4～0.6升的含电解质和糖的饮料，或篮球运动前补0.4～0.7升的水较为适宜。补水要遵循少量多次原则。

(2)课程中补水

大学生在篮球运动中的补水量要根据出汗量来确定，通常，运动中的补水总量不超过0.8升/秒。总补水量不超过总失水量的50%～70%，如果大学生篮球运动时间不超过1小时，只需要补充纯水。

(3)课程后补水

很多大学生在篮球运动中补水不足，因此在课程后的补水就显得很重要。课程后适宜补充含糖的饮料或水，有利于恢复血容量。课程后不能大量补水，补充大量水分会使出汗量和排尿量增加，从而加速丢失人体的电解质，对肾脏和肝脏造成重大负担，造成胃扩张，对呼吸不利。

2.能量

大学生进行篮球运动要消耗大量能量，因此，大学生每日不仅要摄入满足正常生理发育的能量，而且要补充篮球运动中消耗的能量。篮球运动的负荷越大，就会消耗越多的能量，摄取的膳食能量也应随之增加。

身体素质训练是篮球运动必备的。通常大学生在进行身体素质训练中的耐力练习时消耗的能量较多，因此需要供给较多能量。大学生进行中等强度的耐力运动超过30分钟，肌糖原消耗接近耗竭，但氧供应仍然充足，这是机体开始大量利用脂肪分解供能。因此，大学生进行篮球运动中的有氧耐力训练时，应吸收含有充足糖和脂肪的食物。

大学生在进行篮球运动期间，饮食中脂肪的供给要适量。过多食用脂肪会影响人体吸收蛋白质和铁等营养素，而且脂肪不易消化，会在胃内停留过长时间，从而影响运动。大学生参加篮球运动时，膳食中脂肪含量在25%～30%较为适宜。

糖是大学生在篮球运动中时的主要能量来源，大学生的耐力与体内肌糖原水平是正相关关系。肌糖原水平低，大学生在篮球运动中易疲劳。因此，大学生要注意补充糖。

补糖的特点因篮球运动性质不同而不同。若大学生进行短时间、低强度的篮球运动，则不需要补糖；若进行超过80分钟、大强度的篮球运动，则需要补糖。运动前补糖的时间主要集中在15分钟前，两小时或两小时前；运动中补糖可以提高血糖水平，延缓运动中出现疲劳；运动后补糖可以促进糖原的恢复。

3.蛋白质

大学生在篮球运动中需要补充的蛋白质量与下列因素有关。

(1)篮球运动的状态。大学生在大运动量的篮球运动初期，由于细胞损伤增加，因此要增加蛋白质补充量。

(2)篮球运动的类型、强度、频率。长时间剧烈的篮球运动非常考验耐力，会加强蛋白质代谢，从而要增加蛋白质补充量。

(3)热能短缺和糖原储备不足时，将增加蛋白质的补充量。

(4)大学生如果要减轻体重和控制体重，需要适当补充蛋白质营养密度高的食物。

大学生在进行篮球运动过程中，要注意保持蛋白质营养的“正平衡”状态，同时蛋白质的补充量要根据体育训练的不同类型而有所变化。大学生进行力量训练时，蛋白质供给量是每日总能量的15%～18%，力量训练时蛋白质的供给有利于强壮骨骼肌和增加肌肉力量。进行其他形式的练习时，蛋白质供给量一般是每日总能量的14%～16%。

4.维生素

维生素的主要作用是维持和调节机体正常代谢。人体内无法合成或者不能充分合成大部分维生素，因此体内的维生素无法满足人体需要，因而需要通过食物摄取。大学生如果在日常饮食中缺乏维生素的补充，就会影响身体健康水平，出现维生素缺乏症。因此参加篮球运动课程的大学生要保证饮食中维生素的充分供应，以提高自身的运动能力。

二、膳食平衡

(一)膳食平衡的原则

膳食平衡是指膳食中所包含的各种营养素和热量要比例适当、种类齐全，能够满足机体的各种运动所需的营养。如果运动者膳食补充不平衡，则会影响机体正常生理功能的发挥，严重者会引发相应的营养缺乏或是营养不足症状。膳食平衡原则应做到以下三点。

1.全面性

全面性原则要求，在膳食方面各种营养素的摄取应全面。人体需要的营养素众多，包括蛋白质、脂类、碳水化合物、维生素、无机盐、水、纤维素等。这些营养素都对人体具有独特的作用，如果有所欠缺，则会影响人体的某项生理功能。因此，运动者的日常饮食一定要全面，避免食物的单一化和长期固定化。

2.平衡性

平衡性是指各种营养素的供给应与人体之间形成相对的平衡，供应量既不能过剩也不能短缺。篮球运动训练的负荷量相对较大，因此应注重高能量食物的补充；对于女性而言，要更加注重铁的补充。在不同的季节和不同的训练强度下，应适当调整饮食。营养摄入过少，不能满足需要，可发生营养不良性疾病；摄入过多，既是浪费又对机体产生负担，产生营养过剩性疾病。

3.适当性

适当性原则是指各营养素之间的搭配要适当。饮食之间进行合理搭配能够更好地促进人体营养素的吸收和利用。在日常饮食中，要注重蛋白质、脂肪和碳水化合物之间的搭配，荤素比例适当。膳食的适当性原则还要注重主副食品的搭配，并慎重服用营养保健品。

(二)膳食平衡的具体要求

1.各种营养素和热量摄入的平衡

营养专家认为，人们从膳食中摄取的各种营养素在一定时期内应保持在一定的标准范围内。中国营养学会制定了相应的营养素每日供给量标准，运动者应该根据其调整食物的搭配和供应。

糖类、蛋白质、脂肪均能给机体提供热量，故称为热量营养素。糖类、蛋白质、脂肪三者摄入量的合适比例为 6.5∶1∶0.7。另外，运动者不仅要注重三大能源物质的供应，还要注重维生素、矿物质的补充。

2.酸碱平衡

人体的各部分都会有相应的酸碱度，一般情况下人体的各部分的 pH 值保持在相应的位置，如果饮食搭配不当，酸碱不平衡，会导致人体的酸碱失衡。篮球运动训练的负荷量相对较大，在运动之后人体可能会产生相应的酸性代谢物质，因此，在饮食中应该注重碱性食物的搭配。常见的酸性食品和碱性食品如下。

(1)酸性食品

动物类：鸡肉、鲤鱼、猪肉、牛肉、干鱿鱼、鳗鱼、蛋黄。

植物类：大米、面粉、花生等。

(2)碱性食品

蔬菜类：海带、菠菜、萝卜、南瓜、黄瓜、四季豆、藕等。

水果类：西瓜、香蕉、苹果、草莓等。

3.氨基酸平衡

世界卫生组织提出了人体所需的八种必需氨基酸的构成比例，见表5-1。研究表明，当食物中所含的氨基酸的比例与表中的比例越接近，其越能够更好地被人体所吸收利用，其营养价值也相对越高。但是多数食品其氨基酸的构成具有一定的不平衡性，这在一定程度上影响了人体的摄取。

表5-1　人体必需的八种氨基酸

氨基酸	蛋白质(毫克/克)
异亮氨酸	40
亮氨酸	70
赖氨酸	55
蛋氨酸＋胱氨酸	35
苏氨酸	40
色氨酸	10
缬氨酸	50
苯丙氨酸＋酪氨酸	60

三、大学生参加篮球运动的合理膳食营养

(一)膳食的合理构成

中国营养学会根据平衡膳食的原则，提出的膳食构成如下。

(1)膳食应注重多样性，以谷类为主。谷类和薯类、动物性食物、豆类及其制品、蔬菜水果和纯热能量食物所含的营养成分不完全相同，因此，要注重食物的多样化。谷类食物的表皮中含有大量的维生素和矿物质，因此，为了防止这些食物表层营养物质的流失，要避免碾磨得过于精细。

(2)每天吃奶类、豆类或其制品。奶类和豆类食品除了含有

较高的蛋白质和维生素之外，还含有丰富的钙含，具有较高的利用效率。

(3)多吃蔬菜、水果和薯类。人体的各种维生素和矿物质的主要来源是蔬菜、水果和薯类，这些事物对心血管的健康以及人体的抗病能力的增强都具有重要的作用。

(4)经常吃适量的鱼、禽、蛋、瘦肉，少吃肥肉和荤油。鱼、禽、蛋、瘦肉等动物性食物是人体优质蛋白、脂肪、脂溶性维生素、B族维生素和矿物质的主要来源。但需要注意的是，肉类食物不宜摄入过多，否则可能造成人体的肥胖。

(5)吃清淡少盐的膳食。一般认为，每人每天的食盐摄入量不宜超过 6 克，这对于心血管功能的正常活动具有重要作用。吃了太咸、太油腻的食物会增加心血管疾病的发病率。

(6)食量与运动量的平衡，保持适宜体重。在篮球运动之后，人体对能量的需求会相对增加，如果能量供应不足，会造成人体的消瘦和抵抗力的下降；反之，则会造成人体的肥胖。因此，应保持食量和能量消耗的平衡。

(二)“4+1营养金字塔”

为了保证人们日常营养摄入的合理性，营养专家提出了“4+1 营养金字塔”食物指南。

(1)第一层即底层是最重要的粮谷类食物，它在人们的日常饮食中所占的比重最大。一般成年人的每日粮豆类食物摄取量为 400～500 克，粮食与豆类之比为 10∶1。

(2)第二层是蔬菜和水果，在金字塔中占据相当的地位。每日蔬菜和水果摄入量为 300～400 克，蔬菜与水果之比为 8∶1。

(3)第三层是奶和奶制品，以补充优质蛋白和钙，每日摄取量为 200～300 克。

(4)第四层为动物性食品，主要提供蛋白质、脂肪、B 族维生素和矿物质。禽、肉、鱼、蛋等动物性食品每日摄入量为 100～200 克。

(5)塔尖是膳食中放入少量的盐和糖类。

第一、二层的碳水化合物食物应提供人体所需能量(热量)的65%;第三、四层食物中的脂肪应提供人体所需能量的25%,这两层中的蛋白质应提供人体所需的剩余能量,约占人体总能量的10%。

四、大学生参加篮球运动的膳食建议

(一)培养科学的饮食习惯

1.合理安排一日三餐

(1)时间安排。人的日常三餐应保持固定,这样对于肠道的消化和吸收有利。一般两餐之间的间隔时间在5小时左右。每次吃饭的时间也应合理安排,既不能太快也不能太慢。

(2)热能安排。一般早餐占全天总热量的30%左右,午餐占全天总热量的40%~45%,晚餐占全天总热量的25%~30%。

2.培养良好的个人饮食素养

(1)每天热量结构建议碳水化合物占总热量的60%~70%,蛋白质占总热量的10%~15%,脂肪占总热量的20%~25%。

(2)用餐环境保持安静、清洁,不吃街头无食品卫生许可证摊贩的食品;购买食品时应注意保质期。

(3)在饮食上还要注意营养卫生,少吃太咸、太油腻的食物,不多吃油炸和烟熏的食物。

(4)增强自身对于营养和保健知识的认识和了解,讲究合理的膳食结构,掌握好搭配和比例。慎重服用保健类和营养类药物。

3.合理加餐

篮球运动对于人体的能量消耗较多,因此,可考虑适当加餐。

加餐的事物摄入量不宜过多，而且要以碳水化合物为主。加餐应保证不影响正常的三餐饮食。

（二）素食餐饮要适当

素食的热量和脂肪的含量相对较低，有助于避免现代病。但是素食同样具有其弊端。对于篮球运动者而言，不应做纯素食主义者，应保证机体各种营养摄入的均衡。纯素食的主要弊病表现在以下几方面。

1.纯素食容易导致营养不良

蛋白质是人体细胞和组织的重要成分，人体各部分的组成都需要蛋白质的参与。脂肪不仅能够为人体提供热量，还对大脑发育具有重要的影响。对于经常从事大运动量的运动者来说，单纯的素食并不能很好地提供人体运动所需的营养。

2.纯素食导致微量元素和维生素缺乏

人体的各种微量元素很多来源于果蔬类食物，但是人体中的铁、锌、钙等元素主要来源于动物性食品，如铁元素主要来源于肉类和蛋类食物，钙元素则主要来源于奶类食物。素食者为了保持营养摄入的均衡，会食用多种类的食品，并且需要精心的准备，但是日常生活中忙碌的人们很难做到。纯素食的人贫血和缺铁、锌的危险较大。纯素食的人虽然不一定贫血，但是其铁的吸收率会降低。

五、篮球运动前后的饮食注意事项

在篮球运动前后，应注意以下几方面的饮食问题。

（一）避免空腹时的大量运动

在空腹的情况下，人体的血糖含量会相对降低，在运动过程中可能会产生头昏、四肢乏力等症状，严重者甚至会产生昏厥。空腹运动训练也可能会产生腹痛，还会抑制消化液的分泌，降低消化功能，容易发生意外。

(二)饭后不大量运动

在饭后，人体的消化器官需要大量的血液供给，这时候进行运动训练会导致消化系统的血液流量减少，从而影响人体对食物的消化和吸收。如果在饭后进行大量的运动，会影响肠胃的蠕动，产生胃痉挛、呕吐等症状。因此，运动者应在饭后过一段时间再进行运动训练，一般可在饭后 1.5～2 小时后进行。

(三)运动中不大量饮水

在篮球运动中，由于运动量巨大，人体的出汗量也会较多，会引起人体的缺水。在补水时应注意控制饮水的量，采取少饮多次的方法来补水。可饮用功能性饮料，补充人体流失的矿物质。

如果饮水量过多，会使胃部膨胀，妨碍膈肌活动，影响正常呼吸，并对肠胃、心脏有害。在运动中大量饮水，会使得人体的盐分丧失增多，从而导致人体出现四肢无力、抽筋等现象。在训练过程中，口腔和咽喉黏膜的水分蒸发或尘埃刺激、空气干燥以及唾液分泌减少等原因也可能导致口渴，在这种情况下可用水漱口的方法来消除饥渴感。

(四)运动前不吃油腻或过咸食物

油腻食物不容易消化，肠胃需要更多的血液来帮助消化，肝脏也会分泌大量的胆汁去应付。这会造成腹胀，并且影响运动器官的血液供应。

在运动训练之前，食用过咸的食物会造成口干舌燥，如果大量饮水会影响运动的效果。

第二节　高校篮球运动的疲劳与消除

一、运动性疲劳的概念

1982 年，第 5 届国际运动生物化学会议将运动疲劳作为专题进行讨论。在会议上专门提出了一个运动词汇表，将运动、劳动、功率、力量、耐力、疲劳、力竭、运动强度的定义都做了统一阐述。该次大会对运动性疲劳的定义作了统一，结束了近一个世纪的运动性疲劳定义的争论。

运动性疲劳是“机体生理过程不能持续其机能在一特定水平或各器官不能维持预定的运动强度”的现象。[1]

这一定义得到了国内外许多专家、学者的认可，并被许多教科书和科研论文所采用。

二、运动性疲劳的外周机制

外周疲劳发生于神经肌肉接点至骨骼肌收缩蛋白。

研究表明，不同强度、时间、运动形式所产生的疲劳机制是不同的，许多学者因此提出了许多有关运动性疲劳产生机制的学说，如“能源衰竭学说”“离子代谢紊乱学说”“自由基致损伤学说”“保护性抑制学说”“突变学说”等，分别就某一方面对疲劳进行阐释。

(一)能源衰竭学说

能源衰竭学说认为运动过程中体内能源物质大量消耗而得

---

[1] 杨翼，李章华.运动性疲劳与防治[M].北京：北京体育大学出版社，2008.

不到及时补充是产生疲劳的主要原因。实验证实，运动性疲劳与能源物质消耗过多密切相关，且运动强度、时间不同，消耗的能源物质不同。具体如下。

(1)在短时间大强度的运动中，机体的主要能源 ATP 和 CP 在肌肉中含量很低，仅能供应 10 秒以内的大强度运动。

(2)在中等强度的运动中，机体的主要靠糖酵解和有氧氧化混合供能，由于人体肌肉中糖原含量仅 200～400 克，以酵解方式供能仅能维持 1 分钟。

(3)而在长时间运动中，机体主要以糖和脂肪的有氧氧化功能为主，肌糖原的耗竭会随着练习强度的增加而增加，人体工作能力的下降往往伴有血糖浓度的降低，补充糖有助于工作能力的提高。

(二)离子代谢紊乱学说

运动时，离子代谢紊乱可以导致运动性骨骼肌疲劳的产生，影响运动性疲劳的主要离子有 Ca^{2+}、K^{+} 和 Mg^{2+}。

1.Ca^{2+} 与运动性疲劳

Ca^{2+} 代谢异常是引起肌肉结构和肌肉机能变化，从而导致运动性疲劳产生的重要因素之一。运动中 Ca^{2+} 的增加对运动性疲劳的产生主要表现在以下两个方面。

(1)Ca^{2+} 的过度增加可以激活磷脂酶(PLA_2)中性蛋白水解酶、溶酶体酶等，造成骨骼肌的结构和功能破坏，从而导致运动性疲劳。

(2)细胞 Ca^{2+} 增加时，主动摄入 Ca^{2+} 的线粒体会抑制其自身氧化磷酸化，使氧化磷酸化脱偶联，减少 ATP 的生成，造成运动能力下降。

在对 Ca^{2+} 的研究过程中，有关学者分别提出了以下观点：运动产生的 Ca^{2+} 的积累可能减弱甚至阻止 T 管活动，阻碍肌丝滑行的完成；运动衰竭时，心肌与腓肠肌的肌球蛋白 Ca^{2+}－ATP 泵活性会明显降低，Ca^{2+}失衡；在长时间的运动中，运送到肌浆网状组织中的Ca^{2+}会减少，不能满足运动需要，使机体产生疲劳；长时间运动所引起的能量下降是因为Ca^{2+}不均衡导致的。

2.K^{+}与运动性疲劳

一方面，细胞内K^{+}的流失会因运动中细胞持续兴奋而不断增多。力竭时，细胞内、外K^{+}浓度比会由40下降到20，影响正常动作电位的形成，从而导致肌张力降低，产生疲劳。

另一方面，钾含量的下降可能减少体内葡萄糖的利用，抑制胰岛素分泌，减少骨骼肌糖原贮备，从而导致运动能力下降，引发疲劳。

3.Mg^{2+}与运动性疲劳

镁在糖、脂肪、蛋白质等的代谢中发挥着至关重要的作用，是机体内许多关键酶的辅助因子。

细胞内Mg^{2+}可以参与细胞Ca^{2+}浓度的调节，抑制线粒体摄取Ca^{2+}。

运动中，细胞Mg^{2+}含量的下降对运动性疲劳的影响表现在以下两个方面。

(1)使许多关键酶活性降低，导致细胞代谢障碍，引发疲劳。

(2)引起Ca^{2+}代谢紊乱，降低运动能力，导致机体疲劳。

(三)自由基致损伤学说

自由基(Free radical)是指游离在外层轨道带有不成对电子的离子、原子、分子等物质，如氧自由基(O_2)、羟自由基(OH)、过氧化氢(H_2O_2)、单线态氧(O)等。

自由基在人体的存在是利弊参半的。在生理浓度的条件下，自由基在生物体内是有利的，如使纤维细胞增殖，调节血管舒张，杀菌等；另外，自由基可以与不饱和脂肪酸发生脂质过氧化反应生成过氧化物(LOOH)，过氧化物对细胞具有毒性作用。自由基过多会导致核酸受损、蛋白质交联或多肽断裂，使代谢酶因交联聚合而失去活性。

研究发现，氧自由基与运动的关系最为密切。正常情况下，人体内氧自由基的产生和清除是平衡的。但是，一旦产生氧自由基过多或抗氧化系统出现故障，其代谢就会出现失衡。自由基的失衡会导致机体细胞损伤，引发心脑血管疾病、白内障、糖尿病、炎症、癌症等疾病和衰老现象。运动时，氧自由基的增加是导致运动性疲劳发生的一个重要因素。

运动前，给机体补充适当的抗氧化剂能够有效地降低运动后的脂质过氧化程度，延缓疲劳的出现。

(四)保护性抑制学说

巴甫洛夫学派认为，体力的疲劳和脑力的疲劳均是大脑皮质保护性抑制发展的结果。运动时，神经细胞长期处于兴奋状态，导致“消耗”增多，当消耗到一定程度时，为了避免细胞的进一步消耗，机体就会产生保护性抑制，即出现运动性疲劳。

莫索早期的实验发现，当手指拉起重物达到疲劳时，用电刺激屈指肌，手指又能拉起重物。该实验表明疲劳的产生并不是肌肉本身的疲劳，而是中枢抑制的结果。[1]

γ—氨基丁酸是中枢抑制性介质，大脑中γ—氨基丁酸的水平可以反映抑制的程度。长时间运动后，大脑中γ—氨基丁酸含量会显著增加，代表大脑中保护性抑制的发展。雅科甫列夫(1971)在研究论证神经细胞的保护性抑制学说时证实了这一规律。

雅科甫列夫在实验中发现，小鼠在最大强度短时间工作(车轮跑，速度为100转/分钟，5分钟运动)所引起的疲劳时，其大脑中γ—氨基丁酸含量减少，大脑运动区ATP水平明显降低，而整个大脑ATP水平却并未降低；而当长时间工作(10小时游泳)引起严重疲劳时，γ—氨基丁酸水平明显增高，整个大脑ATP水平明显降低。

---

[1] 杨翼，李章华.运动性疲劳与防治[M].北京：北京体育大学出版社，2008.

(五)突变学说

肌肉疲劳的突变理论是由爱德华(Edwards)提出的。该理论改变了以往用单一指标研究运动性疲劳的缺陷,从能量代谢、肌肉力量、兴奋性或活动性等方面综合分析了疲劳产生的原因。

1983 年,Edwards 结合肌肉疲劳时能量消耗、肌力下降和兴奋性丧失三维空间关系,在研究神经—肌肉疲劳控制链的基础上,提出了神经激素免疫系统和代谢调节疲劳链(图 5-1)。

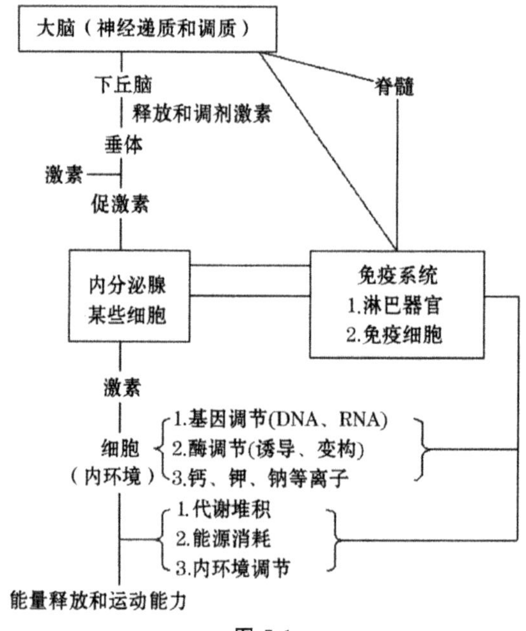

图 5-1

“突变理论”把疲劳的产生和细胞内能量消耗、肌肉力量下降和兴奋性或活动性丧失三者之间的关系连接起来,描述了疲劳发生的途径主要如下。

(1)在运动性疲劳中,机体只是单纯的能量消耗而不存在兴奋性丧失。例如,运动性疲劳出现后,机体的 ATP 水平会下降,即使继续运动下去,不会出现肌肉中的 ATP 下降至零的现象。

(2)疲劳可能是能量消耗和单纯兴奋性丧失两个方面的综合表现。

(3)综合能量消耗和兴奋性的平衡丧失，但没有突变。

(4)能量消耗和兴奋性丧失的衰变存在一个急剧下降的突变峰，即兴奋性突然崩溃，目的在于避免能量贮备进一步下降而产生灾难性变化，并伴随输出功率或力量的突然衰退，这是“疲劳突变”理论的核心。

从疲劳控制链的角度来看，一个(或几个)环节的中断都会相应地引起某种运动性疲劳，但并不是所有形式的运动性疲劳都一定伴随着疲劳控制链中一个(或几个)环节的中断。目前，用“疲劳突变”来解释疲劳虽然建立在大量实验结果的基础上，但是它还只处于纯理论阶段。

三、高校篮球运动产生疲劳的恢复措施

运动疲劳是体内多种因素综合变化的结果，要想使其恢复的速度和效果都更为理想，就要求采用多种科学手段，否则往往达不到预期的效果。高校篮球课程运动疲劳恢复的措施有很多，其中，最主要的主要有以下几大类，即运动性疗法、传统康复治疗、睡眠、中医药疗法、物理疗法、温水浴及冷热水交替浴、心理放松疗法。

(一)运动性疗法

运动疗法是以运动学和神经生理学为基础，利用人体肌肉关节的运动，以达到防治疾病、促进身心功能恢复和发展的方法。它是康复医疗的重要措施之一，要想达到较为理想的恢复效果，就要以运动员的实际情况为主要依据，以运动处方的形式，有针对性地选择适合的运动方法，从而能够确定适当的运动量。具体来说，运动性疗法的具体措施主要有以下两种主要形式。

1.积极性休息

用变换活动部位和调整运动强度的方式来消除疲劳的方法，

也就是积极性休息。谢切诺夫在1903年进行测力描记实验中发现,右手握测力器工作到疲劳后,以左手继续工作来代替安静休息,能使右手恢复得更迅速更完全。并认为,在休息期中来自左手肌肉收缩时的传入冲动,会加深支配右手的神经中枢的抑制过程,并使右手血流量增加。大量研究也充分证明,与安静休息相比较,活动性休息可使乳酸的消除快1倍。积极性休息是运动疲劳恢复的重要措施之一,运用也较为广泛,其恢复效果也较为理想。

2.整理活动

整理活动是指在正式练习后所做的一些加速机体功能恢复的较轻松的身体练习,是消除疲劳、促进体力恢复的好方法,应给予足够重视。如果一个人跑到终点后站立不动,血液会大量集中在下肢扩张的血管内,使静脉回心血量减少,因而心输出量下降,致使血压降低而造成暂时性脑贫血,会引起一系列不适感觉,甚至出现“重力性休克”。而在剧烈运动后进行整理活动的主要意义在于,不仅能够使心血管系统、呼吸系统仍保持在较高水平,而且对于乳酸的排除也有非常积极的促进作用。

一般整理活动应包括慢跑、深呼吸、体操、肌肉放松练习、静力牵伸练习等内容。肌肉静力牵伸练习对缓解运动后的肌肉紧张、放松肌肉、预防延迟性肌肉酸痛、消除肌肉疲劳、保持和改善肌肉质量都有良好的作用。总的来说,整理活动具有及时放松肌肉,避免由于局部循环障碍而影响代谢过程,因而延长恢复过程的重要作用。但是,为了能够保证理想的恢复效果,在做整理活动时需要注意,量不要大,尽量缓和、放松,使身体逐渐恢复到安静状态。

(二)传统康复治疗

传统康复治疗技术主要包括针灸、拔罐、推拿按摩、中药熏蒸等非药物疗法,这种治疗方法主要是通过调整人体的阴阳平衡、调节脏腑功能、疏通经络、调和气血、升降气机，达到消除疲劳、祛除致病因素、修复损伤、增强抗病能力和强壮脏腑功能等目的。

在传统康复治疗的措施中，运用较为广泛的是气功。气功是一种自我调节、自我控制的锻炼形式。气功练习对于运动疲劳恢复作用主要表现在以下几个方面。

第一，气功练习能够使抵抗能力有所增强。

第二，气功练习能帮助“放松”，消除紧张状态，使交感神经系统的活动减弱，血管紧张素分泌系统发生变化，调节血压，使血运加快、皮温升高、红细胞和血红蛋白有所增加，白细胞吞噬能力提高，血皮质醇减少。

第三，通过脑电图检查证实，气功练习对大脑皮层起保护性抑制作用。

第四，气功可使骨骼肌放松，心跳减慢，耗氧量减少。

（三）睡眠

睡眠是最好的消除运动疲劳，恢复机能的治疗方法。人在睡眠时感觉减退、意识逐渐消失，机体与环境的主动联系大大减弱，失去了对环境变化的精确适应能力，全身肌肉处于放松状态。通过睡眠使精神和体力得到恢复，通常情况下，成年人每天需要睡眠 7～9 小时，儿童少年大约需要 10 小时。对于存在运动疲劳的运动员，睡眠时间可能需要更多一些，但并不是越多越好，应根据他们的疲劳程度确定适当的睡眠时间。

（四）物理疗法

应用天然的或人工的物理因子，如光、电、声、磁、热、冷等作用于人体，引起局部或全身的生理效应，从而起到康复和提高机能的治疗方法，就是所谓的物理疗法。物理疗法的形式有很多种，比如常见的电疗、光疗、水疗、冷疗、蜡疗、超声波疗、热疗、磁疗以及生物反馈等治疗。

蜡疗的运用范围较为广泛，以此为例，来介绍物理疗法。蜡疗的主要特点是:热容量大,导热性小,几乎无对流现象。石蜡有很高的蓄热性能,在冷却过程中可释放大量热能。石蜡用于治疗的作用主要表现为两个方面:一个是温热作用,皮肤能耐受60～70℃的石蜡而不被烫伤;另一个则是机械压迫作用,对肌腱挛缩有软化、松解作用。因此,蜡疗的主要作用为:防止淋巴液渗出,减少水肿,促进渗出液吸收,扩张毛细血管和增加血管弹性。

(五)温水浴及冷热水交替浴

消除肌肉疲劳的一种最简单的方法,就是沐浴。通过沐浴,能够对血管扩张产生刺激,对血液循环和新陈代谢起到积极的促进作用,使代谢产物排出的速度加快,神经肌肉的营养得到进一步的改善。温水浴水温以42℃左右为宜,时间为10～15分钟,每天1～2次。训练结束后30分钟可进行温水浴。但是,在应用温水浴时需要注意,为了保证理想的消除疲劳的效果,不能入浴时间过长、次数过频,水的温度也不能过高,否则就会起到相反的作用,加重疲劳。

冷热水浴可交替性地刺激血管的收缩和舒张,更有效地促进血液循环。进行冷热水浴时,热水温度40℃,冷水温度15℃,冷水浴时间为1分钟,热水浴时间为3分钟,交替3次。

(六)心理放松疗法

应用心理学的理论、原则和技术,对康复对象的各种心理、精神、情绪和行为障碍或严重的情绪困扰进行矫治的特殊治疗手段,就是所谓的心理放松疗法。行为疗法和合理情绪疗法是常见的两种心理放松疗法,这两种疗法各具特点,作用也有一定的区别。行为疗法又称行为矫正疗法,是20世纪50年代迅速发展起来的一种重要的心理学的理论和治疗技术,它按照一定的程序,采取正负强化的奖惩方式,对个体进行反复训练,以消除或矫正适应不良行为的一种心理疗法;而合理情绪疗法是以认知理论为基础,结合行为疗法的某些技术,以矫正人们认知系统中非理性的信念,促进心理障碍得以消除的心理疗法。

在训练和比赛之后,采用心理调整放松,能够达到较好的消除疲劳的效果,具体表现为:使神经—精神的紧张程度有所降低,心理的压抑状态得到一定程度的缓解,神经系统的恢复速度也有所加快,这样就能够更好地促进身体其他器官、系统机能的恢复。对身体起作用的心理放松手段很多,其中,暗示性睡眠—休息,肌肉放松;心理调整训练,各种消遣和娱乐活动性活动等,是最主要的几种手段。

音乐疗法是心理放松疗法中应用较为广泛的方法之一。从生理角度看,音乐作为一种声音刺激,可通过机体的反射作用迅速产生一系列生理和心理反应。音乐的性质不同、表现形式不同,其对人体的作用也就有一定的差别,具体来说,主要表现在以下几个方面。

节奏快而有力的音乐的主要作用是增强心脏功能,改善血液循环;节奏鲜明的音乐的主要作用是使人的精神振奋,心跳加快,心肌张力增加;节奏缓慢、单调重复的音乐的主要作用是使人松弛,并有催眠镇静的作用;旋律优美的音乐的主要作用是使人们的心情愉快、平静,有助于消除体操运动员的情绪紧张及焦虑。除此之外,音乐的作用还表现为改善注意力,增强记忆力,提高人们对环境的适应力。

第三节 高校篮球运动性伤病的防治

篮球运动的对抗性特点使得这项运动往往具有更高的伤病风险。不过尽管如此,在开展高校篮球运动时也应尽全力避免伤病情况的发生。为此,掌握一些篮球运动性伤病的发生原因和应急处理办法就显得格外重要。这不论是对教师还是对学生都能为他们顺利参加运动提供帮助。

本节主要就篮球运动训练中经常出现的运动性伤病的防治

方法进行阐述，以便在篮球运动学练过程中出现此类伤病可以尽快做出反应和采取正确的处理措施。

一、高校篮球运动损伤的防治方法

（一）肩部常见损伤

篮球运动中的运球、投篮、争抢篮板球等技术动作在很大程度上都需要依靠肩部来完成。再加上篮球运动始终是在对抗条件下完成的，因此极易发生肩部损伤，其中以肩袖的损伤最为多见。

原因：肩袖损伤又称“肩袖损伤性肌腱炎”，发病机制与肩关节外展、内旋或过伸，肱骨大结节长期超常范围急剧转动、劳损、牵拉、摩擦有关。

症状：患者常感肩痛，尤其是上臂外展60°～120°区间。肩部活动受限，肌肉萎缩，肱骨大结节处有压痛。

处理：急性发作期间，应暂停训练，肩关节制动，上臂外展30°固定，以减小有关肌肉张力而减轻疼痛症状。

康复训练：如肩关节的回旋、旋转运动和肩外展90°位负重静力练习等，以改善局部血液循环，增强肩部外展肌群，尤其是三角肌的力量，防止肌肉萎缩。康复训练要以肩部不产生疼痛为原则。积极治愈肩部的微小损伤、强化肩部外展肌群的力量训练（如前臂侧平举抗阻练习等）和注重力量训练后的放松练习是预防肩袖损伤的三个关键环节。

（二）肘部常见损伤

1.肘关节内侧软组织损伤

原因：篮球运动中肘关节内侧软组织损伤，多因双方队员空中（单臂）同时争球时，一方队员用力较猛，造成前臂力量较弱的对方队员的肘关节被动外翻和过伸，或因摔倒时前臂保护性外展、外旋支撑而致伤。

症状：伤患最为多见的是内侧韧带撕裂伤，严重受伤时往往合并其他组织的损伤，如尺侧关节囊撕裂、肘脱位等。受伤后肘关节尺侧疼痛、肿胀，关节功能障碍，肘内侧有明显的压痛点。

预防：关键在于加强前臂屈、伸肌群的力量练习，可经常使用弹簧拉力器发展前臂肌群力量和腕、肘关节的控制能力。另外，在运动前应进行 3～5 分钟的前臂屈肌群静力性牵拉练习。

处理：现场用氯乙烷喷湿局部后压迫包扎，前臂旋前、肘屈 90°位，用托板或三角巾固定于胸前，冰袋敷局部。

康复训练：受伤一周后，配合临床治疗，逐步开始康复训练。主要目的在于防止关节粘连和逐步增强前臂肌力。练习中，一方面必须采取保护措施，如使用护肘、粘膏支持带等；另一方面避免重复受伤机制的动作，阻抗负荷也应逐步增加。

2.肘关节脱位

原因：肘关节脱位多因队员倒地时前臂保护性外展、外旋、后支撑所致，其中后脱位最常见。

症状：伤后局部疼痛，关节畸形，功能障碍。

预防：强化倒地时正确的保护性技术动作是预防肘关节脱位的最重要环节。身体向后倒地时，前臂应外展、稍内旋（禁忌外旋），肘关节微屈（禁忌过伸）、后支撑，膝关节微屈，在身体着地的瞬间用力向后蹬，以分解倒地时的垂直作用力，避免肘关节脱位和尾椎骨受伤。

处理：现场急救可进行氯乙烷局部麻醉降温，绷带包扎，依肘受伤后的肢体位（角度）托板固定，用三角巾挂于胸前，冰袋继续敷局部。

康复训练：整复后第二天即可开始握拳、转肩的康复练习，以促进前臂的血液循环，有利于消肿。固定后，坚持进行肘关节的伸屈和前臂旋转运动，防止和松懈损伤后的关节粘连。肘伸屈训练时，动作的幅度必须适可而止，逐渐加大，直至恢复到原有的角度，切忌大力扳拉，以防发生骨化性肌炎，这是康复训练的关键环节。

(三)腰部常见损伤

1.急性腰扭伤

腰部急性损伤包括肌肉、韧带损伤及关节扭伤等，90%发生于腰骶部和骶髂关节。

原因：较多发生在提起重物等动作时。具体损伤过程为在弯腰展髋、伸膝的提重发力时，骶棘肌的力量不足以支撑动作的完成，或者重物的重量在预想之外，如此引起骶髋部肌肉、筋膜或韧带撕裂。另外，运动动作超越脊柱活动范围也是急性腰扭伤等多种腰部损伤的缘由。

症状：伤后脊柱发生生理性变形，如弯曲度改变或出现侧弯；弯腰时腰部出现疼痛且屈度减小或相应部位肌肉痉挛。在行走时，受伤一侧不敢发力，影响正常行走活动，即便是在坐位时伤处仍然无法动弹。这种在受伤局部往往有着明显的压痛点。

预防：除采用一般预防措施外，应加强腰腿和腹部肌力的训练，强化腰部伸屈扭转复合动作的合理性和协调性训练(如在进行负重力量练习的提铃发力时，应屈膝、屈髋、直腰)。近期曾有受伤史的队员在训练和比赛时，以及未受伤队员在进行腰部力量训练时，建议使用护腰带，以加强保护措施。

处理：受伤后应尽量让患者平卧休息，冷敷患处。不建议盲目使用手法治疗。

康复训练：康复训练主要以应逐增加腰、腹肌力量练习为主。训练初期应由徒手练习占据较多时间，要求循序渐进，缓慢加量。练习结束后应特别注意放松腰部肌肉，如经常性的自我腰部按摩。

2.腰肌劳损

原因:患者在患有急性腰扭伤后并未根治,并且腰部的活动量和负荷量仍旧未减,久而久之形成了腰部肌肉、筋膜、韧带等组织的慢性损伤。

症状:患者经常出现腰部酸、胀、痛等症状,特别是在进行完高强度、大运动量训练后酸痛感更为突出,这种不适感甚至还会放射至腰部周边部位,影响队员的正常训练,甚至对生活也会产生一定影响。腰肌劳损在腰部有明显的压痛点,同时在直抬腿试验中呈阳性。

康复训练:腰肌劳损的康复方法主要有两种。

(1)在日常训练中增加腰部、腹部的力量素质训练,以使新增的肌肉纤维代偿伤患局部肌力的不足,力量训练的动作可以为"拱桥架势"和负重仰卧举腿等,在实践中,这几种动作有显著效果。不过需要注意的是,在训练中要严格注意对队员腰腹部情况的监控,要求训练中不要出现疼痛和肌肉痉挛,结束训练后要做好相应的放松活动。

(2)安排训练主要应改善血液循环,通常可采用如仰卧抱膝、膝胸卧展等动作,效果良好。训练中要注意,松解动作到位后应保持一段时间,通常为3~5分钟。训练要本着循序渐进,逐渐加量的原则进行,以防止局部出血或再度拉伤而影响疗效。另外,在该损伤发作期间应暂停队员训练,以不致使损伤加重。

预防:强化腰、腹肌群力量训练,避免短时间内进行重复腰腹部动作的练习。除采用常规预防措施外,还要培养运动员经常性地进行自我腰部按摩的意识和能力,这对预防腰肌劳损也十分有益。

(四)膝部常见损伤

由于篮球运动中的诸多技术需要依靠急转急停等动作来完成,这就给运动员的膝关节带来了巨大运动负荷。因此,篮球运动员的膝部损伤约占身体各部伤病总数的40%，主要伤病有膝关节韧带损伤、髌骨劳损以及膝内侧副韧带损伤等。膝部伤病的发病机制与现代篮球运动技、战术特点对运动员身体素质的特殊要求、膝关节的自身解剖结构和生理功能，以及在身体运动中所发挥的重要作用等因素密切相关。

1.膝关节韧带损伤

在膝部常见损伤中，膝关节韧带损伤的发生概率较高。

原因：篮球运动的技术对人体膝关节的负荷能力有较高要求，如在篮球运球转身技术中中枢脚及小腿固定，大腿随躯干突然内收内旋，膝关节于是受到了扭转力或来自膝外侧的向内侧的冲撞力，导致伤情发生。这些情况均极易造成膝关节韧带损伤。而运球后转身动作由于外侧副韧带发生损伤的概率要远比内侧副韧带要低，所以受伤的原因与膝内翻有关系。

症状：当出现膝关节韧带损伤后表现为膝内侧突发性剧烈疼痛，韧带伤处的压痛点明显，同时出现半腱肌、半膜肌的痉挛症状。

预防：内侧副韧带损伤的发病率远比外侧副韧带高，且内侧副韧带的严重损伤常合并内侧半月板的撕裂伤，故为预防的重点。除采用一般常规预防措施外，还需注意以下几点。

(1)改进后转身技术动作。对于技术水平不高的运动员，克服后转身技术动作中的“拖脚”现象，是预防内侧副韧带损伤的关键环节之一。严格要求队员在完成后转身动作时，作为中枢脚的跟部应微离地面，脚的受力点一定要落在前脚掌，切忌出现“拖脚”动作，这样可有效地化解膝关节处的扭转力，避免膝外翻受伤机制的形成。

(2)强化准备活动中的静力性牵拉练习。在进行其他动力性练习的基础上，预防内侧副韧带损伤可采用膝外翻静力牵拉练习(脚尖向外，分腿，膝内扣，半蹲位)3～5分钟，预防外侧副韧带损伤可借用“盘腿”练习。

(3)对于曾受过伤的运动员,一方面在做准备活动时不可重复(或过度用力)受伤机制动作;另一方面在训练和比赛前,还应使用弹力绷带在膝部做 8 字形(内侧交叉)加固包扎,并在鞋跟(或鞋垫)内适当楔形垫高,以有效防止膝关节外展外旋时再度受伤。

处理:弹力绷带做 8 字形(内侧交叉)压迫包扎,继续用冰袋冷敷。经此处理后可酌情继续上场比赛。韧带完全断裂者则病情症状明显加重。在完成上面几种处理方式后在利用棉花夹板固定并及时送往医院做更进一步的处理。

康复训练:康复训练的时间为伤后 3 天,此阶段并不能而完全停止局部治疗。在康复训练时要注意保持股四头肌和股二头肌的肌力,防止肌肉发生萎缩。这种类型的肌肉萎缩将导致膝关节"不稳感"现象的出现;在康复过程中,膝关节的伸屈抗阻练习也是必需的,从而防止出现粘连现象导致关节的活动度下降;进行康复训练应当优先做无阻抗静力性收缩和伸屈膝练习,其次才是抗阻动力性伸屈膝练习。

2.髌骨劳损

髌骨劳损是髌骨由于关节软骨面和髌骨因缘股四头肌张腱膜的附着部分出现了慢性损伤。具体可以被称为"髌骨软骨病"以及"髌骨张腱末端病"。这两种疾病视由于损伤的不同也许会单独发生,也可能一并发生。因此两种损伤的原理及症状大体相似,故将其统称为"髌骨劳损"。

原因:髌骨劳损之所以会出现是由于膝关节在长期负担过度的情况下,或经历了反复的微细损伤,最终导致劳损的出现,但因一次直接外伤(髋骨部冲撞或牵扯)也可能发生。前者往往是由于不合理的训练安排,如滑步防守与进攻、急停与起跳上篮的局部训练过多所致,不注意发展局部肌肉力量等。

症状:髌骨劳损发生后,会使人出现膝软与膝痛感。在早期,髌骨劳损只出现在大运动量训练之后,然而不适感会随着休息逐渐消失。一般膝痛常在活动开始以后减轻,运动结束后又加重,休息后又会减轻。膝痛或膝软与技术动作有较大的关联,其主要表现出来的是在出现半蹲动作时产生痛感,如日常生活中上下台阶的动作等半蹲状态动作,均会出现疼痛腿软无法发力,甚至在坐下前因不能吃力而发生跌倒等现象。严重时走路和静坐时也痛。不少病例关节酸痛程度,还与气候变化有关。

(1)髌骨压迫痛,患者膝伸直,股四头肌放松,脑后垫一小枕或检查者一手托垫,一手掌放于髌骨上,向垂直方向压迫或两侧方、上下错动按压,髌骨下出现痛者即为阳性。

(2)髌骨周缘指压痛,患者伸膝并放松股四头肌,检查者一手将髌骨两侧方或下方推起,用另一手摸压髌骨周边,痛感明显的即可判定为阳性。

(3)髌骨边缘有增厚现象或出现条索状物、髌骨尖延长、股四头肌萎缩、髌骨长角以及关节积液等也可判定为髌骨劳损。

处理:目前无特效疗法,建议发病后尽量采取练治结合的方法缓解治疗。另外,对髌骨劳损的处理方法还可以采用以下几种方式。

(1)按摩疗法。在膝关节附近通过广泛一般的按摩,也就是长时间揉捏和推揉股四头肌,其后,用单手或双手拇指对痛点以刮的形式进行按摩,或用手掌对髌骨进行按压。

(2)短波理疗。中药渗透药外敷或关节腔内注射药物,不过注意这种方式不宜经常性使用。

(3)单手拇指刮法。按摩者一只手对伤者的髌骨进行固定,显露出髌骨的疼痛部位,另一只手用拇指屈曲沿髌骨疼痛部位的长轴进行用力刮动,刮动要均匀,重复大约 40 次,刮髌时如伤者有痛感属正常现象。

(4)髌骨按压法。适当加压后固定不动,待酸痛减轻或消失后,慢慢抬手去压,如此重复 3～5 次。

在接受上述几种按摩方式之后,患者可以做不负重屈伸膝关节练习 20～30 次,走动 2～4 分钟,每日按摩 1～2 次。

3.膝内侧副韧带损伤

原因:在篮球运动中,由于场地、技术(如跳起投篮、抢篮板球后落地姿势不佳,或在运球突破时,遭防守队员阻挡,使膝关节出现强迫“外翻”,造成膝内侧副韧带损伤)、关节稳定性、身体机能状况不佳、准备活动不足、对抗能力与自我保护能力差等原因,会导致小腿突然内收内旋,或小腿与足固定、大腿突然外展外旋,造成膝关节内翻,引起外侧副韧带损伤。

症状:伤后出现痉挛性疼痛。膝内侧压痛、肿胀、皮下瘀血、小腿外展或膝伸时疼痛与功能障碍。关节内积血是严重的联合损伤的信号,意味着关节内韧带损伤,半月板可能撕裂。侧扳试验呈阳性。

处理:现场立即冷敷、加压包扎、制动,减少出血、止痛,以避免并发症。伤后 24 小时左右可视伤情采取中药外敷或内服、按摩、理疗、康复训练等手段,促进淋巴和血液循环,加速渗出液和积血的吸收。膝内侧副韧带不完全断裂的早期治疗,主要是防止创伤部继续出血,并适当固定。膝内侧副韧带完全断裂最好的治疗方法是手术缝合。

(五)足踝部常见损伤

1.踝关节韧带损伤

原因:踝关节韧带损伤以踝关节外侧韧带(新鲜)损伤较为突出。在篮球运动中运动员的踝部会受到多种形式的冲击。通常踝关节韧带损伤经常发生与运动员跳起落地时踩在别人的脚上等原因造成踝关节内旋、足疏屈内翻位受力作用的机制有关。

症状:损伤后踝关节外侧疼痛,局部肿胀,皮下瘀血,有明确的压痛点,不能立即行走。不过鉴于踝关节以及周边韧带的结构较为复杂,因此在受伤后未确切诊断之前不建议盲目使用手法治疗。

处理：踝关节韧带损伤的处理主要有以下几种常见方式。

(1)冰袋冷敷。冰袋冷敷是踝关节损伤后的最佳应急处理办法，若无条件则可用凉水降温。但是这种方法只能起到缓解的作用，并不能完全依此治疗。

(2)抬高患肢。抬高患肢也是缓解踝关节损伤的有效方法。被抬高的患肢可促进静脉回流，防止局部肿胀。

(3)患肢制动。将受伤足固定于稍外翻、蹠伸位，以此达到减轻局部韧带张力和防止进一步出血的目的。

预防：在日常训练中有意识增加踝周和跨踝肌肉、韧带的力量训练。有踝关节韧带损伤史的人在练习中还可以进行一些特定的专门练习，如踝外旋、足外展外翻、蹠伸的抗阻练习等。在训练和比赛前做好充分的准备活动，如做足内翻、足外翻静力性牵拉练习各 3～5 分钟。

康复训练：踝关节韧带损伤的康复训练可以分期完成，具体可分为早期练习、中期练习和后期练习。

(1)早期练习内容包括在热水浸泡中和仰卧抬高患肢的条件下，进行踝伸屈练习。以此达到消除皮下瘀血和肿胀、防止局部粘连的作用。另外还可在不产生疼痛的前提下安排一些蹠肌、腓肠肌等的被动牵拉练习。

(2)中期练习应加入一些如动感单车、足滚圆木练习等以锻炼和恢复足、踝部肌肉运动精细调节功能为主的训练。

(3)后期练习应以增强踝周肌肉、韧带力量和足伸屈肌群的力量为主，如安排起踵练习、足蹠伸(踝屈)抗阻练习等。

另外，如果在踝部康复训练后出现不同程度的肿胀，均属于正常现象。解决方法为训练后应平卧并抬高患肢。

2.踝关节扭伤

原因：踝关节扭伤多由于场地不平，或跳起落地时踩在别人脚上，或在空中受碰撞而落地不稳等。

症状：伤后踝关节外侧疼痛，迅速肿胀，并逐渐延及踝关节前部，局部明显压痛。压痛多在外踝下方，或踝尖部或外踝；内翻痛。

处理：急救时可以压迫痛点止血，抬高伤肢，然后用较大的棉花块或海绵垫加压包扎。24 小时以后根据伤情可选用新伤药外敷、理疗、针灸、按摩药物痛点注射及支持带固定等。

（六）其他部位损伤

1.手指挫伤

原因：在篮球运动中球员接球时手的动作不正确或断球时手指过于紧张伸直等均会受到手指挫伤。

症状：受伤手指及周边范围有明显肿胀且伴有强烈疼痛，这种痛感会因为压迫而增大，手指功能障碍。

处理：手指挫伤的快速处理方法为用冷水冲淋。通常休息一段时间后疼痛可减轻，几天后痛感消除，能做屈伸动作。

2.大腿后部屈肌拉伤

原因：当肌肉在跳起上篮、跳起拦截或蹬跨移动等动作中主动收缩或被动拉长超出其所能承担的能力时便会出现大腿肌肉拉伤。造成这种情况的原因可能为准备活动不充分、用力过猛、体能耗竭、不规范的技术动作、气温过低等。该肌群训练不足，肌肉弹性、伸展性差，肌力弱是发生损伤的内在因素。

症状：

(1)有明显受伤动作和受伤过程。

(2)局部疼痛，伴有肌肉紧张、僵硬，肿胀处可伴有瘀血。

(3)患者做肌肉主动收缩和被动牵伸动作时，局部有明显压痛，受伤肢体有功能障碍。

(4)发生肌肉断裂者，在肌肉断裂部可触摸到凹陷或出现一端异常膨大，或呈“双峰”畸形。

处理：

(1)肌肉微细损伤或伴有少量肌纤维撕裂者,伤后应立即给予冷敷,局部加压包扎,休息时应抬高患肢。

(2)24～48小时后可开始理疗和按摩,按摩时手法宜轻柔,伤部仅能做些轻推摩,伤部周围可做揉、捏、搓等,同时配合点压穴位(宜取伤周穴位)。

(3)如肌肉大部或完全断裂者,在局部加压包扎并适当固定患肢后,应立即送往医院诊治。

3.面部损伤

原因:篮球比赛中,在争球、上篮、抢篮板球时,常易造成被他人头、肘顶撞而挫伤,甚至发生眉区裂伤等面部损伤。

症状:

(1)临床上都有急性外伤史。

(2)凡挫伤,局部有轻度肿胀,且逐渐加重。

(3)若眼眶挫伤、眉区裂伤,伤后2～3天肿胀明显,眼裂变小,甚至眼睛不易睁开。

处理:

(1)凡挫伤,24小时内局部冷敷,24小时后热敷,促进消肿和皮下瘀斑的吸收。

(2)凡裂伤,伤后6小时内清创缝合,伤后24小时内用破伤风抗生素,预防破伤风杆菌感染。

(3)骨折、牙齿断裂者,需去专科医院诊治。

上述损伤应先处理骨折。对创伤性滑膜炎应加压包扎,用夹板或石膏固定2～3周。

伤后3～5天可以进行理疗、按摩、外敷中药等治疗。

二、高校篮球运动疾病的防治方法

(一)肌肉痉挛

肌肉痉挛,即俗称的“抽筋”,是指肌肉发生不自主地强直收缩的一种症状。人体的腓肠肌、足底的屈拇肌和屈趾肌最容易发生痉挛。肌肉痉挛常发生于长跑、足球、游泳、举重等运动时间长、运动强度大的运动。通常是由于大量出汗致使体内电解质失衡，肌肉收缩舒张失调，外部冷刺激等原因导致的。

1.症状表现

发病急，局部发生不自主肌肉强直收缩，僵硬，疼痛难忍且一时不易缓解，痉挛肌肉所涉及的关节出现运动障碍。

2.预防措施

运动前做好充分的准备活动，运动中遵循循序渐进的原则。夏季运动时，出汗过多，应注意适当补充淡盐水和维生素。冬季运动时注意保暖，同时加强身体锻炼，提高身体的耐寒能力和耐久力。冬泳前先用冷水淋湿全身以适应冷水刺激。冬泳时间不宜太长，避免在水中停止运动和停留太长时间。多吃含乳酸、氨基酸、维生素 E、钙的食物，如奶制品、瘦肉、虾皮、豆制品等。

3.处理方法

牵引痉挛的肌肉常可使之缓解。例如，小腿后面群肌痉挛可伸直膝关节，用力将足背伸；足底部屈肌、屈趾肌痉挛，可用力使足和足趾背伸。此外，还可配合局部按摩，采用重推摩、揉捏、叩打、点穴（如委中、承山、涌泉等穴）手法，促使缓解。

（二）运动中腹痛

运动中腹痛是指运动员在运动中因生理和病理原因而发生腹部疼痛的一种疾病。通常是由于准备活动不充分，胃肠痉挛，腹直肌痉挛，呼吸紊乱等原因造成的。

1.症状表现

安静时不痛，运动中或结束时腹痛。一般无其他伴随症状。

腹痛的部位常与病变脏器的位置有关:肝胆疾患或郁血,多表现为右上腹痛;脾郁血多表现为左上腹痛肠痉挛、蛔虫病多表现为腹中部痛;胃十二指肠溃疡、胃炎,多表现为中上腹痛;呼吸肌痉挛多表现为季肋部和下胸部锐痛;阑尾炎在右下腹疼痛;宿便多表现为左下腹痛。

2.预防措施

在参加篮球运动前做好准备活动,训练内容和时间安排合理。运动中要注意呼吸节奏,宜进行深呼吸。如运动时发生腹痛,应放慢运动速度,减少运动量,轻轻按揉腹部,待疼痛缓解或消失后再逐步加快速度。在运动前不宜进食、饮水过多。餐后休息一小时后再进行运动。夏季运动要适当补充盐分。加强身体训练,增强心肺机能,提高机体的适应能力。

3.处理方法

运动中发生腹痛时,一般只要减低速度,加深呼吸,用手按压疼痛部位(或弯着腰跑一段),疼痛即可减轻,以至消失。如疼痛仍不减轻,甚至反而加重,就应停止运动。炎热天气时,口服十滴水或普鲁苯辛(每次 1 片),针刺或用手指点揉内关、足三里、大肠俞等穴位,都能缓解腹痛,可以试用。若为腹直肌痉挛,则可进行局部按摩,如果上述措施不见效,就应请医生处理,以防有腹部外科急症误诊而延误病情。

(三)运动性低血糖

空腹时血糖浓度低于 50 毫克/分升的一种症状即为低血糖。运动性低血糖在足球运动中比较常见。大都是因为长时间剧烈运动后,体内血糖的大量消耗和减少可造成运动性低血糖。或者是运动前饥饿,肝糖原储备不足,不能及时补充血糖的消耗导致运动性低血糖。另外还可能是因为交感神经活动增强和反应性肾上腺素释放过多,及中枢神经功能障碍可致低血糖。

1.症状表现

轻者倦怠(进食前特别明显),心烦易怒,面色苍白、多汗或冷汗,身冷,体温低,心跳快速,呼吸浅促,眩晕,头痛,视力模糊,迅速或强烈的饥饿感等;重者视物模糊、焦虑、定向障碍(如返身跑)、步态不稳、出现幻觉、狂躁、精神失常,最后意识丧失、昏迷。部分患者诱发脑血管意外、心律失常及心肌梗死。

2.预防措施

运动前检测血糖两次,每隔30分钟检测1次。合理安排运动量,每天的运动时间及运动量基本保持不变。大量运动前适当进食。不空腹参加长时间的剧烈运动。有低血糖症特别是患有糖尿病的人,宜少食多餐。

有平时缺乏锻炼的大学生,或患病未愈及空腹饥饿时,不要参加长时间的篮球运动。

3.处理方法

使病者平卧、保暖。神志清醒者可饮浓糖水或吃少量食品,一般短时间内即可恢复。不能口服者,可静脉注射50%葡萄糖40～100毫升。昏迷不醒者,可针刺人中、百会、涌泉、合谷等穴,并迅速请医生前来处理。

(四)运动性中暑

运动性中暑是中暑的一种,由运动导致或诱发,指肌肉运动时产生的热超过身体能散发的热而造成运动员体内的过热状态。大都是因为在炎热的天气下进行长时间进行篮球运动;身体疲劳、失眠、失水、缺盐;对高温环境适应能力差导致。

1.症状表现

早期有头晕、头痛、呕吐现象。逐步发展为体温升高,皮肤灼热干燥。严重者可出现精神失常、虚脱、痉挛、心律失常、血压下降。过于严重的，甚至会昏迷，危及生命。

2.预防措施

科学合理地安排训练和比赛的时间，夏季避免在上午 9 点至下午 4 点间运动，多休息。运动中适当饮用防暑降温的饮料；运动后注意补充适量的糖盐水。加强医务监督，合理选择运动服装与保护装置。了解运动性中暑的相关知识，及时检查身体反应、调整运动。

3.处理方法

当有先兆或轻度中暑时，应迅速撤离高温环境，至通风阴凉处休息，解开衣领，并服用清凉饮料、浓茶、淡盐水和解暑药物等。对病情较重的患者，应立即移到阴凉处，让其平卧。根据不同的病情，分别处理：中暑痉挛时，牵伸痉挛肌肉使之缓解，并服用含盐清凉饮料；中暑衰竭时服用含糖、盐饮料，并在四肢做重推按摩。症状重或昏迷患者，可针刺人中、涌泉、中冲等穴，并应迅速送往医院进行抢救。

第六章　高校篮球运动的体能准备研究

篮球运动具有对抗强、运动量大、节奏快等特点。为此，这项运动就对学生的体能水平有着较高的要求。由此可见，只有在体能方面做好充分的准备，才能拥有应对篮球比赛的必要体能，这就需要通过一般体能训练与专项体能训练等方法来实现这一目标。本章就对高校篮球运动的体能准备工作进行研究。

第一节　高校篮球运动的体能要求

篮球运动的项目特点和基本动作技术决定了学生的基本体能要求。把篮球单纯地看作技能类运动项目，是不准确的，学生必须具备良好的体能素质。篮球运动是一项以投准为目的的速度力量型、高强度对抗性体能和技能类项目，这对学生的体能提出了一定的要求，也为体能训练指明了方向。

通过大负荷的运动训练使学生的各项身体素质都得到相应的提升。篮球运动的体能训练能够充分地挖掘学生的机能潜力，提升学生的运动能力并培养其顽强拼搏的意志。一般而言，学生所必备的体能要求包括灵活的速度、整体力量、运动耐力以及心理机能。

在篮球运动中，速度是篮球运动的灵魂，因此，速度也是篮球运动体能水平的最直接的反映。篮球运动的速度不仅是指奔跑的速度，更多的是起动速度、动作速度和应变速度，其速度具有应变性、节奏性和突然性等专项特点。具体来说，学生所应具备的专项速度素质包括进攻速度、防守速度、攻防转换速度、反应速度、起动速度、动作速度等。

学生在比赛中的良好发挥依赖于其适应高强度对抗和高速度应变的体能。因此,在体能训练过程中,应以培养学生的专项速度为目标。

力量是学生进行对抗的有效保证,是专项技术和专项速度实施和完善的基础。篮球比赛进攻与防守中的反应、跑动、加速与拼抢,以及防守与攻击的有效性无不取决于力量素质。因此,学生的运动技能水平与力量素质密切相关。力量素质与学生在进行各项动作时所必需的爆发力和爆发耐力也密切相关,从一定程度上反映着攻击的威力和可靠性。

学生要求具备高度发展并且全面的力量素质,身体的各个部位,包括上下肢、腰腹以及踝、膝、手腕、手指等部位都必须经过全面的力量强化训练,通过增强动作技术的各个环节的肌肉力量要求,保证各项技术动作的快速、准确和有效,使运动和动作技术达到最佳的效果。

学生的各项肌肉力量素质的训练必须具有系统性和计划性,这是学生力量训练的鲜明特点。有系统、有计划的力量训练能够使学生的各项肌肉力量相协调,并保持肌肉力量的鲜活。因此,力量训练贯穿年训练周期以及多年训练周期的始终。

学生必须具备练好的运动耐力,因此篮球运动是一项高强度运动,在运动过程中的激烈对抗更是加强了学生的体能消耗,学生必须具备良好的耐力,这样才能使学生在长时间的运动中保持良好的发挥,尤其是在比赛中体能消耗剧烈而又决定比赛胜负的第四节。

体能训练中的运动耐力训练是指大强度、长时间从事专项活动能力的训练。学生的运动耐力水平主要取决于:功能系统的机能能力、有效地利用机能潜力的能力以及在疲劳情况下的心理素质和意志品质。

心理机能和意志品质能够使学生以顽强的毅力对抗疲劳感、

以良好的心理素质应对比赛中的逆境、以平稳的心绪对待整个比赛，从而使学生保持相对稳定的发挥。心理机能和意志品质训练能够使神经系统充分发挥作用，充分挖掘学生的机能潜力，从而能够使其最大限度地完成比赛和训练任务。心理机能能力和意志品质的提高既取决于运动系统机能能力的提高，同时，还取决于学生的意愿以及自我调节和自控能力。

良好的体能水平是现代“三高”(高速度、高难度、高对抗)篮球比赛中发挥和运用技战术的前提条件。篮球运动的体能训练是手段，是为提高技战术的运用与发挥服务的，都是以提高攻防战术的效果为目的的。篮球体能训练必须具有鲜明的专项特点，这样才能与专项技战术有机结合，到达训练的目的。体能训练的过程同时也是完善和检验技战术的过程，在体能训练过程中，不仅使体能获得增长，同时，也使运动技能获得提升。

具体到篮球运动的技术中，其所依赖的体能具有如下要求。

(1)移动体能要求。移动技术是由走、跑、跳、急停、转身等脚步动作组成的。它是通过快速而突然的各种脚步动作，在进攻时达到摆脱防守、接球、选择位置、牵制对手、掩护或是为了合理而迅速完成运球、传球、突破投篮等目的。要达到这个目的就需要学生具备良好的速度素质，才能利用移动技术争取时间和空间的主动权。

脚步动作主要是靠前脚掌内侧蹬地、碾地和腿的发力伸展，充分利用地面给予人体的反作用力，通过腰胯、上体和两臂的协调用力与配合，克服身体的重力和惯性力，来达到起动、起跳、转身、制动等位移的目的。快速起动、起跳除了要求一定的速度素质之外还要求学生具备一定的力量素质和弹跳素质。

(2)传接球体能要求。无论是哪种传接球方式，给予球作用力的大小和时间长短都决定球的飞行速度和距离。传球的用力大小和用力方向由队员的位置和移动速度决定。在传球动作方法中，前臂的动作有伸、摆、绕等不同的用力方法。运用这些方法可以增加出球点，扩大出球面。传球应优先使用屈腕弹指和伸肘肌肉的力量，它们是能最快速发力的部位。长传球时，才使躯干和腿部肌肉参与工作，作用时间也较长。接球时，要伸臂屈肘迎球和顺势向后引球，进一步屈肘缓冲，正是减弱来球力量至零的过程。如果球来势凶猛，则要加大迎球幅度，缓冲来球。因此，在传接球技术时，要求学生具备良好的力量素质和柔韧性素质。良好的力量素质能够很好地控制传球力度，准确传球；柔韧性素质能够在传接球完成大幅度动作时，提高动作的协调性和动作质量，更好地发挥肌肉力量，避免运动损伤。

(3)投篮体能要求。将球投进篮圈之中必须要具备正确的持球方法、瞄篮点、全身的协调用力、合理的出手角度和出手速度、规律性的旋转、适宜的飞行弧线和入篮角度等各种因素。正确地掌握持球方法，投篮时合理准确用力是投篮技术最基本最重要的条件之一。持球时应适当增大手腕后仰角度，即持球或球出手引腕后仰时，手腕后仰角度越大，屈腕主动肌牵拉越长，则完成环节运动的条件越好，它有助于出球时均匀发力和球出手后的飞行弧线。因此就要求投篮者具备一定的柔韧性素质。在良好的柔韧性素质的基础上，还要具备力量素质，因为投篮时，在球出手的一刹那，身体各部位综合肌力给予球一定的初速度，这个初速度被称作出手速度。出手速度是投篮的关键，投篮出手速度的运用，应在提高出手角度的基础上，加快出手速度，同时要善于根据方位、距离、投篮方法及防守形势等具体情况的不同，而想要增大出手速度就必须具备一定的快速力量素质。

(4)运球体能要求。运球是持球队员在原地或行进中，用单手连续按拍由地面反弹起来的球的一类动作方法，是篮球比赛中个人进攻的重要技术，它不仅是个人摆脱、吸引、突破防守的进攻手段，也是发动、组织战术配合的重要桥梁。运球技术的关键是正确的身体姿势，手对球的控制支配能力，脚步移动的熟练程度以及手、脚、身体三者的紧密配合；上肢动作要以肩关节为轴；下肢配合协调等。而这些技术的关键就要求运动者要具备灵敏素质和速度素质。灵敏素质可以让运动者在运球过程中，迅速做出反应，灵活、快速、流畅、有效地执行运球技术，如急停急起、背后运球、胯下运球等各种动作。速度素质让运动者在运球过程中，以迅雷不及掩耳之势，迅速运球至目的地，达到战术的有效配合，争取有利形势。

(5)持球突破体能要求。持球突破是持球队员运用脚步和运球技术超越对手的一项攻击性技术。它可以打乱对方的防守部署，为本方创造更多、更好的攻击机会。突破若巧妙地与投篮、传球、假动作等技术动作有机结合起来运用，将使突破技术更加灵活多变，从而显示出突破技术的攻击性。所以在持球突破技术运用时，就必须要具备投篮、传球、假动作所要求的灵敏性素质、速度素质、力量素质、柔韧性素质等。此项技术是要在很短的时间内迅速完成一套组合动作，其中包括由蹬跨、转体探肩、推按球和加速，动作之间要紧密衔接。因此对运动者的灵敏素质和速度素质提出了更高的要求，以便准确快速地完成技术动作达到进攻的目的。

(6)抢篮板体能要求。抢篮板球是指在空中拼抢未成功投篮的球的技术动作。它是一项重要技术，是比赛中攻防转化的分界点。抢篮板球技术由抢占位置、起跳动作、空中抢球动作和获球后动作所组成。抢占位置时，应根据对手和投篮队员所处的位置，正确判断篮板球的反弹方向、距离，运用快速的脚步移动，配合身体动作抢占有利位置。起跳动作是抢占位置后进行的一个连续动作。空中抢球动作要根据赛场上队员所处的位置，球反弹的方向，高度以及个人的特点，利用双手、单手和点拨球等方法。因此，在抢篮板时除了具备灵敏的观察能力外，还要求具备良好的速度素质，要在对手注意力还集中在投篮时，迅速移动到有利位置抢球。

(7)防守体能要求。防守技术是阻止对方队员进攻所运用的技术。攻击性防守要求学生必须具有勇猛、反应灵敏、果断压倒对方的气势，主动去控制对方的进攻。它是一项综合的篮球技术动作，是由手脚动作结合对手和球、篮的位置、距离等因素所构成的。脚步动作是防守时采用的移动步法，是个人防守技术的基础。防守队员运用脚步动作，抢占有利的位置与手臂动作配合干扰对方传、接球，封盖投篮和抢、打、断球，最大限度地破坏对方进攻，以达到争夺控球权的目的。

防守技术对队员的身体素质、个人防守技术等各方面提出了更高的要求。一方面，个人防守技术的好坏反映一名队员的防守能力，个人防守能力是全队防守的基础。只有成功地做好个人防守，才能更好地去进行配合防守和完成全队整体防守的任务。另一方面防守技术是综合各种技术动作，因此要求运动者要具备良好的速度素质、力量素质、灵敏素质、柔韧素质等综合素质。

第二节　高校篮球一般体能训练方法

一、篮球一般力量素质训练

(一)常用的训练方法

(1)最大负荷法。主要采用大重量进行训练，即最大负荷量的 90%～100%的负荷做 1～2 次练习，学生做 8～10 组练习可很好地发展最大力量。

(2)累加训练法。在训练过程中，使学生所负重量不断增加，直到极限，这样训练力量可快速增长。

(二)手指、手腕、手臂肌肉群训练方法

(1)空手用力张握，速率要快，持续时间 15～30 分钟；张开的指，快速用力下扣手腕，持续时间为 15～30 分钟。

(2)手指和掌心向下抓住铅球并上提，在上提的过程中松手，在球下落时，由另一只手接抓铅球。

(3)两人一组,对传实心球。

(4)握哑铃,做翻腕练习。

(5)两人一组,各紧握接力棒一端,反向捻转接力棒对抗。

(三)腿部力量与弹跳力训练方法

(1)肩负最大负荷的80%左右的杠铃,做半蹲或全蹲,慢蹲快起,重复3～4次。

(2)肩负杠铃在软地或地毯上做半蹲跳,杠铃重量为最大负荷量的40%～50%,每组8～12次,做4～6组。

(3)肩负杠铃做箭步交换腿跳,杠铃重为最大负荷量的40%～50%。

(4)徒手或负重,做单腿深蹲起;双足做连续跳、多级跳。

(5)徒手或负重跳栏架、原地双脚跳起摸篮板。

(四)腰腹力量训练方法

(1)仰卧斜板起坐,即仰卧屈膝起坐、仰卧双手握住同伴的双踝做收腹举腿(同伴双手用力将练习者举起的腿推下)、俯卧"两头起"(尽量出背弓)。

(2)借助单杠,双臂悬挂,做收腹举腿成90°,并保持4～5秒。

(3)双手向头后抛掷实心球练习。

(4)宽握杠铃,做直臂直举;40～50千克杠铃做高立抓举。

(5)肩负杠铃,做体前屈起(不准弓腰起);肩负杠铃,做转体,脚平行开立稍宽于肩,直膝转体,脚掌不能动。

(五)综合器械训练方法

1.上斜卧杠铃提举

从器械架上抓取杠铃,屈肘,使杠铃下降至上胸部,向上推举杠铃至手臂伸直,还原(图6-1)。重复上述动作。

图 6-1

2.坐式夹胸器夹胸

推动活动臂在胸前夹拢闭合，然后使两活动臂向后，还原(图 6-2)。重复上述动作。

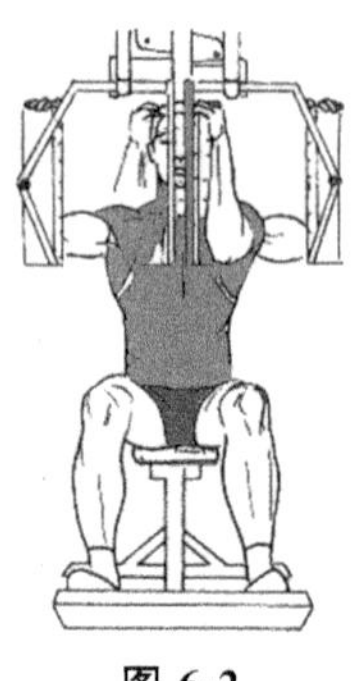

图 6-2

3.直立提踵

通过踝关节尽量跖屈使足跟抬高，坚持片刻，至小腿有拉伸感时足跟下落(图 6-3)。重复上述动作。

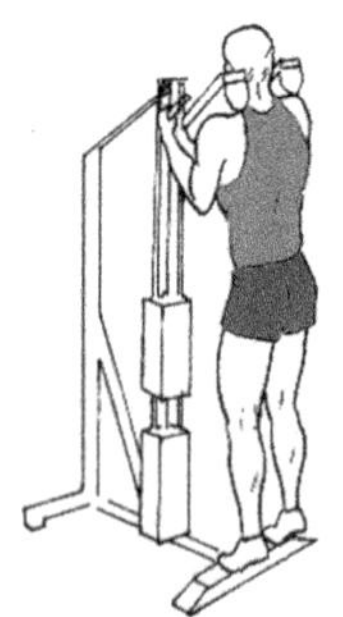

图 6-3

4.坐式双臂平拉

肘关节保持屈曲±10°,手握手柄尽力后拉,还原(图 6-4)。重复上述动作。

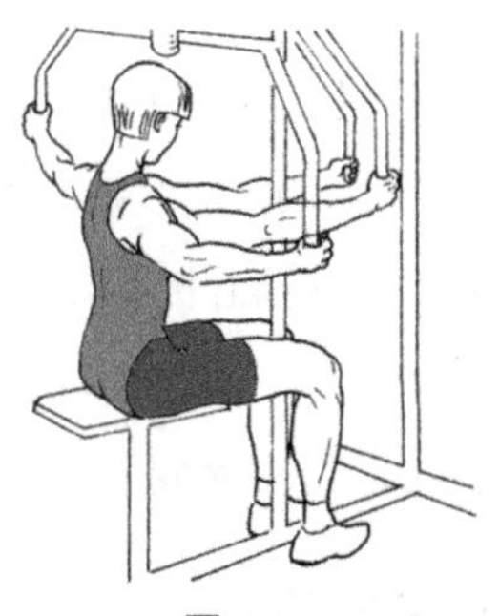

图 6-4

(六)篮球力量素质训练注意事项

(1)力量训练侧重于动力性练习,要与速度、弹跳、灵敏等素质和篮球技术的练习结合进行。

(2)要注重训练的协调和全面发展,避免局部负担过重。应当考虑学生特点、训练程度,做到有针对性的合理安排。

(3)力量训练时器材比较沉重,要注重安全,避免在训练时受伤。训练时应注意力集中,加强自我保护。

(4)要注重力量训练的周期性和系统性。力量训练中要注意练习安排的顺序,速度力量练习应安排在力量耐力练习前面进行。

(5)力量训练之后会出现肌肉酸胀感,应注意安排放松练习。训练结束之后应采取积极的恢复措施,如按摩、水浴等,消除不适感。

二、篮球一般速度素质训练

学生的速度训练主要为提高学生起动、快跑以及无氧供能能力。其主要的训练方法如下。

(一)各种基本步法训练方法

(1)高抬腿跑训练。学生高抬腿跑时,要求脚前掌落地,抬膝时保持身体伸展。当一条腿伸直时,另一条腿的大腿要与地面保持平行。当膝盖抬到最高点时(大腿与地面平行),脚踝向后勾,脚置于膝盖的下方。此外,还应注意运用正确的手臂动作。

(2)小步跑训练。学生双膝稍弯,身体成一条直线(即肩、髋、膝和踝关节成一条直线),尽可能提踵。跑动时,前脚掌着地,尽可能蹬伸,双膝微屈,双脚交替。着地时注意用前脚掌,而不是整个脚底。当右脚蹬离地面时,左脚要划过地面。

(二)各种起动跑训练方法

(1)原地或移动中,根据教练员的信号突然起动快跑。

(2)5 米折回抢滑步。

(3)不同距离折回跑。

(4)起跳落地,立即起动侧身加速快跑。

(5)用各种姿势起动,全速跑 10～30 米。

(6)四步加速跑。在球场上标出四步加速跑的位置:离起跑线 66～76 厘米为第一步;第一步和第二步之间距离 92～230 厘米;第二步和第三步之间距离 117～127 厘米;第三步和第四步之间距离 142～152 厘米。学生用 1/4 的速度跑完 4 步,各步之间不要停顿。跑时要用力摆动手臂(手臂摆动力量越大,腿部的蹬地力量越大)。注意摆臂动作和膝盖上顶动作。在熟练掌握了 1/4速度的技巧之后,再用 1/2 速度,然后 3/4 速度,最后是全速进行加速跑训练。

(三)篮球速度素质训练注意事项

(1)教练员应了解专项速度的特点,做到有针对性的训练。应了解学生自身的特点及不足。

(2)发展学生的速度素质应注意其年龄特征。速度训练时身体应处在良好的运动状态。

(3)注意以发展力量和柔韧性来促进学生速度素质,在训练过程中可增加合理的负重力量练习。

三、篮球一般耐力素质训练

耐力训练即为提高学生的摄氧、输氧及用氧能力,使其各身体器官适应长时间负荷的承受能力。

(一)有氧耐力训练方法

有氧耐力训练的主要方法有以下几种:

(1)变速跑。通常在场地上进行。快、慢跑距离和地点根据专项任务与要求制定。负荷强度由低到高,心率控制在130～150次/分钟、170～180次/分钟。练习持续时间在30分钟以上。

(2)匀速持续跑。跑的负荷量尽可能多,运动时间在1小时以上。心率控制在150次/分钟左右。要求匀速连续地跑。

(3)间歇跑。训练负荷量较小,训练中每一次练习的持续时间不长。负荷强度较大,心率达到170～180次/分钟。在身体尚未完全恢复的情况下进行下一次练习,心率在120～140次/分钟。要求整个训练的持续时间尽可能延长,至少30分钟以上。练习之间采用积极休息方式,如放松走和慢跑。

(4)水中快走或大步走。在深30～40米的浅水池中,做快速走或大步走练习,每组200～300米或100～150步,4～5组,间歇5分钟,强度为50%～55%。

(5)越野跑。在公路、树林、草地、山坡等场地进行,一般跑的距离在4 000米以上,最多可达10 000～20 000米。跑的速度可以适当变化。心率控制在150～170次/分钟。如以时间计的话,运动时间在1.5～2小时。

(6)3分钟以上跳绳或跳绳跑。在跑道上做两臂正摇原地跳绳3分钟或跳绳跑2分钟。4～6次,间歇5分钟。强度为45%～

60%。要求每次结束时，心率在140～150次/分钟，恢复至120次/分钟以下开始下一次练习。

(二)无氧耐力训练方法

无氧耐力训练的方法主要有以下几种。

(1)原地间歇高抬腿跑。要求学生原地做快速高抬腿练习。如发展非乳酸性无氧耐力，则可做每组5秒、10秒、30秒快速高抬腿练习，做6～8组，间歇2～3分钟。强度为90%～95%。要求越快越好。为发展乳酸性无氧耐力，则可做1分钟练习，或100～150次为一组，6～8组，每组间歇2～4分钟。强度为80%，要求动作规范。也可前支撑做高抬腿跑练习。

(2)原地或行进间做车轮跑，每组50～70次，6～8组，组间歇2～4分钟。强度为75%～80%。

(3)高抬腿跑转加速跑。行进间高抬腿跑20米左右转加速跑80米。重复5～8次，间歇2～4分钟。强度为80%～85%。

(4)间歇后蹬跑。行进间做后蹬跑，每组30～40次或60～80米，重复6～8次，间歇2～3分钟。强度为80%。

(5)反复起跑。蹲踞式或站立式起跑30～60米，每组3～4次，重复3～4组，每次间歇1分钟，组间歇3分钟。

(6)反复连续跑台阶。在每级高20厘米的楼梯或高50厘米的看台上，连续跑30～40步台阶，每步2级，重复6次，每次间歇5分钟。强度为65%～70%。要求动作不间断，也可定时完成。

(7)反复跑。跑距为60米、80米、100米、120米、150米等。重复次数应根据距离的长短及学生水平而定。一般每组3～5次，重复4～6组，组间歇3～5分钟。强度一般的心率控制，如短于专项的距离，练习时心率应达180次/分钟，间歇恢复至120次/分钟时，就可以进行下次练习。如发展乳酸耐力，距离要长些，强度小些。

(8)计时跑。可做短于专项距离的重复计时跑或长于专项距离的计时跑。重复次数4～8次(根据距离而定)，间歇3～5分钟。强度为70%～90%，根据学生水平及跑距而定，距离短，强度大些。

(三)篮球耐力素质训练注意事项

(1)学生的个人意志决定着耐力的发展水平，自控能力强、意志坚定的学生能够承受更大的负荷，能够更好地克服自身的疲劳。因此心理方面的鼓励和训练是必不可少的，并应该予以高度的重视。

(2)通过训练增强学生有氧代谢能力，在初期应以增强心肺功能为主。对具有一定训练水平的学生，应以增强在进行篮球运动时骨骼肌利用氧的能力为主，提高肌肉自身工作的耐力。

(3)在进行耐力训练时，负荷量较大，对于体能的消耗十分巨大，因此在训练之后应采取积极的措施进行恢复，积极摄取和补充人体所必需的各种能量和营养物质。

(4)在进行耐力训练时，由于个人体质的差异性，可能适应大多数人的训练水平并不能满足个人的训练要求，因此，学生应充分了解自身的身体特点以及训练的承受能力，积极主动地进行训练。

四、篮球一般灵敏素质训练

(一)变向移动类训练方法

(1)绕障碍物跑。在场地上设置6根标杆或球，以最快速度绕杆(球)跑完全程。

(2)15秒往返跑或4×10米往返跑。可采用比赛的方式进行。

(3)侧跨步。学生位于三条相隔12～15米的中间的一条线上，向左、右两侧线跨步，触及一条线后跨向另一条线，在10秒内完成。

(4)两人一组,防守队员进行堵拦,进攻队员在场内做变向动作设法摆脱防守队员的堵截,以端线为起始位置。

(二)动作转换类训练方法

(1)在规定时间内,手脚着地从端线快速爬到中线,然后站起双足跳10个,之后冲刺跑返回端线。

(2)教练口头或手势示意急停、急起运球练习。

(3)立卧撑。学生迅速由站立到下蹲,两手在足前撑地,两腿向后伸直,在规定时间内完成最多的次数。

(三)篮球灵敏素质训练注意事项

(1)灵敏素质练习以其他练习为基础,在训练时应注重与其他素质训练方式相结合。

(2)在练习过程中,教练员应示以明确、快速的信号,提高学生的观察判断和反应能力。

(3)灵敏训练的时间不宜过长,次数不宜过多,进行练习时身体状况良好。

(4)在练习时适量加大移动和旋转难度,以提高身体的平衡能力和协调能力。

五、篮球一般柔韧素质训练

(一)篮球一般耐力素质基本训练方法

(1)两手手指交叉相握,手心向前做压指、压腕动作;手臂向下、向前、向上充分伸展;身体向左或向右充分伸展。

(2)两臂做不对称大绕环转肩动作,在背后一手从上往下,另一只手从下往上,两手在背后做拉伸练习。

(3)并腿直立,上体前屈,手摸脚或地面;或身体侧转用手摸异侧脚脚跟。

(4)两腿开立,髋关节向前送,手摸脚跟。

(5)两腿前后开立,两脚跟着地做弓箭步向下压腿。

(6)左右弓箭步练习,手放在脚上,连续左右弓箭步练习。

(二)篮球柔韧素质训练注意事项

(1)柔韧素质的发展要从小培养。科学实践证明,柔韧素质发展的敏感期是5～10岁,所以在此期间要抓紧练习,并在10岁以前使柔韧素质得到较好的发展。随着年龄的增长,身体各部位的柔韧性训练将会更加困难。

(2)循序渐进,持之以恒。在开始进行柔韧性练习时会有强烈的痛感,而且只有长期的坚持才能起到应有的效果,因此,学生必须具有坚定的毅力,持之以恒,使身体逐渐适应。

(3)柔韧素质的发展要兼顾相互关联的身体各个部位。在训练时应循序渐进,使柔韧性逐步得到提高。学生的柔韧性是身体各个部位的整体的柔韧性,在练习时应该注重各个部位之间的关联性,使整体的柔韧性协调发展。

(4)柔韧素质练习要注意外界环境。外界环境对于人体的柔韧性具有一定的影响,当温度较高和较低时,都会影响柔韧性的发展。科学实践表明,当外界温度在18℃时,人体各部位肌肉伸展状况到达最佳,最适合柔韧性的发展。

(5)柔韧练习时要防止受伤。柔韧性训练是对人体的各肌肉和韧带的拉伸和伸展,如果训练的方法不当,可能出现拉伤事故。因此,柔韧性训练要注重训练方法的科学性,既要保证训练的效果,同时还要防止受伤。在进行柔韧性训练之前应该做适量的热身运动,在练习中避免用力过猛。

第三节　高校篮球专项体能训练方法

一、篮球专项体能基本训练方法

(一)篮球专项体能的速度素质训练

(1)小步跑、后踢腿跑、高抬腿跑、交叉步跑、后退跑或原地快速中突然改变为加速跑,以及多种脚步动作的转换练习。

(2)5～8 米往返跑或全场四点折回跑。10 米、20 米、30 米、100 米加速跑或变速跑。

(3)根据教练员手势或信号,做传球或运球的快速起动和急停。

(4)快速运球上篮或全场运球 3～4 次上篮。两人一组端线开始,全场三传上篮,往返 2～4 次为一组。

(5)两人一组站在端线外,前后相距 2～3 米,前面的队员快速运球上篮,后面队员干扰他的动作。

(6)传球或运球的接力赛。

(7)边线外前场传高吊球或地滚球,一人迅速起动加速跑,接球上篮。

(二)篮球专项体能的爆发力训练

(1)全场连续多级跳。

(2)全场连续蛙跳。

(3)中场三级跳上篮。

(4)连续快速跳起摸高。

(5)1 打 2、2 打 3、3 打 4 练习。

(6)顶挡拼抢篮板球。

(7)负重投篮。

(三)篮球专项体能的灵敏游戏训练

在灵敏性游戏的设计、选择、运用中,要注意把思维判断、快速反应、协调动作、节奏感等内容有机地结合起来。进行游戏时,要严格执行规则,防止投机取巧,注意安全。

1.传球触人

游戏目的:提高快速传接球的能力和灵活性。

场地器材:篮球场地、篮球1个。

游戏方法:队员分散在场内任意跑动,指定两人传球,在不准走步、运球的情况下,传球人通过传球去追逐并及时用球去触及场上跑动的人,被触及者参加到传球人的行列,最后看谁没被触及。

游戏规则:徒手队员不准超出规定的场地线,否则算被触及;传球人只能用传球去"触及"徒手队员,否则无效。

2.攻守投篮

游戏目的:提高灵敏性和应变能力。

场地器材:篮球场地、篮球2个。

游戏方法:将队员分为人数相等的两队,每队8人,双方各有一名队员手持球站在本方半场的端线外准备发球。游戏开始,当裁判员鸣笛后,各自发球开始比赛,两队同时在场上传球、运球、突破,力求将球投入对方篮内得分;同时又要设法阻截和防止对方将球投进本方篮内,并积极抢断对方的球,组织反攻。在规定时间内,进球多者获胜。

游戏规则:比赛中出现犯规、违例、传球出界等情况时,均判对方在犯规、违例方的半场发界外球。

3.你抓我救

游戏目的:提高跑动速度和灵敏性,以及反应和躲闪能力。

场地器材:篮球场地。

游戏方法:制定球场的中圈为"禁区",选出参加游戏中的5人为追逐者,其余人作为被追逐者将在场内任意跑动。追逐者把抓到的被追逐者送到"禁区"内。没有被抓到的被追逐者可设法避开守在"禁区"旁边的追逐者去营救"禁区"内的同伴。直到所有被追逐者全被抓完送进"禁区",或"禁区"内的被追逐者全被营救完为止。另换一批追逐者和被追逐者继续游戏。

游戏规则:在"禁区"外的被追逐者用手击"禁区"内的人的手掌为营救成功;如果在"禁区"外的人在营救"禁区"内的队员时又被追逐者抓到,同样要到"禁区"内等待营救;被送到"禁区"内的人不得自行离开;追逐者只有抓住被追逐者才有效,仅仅拍到无效。

4.追捕

游戏目的:提高移动速度和灵活性。

场地器材:篮球场地。

游戏方法:游戏者全部分散在球场上任意跑动,指定其中两人为追捕手。游戏开始,凡是被追捕手触及的人必须用一手按住被触及的部位继续跑动,避开追捕手的触及。如果第二次被触及,就用另一只手按住第二次被触及的部位继续跑动。在第三次被触及时此人就必须退出场外,等到第二个退出场外的人一起组成新的追捕手(组),再去追捕其他人。在新的追捕手上场时,被原追捕手触及的人即可"解放",跑动时一手或双手可不再按住被触及的部位,但若被新的追捕手触及则仍需要按住被触及的部位再进行跑动。如此循环直至规定游戏时间到为止。

游戏规则:追捕手的手触及被追捕队员方算有效,不得推、抓、拍打人,否则罚其连续再追捕两人后方可替换;以球场为界,跑出球场算自动离场,按被第三次触及处理。

5.突围

游戏目的:提高对抗力量、反应能力和灵活性。

场地器材：篮球场地。

游戏方法：把队员分为人数相等的甲、乙两队。先由甲队队员相互握手腕站成一个圆圈，把乙队全体队员围在圆圈内。游戏开始，乙队队员要设法从圈内挣脱出圈，甲队队员要设法组织防止对方从圈内向外突围。到规定时间为止，双方交换圈内外角色。一个回合后计算双方突围人数的多少，突围人数多的队获胜。

游戏规则：圈外的队员可用握住的手拦住对方，但不能松手抓对方，否则犯规；圈内的队员只能使用巧法而不是用手拉开对方握住的手腕突围，否则犯规；若圈外队员犯规，判对方突围成功；如果圈内队员犯规，则突围无效。

6.卡位抢球

游戏目的：提高快速反应能力和拼抢卡位能力。

场地器材：篮球场地一块。

游戏方法：队员两人为一组，将全班分成若干组，两人相距约1米间隔站立，每组之间也相距1～2米，每组的两人间前方2米处放一个篮球。开始为基本站立，然后听哨声响后同时去抢球，抢到球者获胜。

游戏规则：只准用手抢球，否则判为负；避免冲撞，如有意冲撞对方则立即判其出局。

二、篮球专项体能持球训练方法

（一）全场快攻传球训练

2人、3人、4人全场往返传接球上篮。在练习时，学生全速奔跑，要求球不能触地，在无任何失误的条件下连续进行30个来回。该练习方法能够提高学生的专项速度及专项耐力。

(二)多球传球训练

队员①、②、③、④与⑥或⑦分别站立在⑤的两侧,并将⑤围在中间。①、②、③、④不停地传球给⑤,队员⑤传球给⑥或⑦,之后再传回前排球员,使之形成传球的循环。在练习时,可用1~5个球。传给球员⑤的速度不断加快,直到⑤出错。可用多种方式传球,前排的队员应控制好传球的节奏,并注意接底线队员传来的球。各位置队员轮转练习。该种传球练习方法能够提高学生在疲劳状态下的传接球技术,同时,还能够训练学生的体能。

(三)30秒快速投篮训练

在场地中任选A、B两点,学生尽可能快速地从A移动到B点,然后接球投篮,在30秒钟时间内投中8个2分球或6个3分球。该练习方法能够使学生提高在比赛时的速度及在疲劳状态下的投篮能力。

(四)对抗投篮训练

队员分3组,每组三人,以篮筐为中心三组垂直于篮筐站立。将球放在地板上。①捡球投篮,如果投不中,①组的其他队员抢篮板补篮;①得分后排到队尾,②重复以上练习。当①、②、③都练习完后将球传给其他组的球员进行相应的练习。

三、篮球专项体能综合与循环训练方法

(一)篮球专项体能的综合训练

这里所说的综合训练,主要是指大强度投篮训练,具体方法如下。

1.运球上篮训练

学生持球站在右侧3分线外,接到开始信号后,用右手运球

上篮并抢获篮板，仍用右手运球至另一侧3分线外，然后换左手运球上篮并抢篮板，之后左手运球回到原出发点。如此方法连续进行。

2.快速移动接球投篮训练

投篮队员站在右侧3分线外，另一名队员站在篮下抢篮板并传球；投篮队员投篮后快速跑至左侧3分线外接球投篮，然后快速跑回原地点接球投篮。如此方法连续进行。

3.抛球—接球投篮训练

队员持球站在右侧3分线外，跳投后冲抢篮板球并将球抛向左侧3分线外，然后快速跑至左侧3分线外接球，然后进行跳投。如此方法连续进行。

4.冲刺跑—投篮训练

队员持球站在篮下，投篮或扣篮后立即跑向罚球线并用手触摸罚球线，然后捡球投篮（在捡到球的地点），再跑向罚球线并用手触摸罚球线，捡球投篮（在捡到球的地点）。如此反复进行，速度要快。

5.迎前防守—投篮训练

2人一组1球，一名队员站在篮下，传球给站在3分线附近的另一名队员后立即迎前封堵；另一名投篮队员接球后面对防守进行跳投，然后冲抢篮板球并将球传给刚才防守的队员，并快速迎前封堵其投篮。如此反复进行训练。

6.分组投篮训练

4人一组2球，两名队员持球分别站在离圈顶8米外传球，另两名队员接球投篮，传球队员只将球传给同一投篮队员，投篮队员只在球篮一侧投篮。投篮队员要用跳投和运球上篮两种方式得分,在投篮后抢获篮板球,并将其传给传球者。如此反复练习。

(二)篮球专项体能的循环训练

循环训练要求按照严格的重复次数、休息时间完成各项练习。在训练过程中,间歇和训练有周期的交替,在每项练习的基础上完成一整套的练习。

练习方法一:

(1)负重 20 千克杠铃增强二头肌。

(2)10 千克哑铃练习,练习三角肌。

(3)负重 60 千克杠铃提踵练习,增强踝关节力量。

(4)55~60 千克杠铃卧推。

(5)颈后负重 10 千克练习背肌。

(6)负重 60 千克杠铃半蹲起。

(7)单杠做引体向上。

(8)双手持 15~20 千克杠铃片双手水平左中右平伸。

(9)肩负重 55 千克杠铃蹬 60 厘米高度(左右腿交替)。

(10)20 米高抬腿和后提腿然后各接 10 米冲刺跑 3×20 秒,休息 1 分钟,循环训练。

(11)在 10 秒内,跑 45°角坡 20 米,休息 1 分钟,循环训练。

(12)单足跳 20 米接 10 米冲刺跑 3×20 秒,休息 1 分钟,循环训练(左右腿交替)。

(13)后蹬跑 20 米接 10 米冲刺跑 3×20 秒,休息 1 分钟,循环训练。

(14)20 米全速跑 3×5 秒,休息 1 分钟,循环训练。

(15)收腹跳接 10 米冲刺跑 3×18 秒,休息 1 分钟,循环训练。

练习方法二:

(1)全场 3 分钟后撤步练习,强度 70%;2 人一组罚球 2 分钟。重复练习 1 分 30 秒,强度 80%;消极休息 45 秒。

(2)全场连续端线起动至中场接后退跑至端线 2 分 30 秒,强度75%;2人一组罚球1分30秒。重复练习1分钟,强度90%;消极休息30秒。

(3)全场后滑步往返2分钟,强度80%;2人一组罚球1分钟。重复练习45秒,强度100%,消极休息2分钟。

四、篮球专项体能训练案例分析

篮球专项体能训练要根据实际情况进行有针对性、有侧重点地训练。不管是什么样的训练,都要按照一定的训练计划进行。下面就以12周的篮球赛前体能训练计划为例,来对篮球专项体能训练进行分析。

篮球赛前体能训练的每次训练安排都列在表6-1中,同时,表中也将每天不同的训练内容进行了注明,其内容主要包括跑的距离、重复的次数和休息的时间间隔。

需要注意的是,在表中,400米、200米、100米和80米正常跑是高强度跑,但并不是全力跑,其速度大约是全速的四分之三。极速跑要求全力进行,其距离大约是60米或更短一些。另外球场体能训练也要求是全速跑。严格按照下列训练计划进行训练,将取得好的训练效果。

表6-1　12周赛前体能训练计划

周	天	训练量	间隔休息时间
第1周	第1天	400米正常速度跑4组	2.5分钟
	第2天	400米正常速度跑4组	2.5分钟
第2周	第1天	400米正常速度跑6组	2.5分钟
	第2天	400米正常速度跑6组	2分钟
第3周	第1天	200米正常速度跑10组	1.5分钟
	第2天	200米正常速度跑10组	1.5分钟

续表

周	天	训练量	间隔休息时间
第 4 周	第 1 天	200 米正常速度跑 12 组	1.5 分钟
	第 2 天	200 米正常速度跑 12 组	1 分钟
第 5 周	第 1 天	100 米正常速度跑 2 组	30 秒钟
		80 米正常速度跑 2 组	30 秒钟
		60 米全速跑 12 组	30 秒钟
	第 2 天	100 米正常速度跑 2 组	30 秒钟
		80 米正常速度跑 2 组	30 秒钟
		40 米全速跑 12 组	30 秒钟
第 6 周	第 1 天	100 米正常速度跑 2 组	30 秒钟
		80 米正常速度跑 2 组	30 秒钟
		60 米全速跑 12 组	30 秒钟
	第 2 天	100 米正常速度跑 2 组	30 秒钟
		80 米正常速度跑 2 组	30 秒钟
		40 米全速跑 12 组	30 秒钟
第 7 周	第 1 天	100 米正常速度跑 2 组	30 秒钟
		80 米正常速度跑 2 组	30 秒钟
		60 米全速跑 2 组	25 秒钟
		40 米全速跑 2 组	25 秒钟
		20 米全速跑 2 组	25 秒钟
		10 米全速跑 4 组	25 秒钟
		20 米全速跑 2 组	25 秒钟
		40 米全速跑 2 组	25 秒钟
		60 米全速跑 2 组	25 秒钟
	第 2 天	6 次跑训练 2 组	25 分钟
		X 跑训练 2 组	1 分钟
		17 次跑训练 1 组	2 分钟

续表

周	天	训练量	间隔休息时间
第8周	第1天	100米正常速度跑2组	30秒钟
		80米正常速度跑2组	30秒钟
		60米全速跑2组	25秒钟
		40米全速跑2组	25秒钟
		20米全速跑2组	25秒钟
		10米全速跑4组	25秒钟
		20米全速跑2组	25秒钟
		40米全速跑2组	25秒钟
		60米全速跑2组	25秒钟
	第2天	折返跑2组	1分钟
		X跑训练2组	2分钟
		17次跑训练2组	2分钟
第9周	第1天	全场快速运球跑训练1组	1分钟
		全场Z字形快速运球跑训练1组	1分钟
		边线冲刺打板进球训练2组	1分钟
		X跑训练2组	2分钟
		折返跑2组	1分钟
	第2天	胸前传球全场极速跑训练1组	1分钟
		反弹传球全场极速跑训练1组	1分钟
		半场冲刺,罚球区拐角处跳投训练2组	1分钟
		变速跑训练2组	1分钟
		间歇跑训练1组	1分钟
第10周	第1天	全场快速运球跑训练1组	1分钟
		全场Z字形快速运球跑训练1组	1分钟
		边线冲刺打板进球训练2组	1分钟
		X跑训练2组	2分钟
		纵向6次跑训练2组	1分钟
	第2天	胸前传球全场极速跑训练1组	1分钟
		反弹传球全场极速跑训练1组	1分钟
		半场冲刺,罚球区拐角处跳投训练2组	1分钟
		变速跑训练2组	1分钟
		间歇跑训练1组	1分钟

续表

周	天	训练量	间隔休息时间
第 11 周	第 1 天	全场快速运球跑训练 1 组 全场 Z 字形快速运球跑训练 1 组 边线冲刺打板进球训练 2 组 胸前传球全场极速跑训练 1 组 反弹传球全场极速跑训练 1 组 半场冲刺，罚球区拐角处跳投训练 2 组 X 跑训练 1 组 17 次跑训练 1 组	1 分钟 1 分钟 1 分钟 1 分钟 1 分钟 1 分钟 2 分钟
	第 2 天	全场快速运球跑训练 1 组 全场 Z 字形快速运球跑训练 1 组 边线冲刺打板进球训练 2 组 胸前传球全场极速跑训练 1 组 反弹传球全场极速跑训练 1 组 半场冲刺，罚球区拐角处跳投训练 2 组 间歇跑训练 1 组	1 分钟 1 分钟 1 分钟 1 分钟 1 分钟 1 分钟
第 12 周	第 1 天	全场快速运球跑训练 1 组 全场 Z 字形快速运球跑训练 1 组 边线冲刺打板进球训练 2 组 胸前传球全场极速跑训练 1 组 反弹传球全场极速跑训练 1 组 半场冲刺，罚球区拐角处跳投训练 2 组 ×跑训练 1 组 17 次跑训练 1 组	1 分钟 1 分钟 1 分钟 1 分钟 1 分钟 1 分钟 2 分钟
	第 2 天	全场快速运球跑训练 1 组 全场 Z 字形快速运球跑训练 1 组 边线冲刺打板进球训练 2 组 胸前传球全场极速跑训练 1 组 反弹传球全场极速跑训练 1 组 半场冲刺，罚球区拐角处跳投训练 2 组 间歇跑训练 1 组	1 分钟 1 分钟 1 分钟 1 分钟 1 分钟 1 分钟

在训练时要按照表 6-1 中所列出的顺序进行，如此则能够使篮球专项体能水平得到有效的提高。另外，也可以根据实际情况，将所要练项目先练一遍，再回头做 2 组中剩余的 1 组。但是，不管用哪种方式进行训练，都要求注意，当有 17 次跑训练和间歇跑训练时，要安排在最后练习。

第七章　高校篮球技术教学研究

篮球技术是篮球运动员参与篮球比赛的基本手段，也是篮球战术的重要组成元素。高校学生只有掌握了篮球运动的各种技术，才能提升自身的篮球技战术水平。学生在学习各项篮球技术的同时还应该通过系统的训练使这些技术运用得更加娴熟，从而更好地在篮球比赛实践中运用与实施。本章将对篮球技术的基本理论进行阐述，同时对篮球运动的进攻技术与防守技术的教学训练分别进行指导。

第一节　高校篮球技术基本理论

一、篮球技术的概念与分类

（一）篮球技术的概念

对于篮球技术的概念，一般可以从技能方法与实践应用两个方面对其进行详细的分析，具体如下。

一方面，从技能方法的角度来看，篮球技术是篮球运动员在篮球运动中以进攻与防守为目的而选用的相应动作方法。篮球技术是动作模式的理想化形式，是规范化了的动作模式。篮球技术在动作方法上具有专门性与合理性。这种专门性与合理性主要表现在四个方面：篮球技术与篮球竞赛规则的要求相符；篮球技术对攻守对抗的需要具有适应性;篮球技术与人体运动的科学原理相符,篮球运动员的个人特点也能够在篮球技术中充分体现出来;在篮球比赛中,攻守对抗的具体任务能够通过篮球技术得到解决。专门性与合理性的篮球技术具体表现在篮球移动动作、篮球控制与支配动作,对篮球的争夺动作以及这些动作的组合。

另一方面,从实践应用的角度来讲,篮球技术是一种在实践比赛中对专门的攻守动作进行具体运用的能力。从这一方面来讲,篮球技术不只是运动员重复篮球动作模式,更是篮球运动行为与操作技巧的有意识的表现。具体表现在,运动员在篮球比赛中进行进攻或防守时单独运用技术动作,或者与同伴一起运用技术动作,共同协作配合,去争取时空上的主动性。运动员的篮球竞技水平与能力也能够通过篮球技术衡量出来。运动员在篮球比赛中以篮球技术为竞技的基本手段进行进攻与防守。运动员的智力水平、技术能力、身体素质以及心理素质、体育道德、经验和创造能力等都可以通过篮球技术集中反映出来。同时,运动员在运用专门动作的技巧性和实效性也是运动员创造性的重要表现。

技能方法以及实战应用是篮球技术以不同角度在篮球运动对抗过程之中存在的两个本质和现象。篮球技术的掌握是对篮球战术进行运用的基础条件,任何战术方法的使用与战术目的的实现都离不开对准确的篮球技术动作和应变方法的掌握。由此可见,篮球技术是篮球运动的重要构成部分,它对于篮球运动的其他构成要素来说具有重要的基础性的作用。

(二)篮球技术的分类

篮球技术的分类与分析是运用科学的方法去区别篮球运动本体内容与把握认识这些内容的一种思维方法。一般来说,对篮球运动的分类应该遵循从简单到复杂、由特殊到一般的原则,从现象中找出异同,再进行分组分类(类有大小和层次之分),并使之系统化,从而进一步了解其各类的属性、结构、特点、作用以及与同类或不同类事物之间的关系等。对篮球技术进行科学的分类，主要应该把握好三个方面的依据，即篮球攻守对立统一的规律、人体运动科学的原理以及篮球技术动作的任务。

目前，将篮球技术划分为进攻技术与防守技术是篮球技术的主要划分类别。这两大类篮球技术具体又包括若干类动作，这些动作或者具有相似的结构，或者具有相同的作用，或者具有不同的动作方法。这些既有区别又有联系的技术动作共同构成了篮球技术分类的系统化体系。具体来说，篮球进攻技术与防守技术还可以进行进一步的层次划分，如传接球、投篮、运球与突破是进攻技术的主要内容，防守技术的主要内容包括防守对手、抢球、打球与断球，进攻技术与防守技术的共同动作是移动与抢篮板球技术。

二、篮球技术的特点与运用

(一)篮球技术的特点

与其他运动项目的技术不同，篮球运动的技术有着自身的特点，主要表现在以下几个方面。

1.随机应变

随机应变的特点是由篮球运动比赛变幻莫测的形势所决定的。不可否认，篮球技术中具有相对稳定的动作环节，这是其与其他运动技术的相同之处，但是在具体的篮球比赛过程中，竞争激烈、节奏快，运动员必须结合场上瞬息万变的赛况，随着环境的变化而发生变化，随着对手的变化而有所变化，灵活运用篮球技术，并为了应对变化需要及时做出应答动作的开放性技能。这就是篮球技术的随机应变性。篮球技术的随机应变性要求运动员在攻守对抗的各种不同条件下去随机应变组合动作，创造性地完成各种攻守任务。

2."人球合一"

"人球合一"是篮球技术最为显著的特点之一,篮球运动员用手直接控制与支配篮球是篮球技术的特点中最为明显的。运动员在充分运用手的同时,还要同时配合全身的运动。各种专门的篮球动作就是篮球运动员的手与全身相互配合而形成的。运动员在用手部动作控制、支配与争夺球的同时,身体动作也参与其中,"人球合一"正是篮球运动员在篮球运动中运用篮球技术的魅力所在。

3.时间与空间的较量

现代篮球比赛是时间与空间的激烈较量。从本质上讲,篮球运动是比赛双方攻守对抗的一个动态过程,双方运动员都是在动态和对抗中完成篮球技术的操作的,双方队员在争取时空主动上的合理性和创造性在篮球技术快速、准确、实用、多变等特征中都能够表现出来。

4.规范性与差异性

篮球技术的运用应该符合其客观规律(生物学规律、运动规律以及篮球规则),也就是说,篮球运动员运用篮球技术应该符合科学原理规范性。但是,鉴于篮球运动是一个动态变化的过程,因此篮球运动员还要根据实际情况突出技术运用的个体差异,可见篮球技术具有规范性与差异性相结合的特点。

规范性与个体差异相结合的特征也是其他竞技运动项目共同具有的技术特征,篮球技术在这方面更加突出。在篮球训练与比赛中,不强求动作外形的模式,而更应该讲求实效。

(二)篮球技术的运用

具体运用篮球技术时应该最大限度地去适应篮球比赛中变化的要求。具体来讲,篮球技术运用过程中主要应该注意以下三个方面的问题。

1.具备良好的身体素质

良好的身体素质是篮球运动员学习与掌握篮球技术的基础。运动员想要更好地掌握和运用篮球技术就必须具备良好的身体素质和体能,同时保持持续运动的身体机能,只有这样才能够在篮球比赛中争取更多的时间与空间,从而在篮球比赛中对篮球技术运用得更好,真正将篮球技术运用得更加灵活多变,从而为取得理想的比赛成绩奠定良好的基础。

2.培养良好的心理素质

篮球运动员的心理素质主要包括篮球意识、意志品质与情绪,篮球运动员良好的心理素质在很大程度上决定着篮球技术的发挥。因此,培养运动员良好的心理素质并以此来提高篮球运动员在实战中运用技术的能力是十分重要的。

良好的心理素质对于篮球技术的运用具有非常重要的意义,主要体现在:首先,意识对行动有支配作用,对技术运用有抉择、指向、支配作用;其次,意志品质坚定、有信心克服困难能够积极促进技术的运用;最后,只有情绪稳定,自控能力强,才能有效排除对内部与外部的干扰和影响,同时还有助于技术动作的正常操作甚至超常发挥。

3.掌握规范的技术动作

掌握规范的篮球技术动作是篮球运动员科学运用篮球技术的重要基础。一方面,掌握规范的技术动作对于篮球运动员形成正确的技术动作定型具有重要作用;另一方面,只有掌握规范的、熟练的单个技术,然后再将这些单个的技术有机地组合起来综合运用,才能够在比赛中灵活应对各种复杂多变的情况,从而使所学的组合技术更好地运用到实践中。

三、篮球技术发展的推动因素

篮球技术是一个不断发展的实践过程，它的发展是多种主客观因素共同推动的结果。具体来讲，篮球技术发展的推动因素主要包括以下几个方面。

（一）人的因素

人是篮球技术的主体与操作者，人直接推动着篮球技术的不断发展与完善。在篮球技术的产生与发展演变过程中，作为技术客观物质因素的体能，如速度、力量、耐力、跑、跳、投的能力及人的形态等都获得了非常巨大的发展。例如，现代篮球运动员的身高、体重、速度、力量等各项素质与20世纪50年代的运动员相比有了非常巨大的变化，这种巨大的变化为篮球技术的发展奠定了坚实的物质基础，使篮球比赛场中的攻守速度、篮球运动员的弹跳高度、对抗强度与以往相比产生了巨大的飞跃，很多高难度的篮球技术动作也应运而生，这也使得篮球运动比赛更加引人入胜。人这一主观因素的发展同时也为篮球技术的发展创造了非常广阔的空间，篮球运动员的知识水平、战术能力、心理品质等都在篮球技术的发展过程中都获得了飞速的发展，人们对于篮球运动客观规律的认识日益深刻。

（二）篮球规则演变的因素

例如，高大篮球运动员的出现与增多是近几十年来国际篮球运动发展的一项重要特征，这不仅在一定程度上促进了篮球技术的发展，同时也在某些方面对篮球技术的发展产生了消极影响。为了让高大篮球运动员的技术向快速、灵活、全面的方向发展，篮球规则做出一系列的调整：限制区的出现与扩大提高了高大篮球运动员的活动范围；篮球场地面积的增加让篮球运动员有了足够的空间来施展自己的技战术；增加三分线等其他规则都在一定程度上促进了篮球技术的发展。又如，篮球比赛所限定的3秒、5秒、8秒、10秒、24秒等时间方面的限制提高了篮球运动的比赛进度，一定程度上带动了篮球攻守之间的迅速转换，不仅促进了篮球技术的不断发展，同时也使得篮球比赛更加激烈精彩。

(三)对身体对抗认可的因素

在篮球运动发展初期，篮球规则规定不得产生身体接触，避免发生冲撞。而随着篮球比赛激烈程度的不断提升，篮球运动员之间的对抗不断加强，运动员之间的身体接触越来越频繁，为了使篮球比赛的对抗更为激烈，具有更好的观赏性，让更多的观众欣赏并投入到这项运动中来，在规则允许的范围内，运动员之间有了更多的身体接触与相互之间的对抗，这也使得篮球运动的攻守技术更加具有攻击性。因此，在篮球运动的教学以及比赛实践中，篮球教练员应该更加注重篮球组合技术动作的训练与强化，不断加强篮球运动员在对抗条件下完成动作能力的训练。

(四)篮球训练方法变革的因素

篮球训练方法的变革、改进与提高，能够加速篮球运动员掌握技术动作的数量与熟练程度，有效增强运动员技术动作之间的衔接，提高运动员在对抗条件下完成技术动作的能力。篮球运动非常讲求队伍的集体性，篮球运动的教学、训练以及比赛都需要在教师或者教练员的指导下科学地进行。自20世纪50年代以来，以运动生理学、运动生物力学等相关学科为基础的，以提高机体各器官系统机能的训练方法不断产生，同时以系统科学、信息论、控制论为指导的整体的、系统的观点来指导教学、训练与比赛的思想得到了非常广泛的应用，这些都使得人们在训练方法与指导思想方面都取得了质的飞跃。

第二节 高校篮球进攻技术教学

一、移动技术

(一)移动的技术分析

1.起动技术

篮球运动的起动技术,是指运动者由静止状态变为运动状态的一种动作,是运动者获得位移速度的方法。进攻时,突然快速地起动,是摆脱防守的有效手段之一,可以使运动者抢占有利位置,盯住对手。在高校篮球运动中,学生的起动应从基本站姿开始,以向前起动为例,后脚、向侧起动时,异侧脚的前脚掌短促有力地蹬地,同时上体迅速前倾或移动重心,手臂协调摆动,利用蹬地的反作用力,迅速向前迈出(图 7-1)。

图 7-1

2.跑的技术

(1)变向跑:变向跑是队员在跑动中利用突然改变方向完成攻守任务的一种跑动方法。如图 7-2 所示,从右向左变向时,最后一步用右脚前脚掌内侧用力蹬地，同时脚尖稍内扣，迅速屈膝，腰部随之左转，上体向左前倾，移重心，左脚向左前方跨出，然后加速前进。

图 7-2

（2）变速跑：变速跑是队员在跑动中，利用速度变化完成攻守任务的一种方法。由慢跑变快跑时，上体前倾，用前脚掌短促有力地向后蹬地，同时迅速摆臂，前两三步要小，加快跑的频率。由快变慢时，上体抬起，步幅加大，用前脚掌抵地，减缓冲力，从而降低跑速。

（3）侧身跑：侧身跑是队员在跑动中为了抢位，摆脱防守接侧向或侧后方传来的球而采用的一种跑动方法。跑动时，头部和上体转向侧面或有球的一侧，脚尖朝着跑动方向。跑动时，既要保持奔跑速度，又要保持身体平衡，双手自然放在腰侧。

3.跳的技术

跳是指队员在场上争取高度及远度的一种动作方法。高校篮球比赛中很多技术需要在空中完成。运动者必须能单脚或双脚在原地、跑动中、对抗条件下向不同方向跳或连续跳，而且在跳的过程中，应该尽量做到起跳快，跳得高，滞空时间长，且能在空中完成各种攻守动作。

（1）单脚跳：起跳时，两脚开立，屈膝快速下蹲，两臂相应后摆，上体前倾。然后，两脚用力蹬地、伸膝、提腰，两臂迅速向前上摆，使身体向上腾起。上体在空中要自然伸展，收腰，下肢放松，摆动腿自然伸直与起跳腿合并。落地时，双脚稍分开，用前脚掌先着地，并屈膝缓冲身体下落的重力，保持身体平衡，以便衔接下一个动作。单脚起跳多在助跑情况下运用。

(2)双脚跳:起跳时,两膝弯曲降低重心,两脚用力蹬地,同时提腰摆臂向上起跳;在空中时,身体自然伸展控制平衡;落地时,前脚掌先落地,屈膝缓冲,注意保持身体平衡,以便衔接其他动作。双脚起跳多在原地运用,也可以在上步、并步、跳步和助跑情况下运用。

4.急停技术

篮球运动的急停技术是指队员在快速移动中突然制动速度的一种动作方法,在高校篮球比赛中,急停是运动员利用各种脚步动作衔接和变化的过渡动作,多与其他技术结合使用。

(1)跨步急停:先向前跨出一大步,脚跟先着地并迅速过渡到全脚抵住地面,降低重心,身体稍后仰。第二步落地时,两膝深屈并内扣,身体稍侧转,两脚尖自然转向前方,前脚掌内侧用力抵住地面制动向前的冲力,上体稍后仰,两臂屈肘自然张开,上体迅速自然前倾,控制身体平衡(图 7-3)。

图 7-3

(2)跳步急停:跑动中用单脚或双脚起跳,使双脚稍有腾空。上体稍后仰,两脚平行或前后落地(略宽于肩)形成进攻基本站立姿势。落地时动作轻盈,身体在空中稍向任一方向自然侧转,以缓和前冲速度,落地后迅速降低重心,保持身体平衡(图 7-4)。

图 7-4

5.滑步技术

篮球运动中的滑步技术是指运动员在防守移动时的一种技术方法,滑步易于保持身体平衡,可向任何方向移动。可分为侧滑步(横滑步)、后滑步和前滑步。这里重点介绍前两种。

(1)侧滑步:以向左侧滑步为例,两脚左右开立同肩宽,膝微屈,上体稍前倾,两臂侧伸,眼平视,盯住对手。向左滑步时,右脚前脚掌内侧蹬地,同时左脚向左跨出,在落地的同时,右脚迅速随同滑行,然后继续重复上述动作。滑步时,身体不要上下起伏,要随时调整重心,保持身体平衡。动作结束时,恢复原来的身体姿势,并根据攻守情况,迅速转换到下一个动作(图 7-5)。向右滑步时,动作相同,方向相反。

图 7-5

(2)后滑步:一只脚向后撤步着地的同时,前脚紧随着向后滑动,保持前后开立姿势。向前滑步时,前脚向前迈出一步。着地的同时,后脚紧随着向前滑动,保持前后开立姿势。

6.转身技术

篮球运动中的转身技术是指运动员以一脚做中枢脚进行旋转,另一脚蹬地向前后跨出,改变原来身体方向的一种动作方法。转身可与急停、跨步、持球突破结合运用,能有效摆脱防守创造传球、投篮机会。

(1)前转身:移动脚向中枢脚脚尖方向跨出改变身体方向为前转身。转身时,中枢脚前掌用力碾地,移动脚蹬地并迅速跨步,同时转腰转肩,保持身体平衡。

(2)后转身:移动脚向中枢脚脚跟方向跨出改变身体方向为后转身。转身时,中枢脚碾地旋转,移动脚蹬地并向自己身后撤步,同时腰胯用力旋转,重心随之转移,保持身体平衡。

(二)移动的技术训练

(1)原地运球,听或看信号做起动快速运球的练习。

(2)原地站立,听或看信号做起动的练习。

(3)听或看信号,向不同方向起跑。

(4)利用篮球场的圈、线做侧身跑和对角折线跑。

(5)两人行进间传球,练习侧身跑。

(6)助跑后,做单脚或双脚起跳。

(7)助跑后,单脚起跳做手摸篮板、篮圈练习。

(8)单、双脚起跳后做接球、传球或断球练习。

(9)慢跑两三步接着做跨步急停和跳步急停。

(10)以稍快节奏跑三五步,然后做跨步急停和跳步急停。

(11)快跑中听或看信号,跨步急停。

(12)急停后做接传球或投篮练习。

(13)原地站立,分别以两脚为轴,做前、后转身90°、180°、270°的练习。

(14)慢跑中急停,做前、后转身90°、180°起动快跑练习。

(15)跳起接球后,做前、后转身传球、运球或投篮练习。

(16)两人一组,在一对一攻守中,做前、后转身护球练习。

二、传接球技术

传接球指的是在篮球比赛中进攻队员之间有目的地支配球、转移球的方法。传接球的质量好坏对于战术执行质量的高低以及进攻的成功率有着很大的影响,甚至会决定比赛最终的结果。

(一)传接球的技术分析

1.传球技术分析

(1)双手胸前传球

双手手指自然分开,拇指相对成"八"字形,用指根以上部位持球,手心空出。两肘自然弯曲于体侧,把球置于胸腹之间的部位,身体成基本站立姿势。传球时在后脚蹬地、身体重心前移的同时前臂迅速向传球方向伸出,拇指用力下压,手腕前屈,食指与中指用力拨球将球传出(图 7-6)。

图 7-6

(2)单手肩上传球

胸前双手持球,双脚平行而立,传球时(以右手传球为例)左脚向传球方向迈出半步,右手托球,同时将球引到右肩上方,肘部外展,上臂与地面近似平行,手腕向后仰。左肩对着传球方向,身体的重心落在右脚上,右脚蹬地,转体,右前臂迅速向前挥摆,手腕前屈,通过食指、中指拨球将球传出(图 7-7)。右脚在球出手之后随着身体的重心前移而向前迈出半步，保持基本的站立姿势。

图 7-7

(3)双手头上传球

双手指尖朝上，从球侧面持球于头顶，肘部稍微弯曲，向传球方向跨步同时手腕后转，球转移到脑后，将球向前抛出，手腕下转发力，做好随球动作。

(4)单手体侧传球

以右手传球为例。双脚开立，膝关节微屈，将球双手持于胸前。传球时右手持球后引，经过体侧向前作弧线摆动，手腕前屈，用食指、中指的力量拨球，将球传出。

2.接球技术分析

(1)双手接球

接球时双眼注视来球，手指自然分开，两拇指相对成“八”字形，两手成半圆形。来球之前主动伸臂迎球，肩、臂、腕、指保持放松。接球时，指端先接触球，两臂同时随球后引缓冲来球的力量，同时做好衔接下一动作的准备姿势(图 7-8)。

图 7-8

(2)单手接球

以右手接球为例。右脚向来球方向迈出,接球时右臂微屈,手掌成勺形,手指自然分开,迎球的方向伸出,左脚同时迈出。在手指触球之后,手臂顺势向后撤,同时收肩,上体稍微向右后方转动。之后用左手帮助将球握于胸前。跳起用单手接高球时,可采用手指尖触球后顺势卷腕的手法,将球引到胸前成双手持球(图7-9)。

图 7-9

(3)跑动接球

在跑动中,脚尖朝着前进方向,上体侧转面向来球,双臂伸出主动迎接来球。

(4)摆脱接球

无球进攻队员利用脚步动作(如变向跑、转身、停步等)或者同伴的掩护摆脱防守后接同伴传来的球,同时采用相应的停步动作来衔接下一个攻击的动作。

(二)传接球的技术训练

1.传接球技术训练方法

(1)原地徒手双手持球动作的模仿练习,该练习能够让运动者更好地体会不持球时正确做出双手持球的徒手模仿动作。

(2)两人为一组,一人原地传球,另一人向左、右、前、后移动做接球练习。两人相距 4～6 米,多次传接球练习之后相互交换。

(3)全场三人传接球练习。每传一次球都要通过中间人,在 3

人传球推进的过程中，应该保持好三角队形，中间人稍后，两边在前。

(4)迎面上步传接球练习。练习者排成纵队，教师持球距纵队5～7米。排头队员上步接教师传来的球并回传给教师，之后跑回队尾，接着第二名队员进行练习，依此类推。

2.传接球技术训练的注意事项

(1)练习者在掌握动作规格的同时还应该养成良好的观察能力与判断能力，善于隐蔽自己传球的真实意图，并将假动作等个人战术行动与提高传接球技术进行有机结合。

(2)训练时应该狠抓传球的手法，先进行传平直球用力手法的训练，再训练传折线球的用力手法，最后训练高吊球(弧线球)的用力手法，并以三种传球路线交替进行训练。对于动作的规范与要领应该严格要求，从而促进练习者形成正确的传球手法，为更多篮球技术的学习与掌握奠定基础。

三、运球技术

运球是指持球运动员在原地或者移动中用手连续按拍使球借助地面反弹起来的动作。运球技术是篮球运动员控制球、支配球、组织全队进攻配合以及突破防守的一种重要手段。

(一)运球的技术分析

1.低运球

低运球时，两腿迅速弯曲，降低身体的重心，上体向前倾，球的落点在体侧，用上体与腿对球进行保护；用手腕与手指短促地按拍球的后上方，将球控制在膝关节的高度，两腿用力向后蹬，快速前进。拍球的部位是在球的后上方或者后侧方(图7-10)。

图 7-10

2.高运球

高运球时，两腿微屈，上体稍微向前倾，两眼平视，以肘关节为轴，前臂自然伸屈，用手腕、手指柔和而有力地按拍球的后上方。将球的落点控制在运球手臂的同侧脚的外侧前方，球的反弹高度在腰与胸之间(图 7-11)。

图 7-11

3.运球急停急起

在快速运球中采用两步急停，降低身体的重心，手按拍球的前上方，使球停止运行;急起时，两脚应该用力向后蹬，上体急剧前倾并迅速启动，同时按拍球的后上方，人球同步快速前进(图 7-12)。

图 7-12

4.运球体前变向

(1)运球体前换手变向运球

运球体前换手变向运球技术能够成功的关键就在于能否利用好体前变向的时间差。以右手持球变向换到左手为例，在变向前首先要压低重心，朝右方做假动作，此时左手在膝盖下方等球，当身体朝右方压低重心准备启动时，膝盖要近乎贴近地面，眼睛也要目视这个方向，以此达到最大限度地迷惑对方的目的，然后当身体启动动作呼之欲出之际右脚突然向左发力，身体重心也随之快速移动到左脚，右手放球于地，球弹起后左手接球并朝左边方向加速甩开防守人。

这种运球变向的方式大多在突破上篮时运用。

(2)运球提前不换手变向运球

以右手持球变向换到左手为例，在变向前首先要压低重心，朝右方做假动作，当身体朝右方压低重心准备启动时，膝盖要近乎贴近地面，此时朝右侧启动，迈出一步并运球一次后第二次运球放球时落地点在身体左侧，右脚向左蹬地，重心落至左脚，完成变向。

这种运球变向的方式大多在突破分球时运用。

5.转身运球

当对手逼近时，持球队员不能用直线运球或者体前变向运球突破时，可运球转身技术摆脱防守。以右手运球为例，在变向时，左脚在前为轴,右手左后转身的同时将球拉到身体的后侧方并按拍球落在身体的外侧方,之后变换左手运球,加速前进(图 7-13)。

图 7-13

6.胯下运球

以右手运球为例。变向时,左脚在前,右手拍按球的右侧上方,把球从两腿之间运到身体的左侧,之后上右脚,换手运球,加速前进。

7.背后运球

当右手运球从背后换左手时,右脚前跨,右手将球拉到右侧身后,快速转腕按拍球的右后方,使球从背后反弹到左侧的前方,左脚同时向左前方跨步,换左手运球。

(二)运球的技术训练

1.运球技术的训练方法

(1)原地进行高运球、低运球训练。左右手交替进行原地体前左右手变向运球。右手运球按拍球的右上方使球弹向左侧,左手按拍球使球弹向右侧。反复进行练习。

(2)原地进行胯下左、右运球训练。运球者右手持球加力使球从胯下自左反弹,左手碰球后,再加力使球从胯下向右反弹回,依次两手交替运球。反复进行练习。

(3)原地进行体侧前后推拉运球训练。运球者两腿前后开立,运球手按拍球的后上方使球向前弹出,运球的手快速前移至球的前上方,按拍球使球弹回。反复进行练习。

(4)对抗运球训练。两人为一组,每人运一球,在保证自己的球不被对方打掉的前提下寻找机会打掉对手的球。另外还可以几个人在固定区域内同时进行训练。

2.运球技术训练的注意事项

(1)运球训练时应该重点抓好运球基本功的训练,从而有利于运动员提高控制球以及支配球的能力。在运动员初步掌握运球动作之后,应该训练抬头的运球技术,用手感来对球进行控制,并养成运球时目视前方、观察场上情况以及屈膝的习惯。

(2)训练过程中应该牢抓运球的关键,同时结合多种熟识球性的辅助性训练,练好手上功夫与脚步动作的快速灵活性。还应该特别加强对水平较弱队员的运球训练。

(3)在进行防守训练时,应该从消极防守到积极防守,在不断加强对抗的训练中不断提高队员的场上应变水平。

四、持球突破技术

持球突破是指持球队员将脚步动作、运球技术等相结合,迅速超越对手的一种攻击性技术。持球突破技术主要包括蹬跨、转体探肩、推按球以及加速等环节。

(一)持球突破的技术分析

1.原地持球同侧步突破

以左脚做中枢脚从防守队员左侧突破为例。两脚左右开立,两膝微屈,降低身体的重心,持球于胸腹之间。进行突破时,上体积极前倾的同时，右脚迅速向右前方跨一大步，上体同时向右转，左肩向下压。左脚内侧用力蹬地，在左脚离地前，用右手推按球于右脚外侧前方，之后左脚迅速跨步抢位，快速运球超过对手(图7-14)。需要注意的是，起动动作应该突然，跨步、运球应该迅速而连贯，中枢脚离地前球要离开手。

图 7-14

2.原地持球交叉步突破

以右脚做中枢脚从防守队员左侧突破为例。两脚左右开立，两膝微屈，降低身体的重心，持球于胸腹之间。进行突破时，左脚向左侧前方迈出一小步，将防守者引向自己左侧的同时，用左脚前掌内侧快速蹬地，向右侧前方跨出一大步，上体稍微向右转，左肩向前下压，身体的重心向右前方移动，将球推引到身体的右侧，用右手推按球于左脚右侧前方，接着右脚蹬地加速超越对手(图7-15)。需要注意的是，蹬跨动作要大而有力，转体探肩应该迅速。

图 7-15

3.转身突破

(1)前转身突破

以左脚做中枢脚为例。突破前的准备动作与后转身突破一致。突破时将身体的重心转移到左脚,右脚脚前掌内侧蹬地,左脚为轴碾地,右脚随着前转身而向球篮跨步时,上体左转并压左肩。右手向右脚侧前方推按球,离手之后左脚蹬地,向前跨出突破对手。需要注意的是,身体的重心在突破过程中应该保持平稳,转身与突破动作之间应该紧密衔接。

(2)后转身突破

以左脚做中枢脚为例。背向球篮站立,双脚平行或者前后开立,两膝弯曲,降低身体的重心,双手持球于腹前。突破时以左脚为轴后转身,右脚向右侧后方跨步,脚尖指向侧后方,上体后转并压右肩。右手向右脚前方推按球，左脚内侧迅速蹬地，向球篮方向跨出，换左手运球快速突破防守。需要注意的是，身体重心在突破过程中应该保持平稳，转身与突破动作的衔接要紧密。

4.行进间突破

在快速移动中看到同伴传来的球时，应该迅速向来球方向伸臂迎球，同时用一只脚(侧向移动时用异侧脚)蹬地，双脚稍微离地腾起，向侧方或者前方跃出接球，形成与防守队员的位置差，两脚先后或者同时落地。落地之后，屈膝以降低身体的重心，保持身体平衡的同时注意护好球。摆脱移动、伸臂迎球和跨跳的衔接应该做到协调连贯;接球急停要稳健;突破起动应该迅速而突然，同时保护好球，根据防守位置运用交叉步或者同侧步突破防守。

(二)持球突破的技术训练

1.持球突破技术的训练方法

(1)有防守时的持球突破训练

如图 7-16 所示，⑤向圆顶斜插并接④的传球进行突破，⑧(三角)边退边防。④传球后，到原⑤的队尾，依次连续练习。⑤进攻后去⑦的队尾，⑧(三角)防守后则去⑥的队尾，接球者要主动迎上去，传球到位，突破时应该降低身体的重心，同时保护好球。

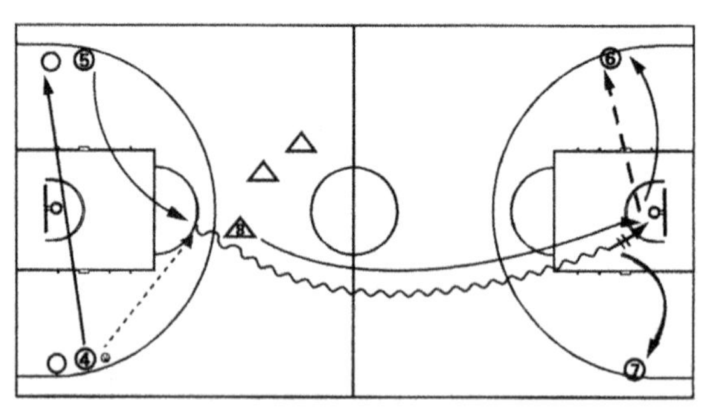

图 7-16

(2)无防守时的持球突破训练

①每人一球，进行原地持球交叉步与同侧步突破训练，通过该训练有助于练习者体会突破动作的技术要领以及身体各部位的协调配合。

②接球急停突破练习。两人为一组，无球队员向有球同伴示意接球方向，之后移动接球急停做交叉步或者同侧步突破，轮流进行。

2.持球突破技术训练的注意事项

(1)训练过程中应该积极培养运动员的良好突破意识，提高其场上的观察判断能力，掌握合理的突破时机，从而不断提高持球突破的能力。

(2)训练过程中应该注意技术动作的正确规范，让运动员学会两脚都能做中枢脚，以及明确规则对技术动作的要求。

(3)训练过程中应该培养顽强的场上作风，敢于在贴身紧逼中运用突破技术。同时，还应该有针对性地培养灵活的突破技巧，使练习者逐渐学会利用位置差、时间差、节奏变化以及假动作等方式，更好地发挥突破的作用与威力。

五、投篮技术

投篮技术是指在篮球比赛中进攻队员将球从篮圈上方投入对方球篮所采取的各种专门动作方法的总称。投篮技术是篮球运动发展的核心内容。

(一)投篮的技术分析

1.原地双手胸前投篮

两脚左右或者前后站立，两腿稍微弯曲，前脚掌着地，上体稍微向前倾，眼睛注视瞄准点，双手五指保持自然张开，捏球两侧稍后部位，两拇指相对成“八”字形，用手指与手掌接触球，手心空出，持球于胸前，屈肘靠近身体。进行投篮时，两脚蹬地身体伸展，同时两臂向前上方伸出，两拇指向前上方用力推送，手腕稍微外翻，使球从拇指、食指、中指的指尖投出，向后旋转飞行。

2.原地单手肩上投篮

以右手投篮为例。双脚开立，两膝稍微弯曲，将身体的重心落在两脚之间，上体稍微向前倾，右手翻腕托球于右肩前上方，手指自然张开成球状，手心不要贴球，球的重心要落在中指与食指之间，左手帮助扶在球的侧下部，右肘自然下垂，腕关节放松；下肢蹬地的同时，右臂向前上方伸展，手腕向前扣动，手指拨球，将球柔和送出。手腕在出手后应该保持放松，手指自然向下（图7-17）。

图 7-17

3.行进间投篮

(1)行进间单脚起跳单手低手投篮

以右手投篮为例。右脚跨出一大步，双手同时接球，用身体保护球，接着左脚迈出一小步制动同时用力起跳，然后充分伸展自己的身体，右臂伸直向篮圈方向举球（手心向上），当举球手接近篮圈时，用向上挑腕和以中间三指为主的拨球动作使球通过指端投入篮筐（图7-18）。出手之后，双脚同时落地，两腿弯曲，从而起到缓冲的作用。

图 7-18

(2)行进间单脚起跳单手高手投篮

以右手为例。右脚跨出一大步的同时接球，接着左脚跨一小步并用力蹬地起跳，右脚屈膝上抬，同时举球至头上方，当身体接近最高点时右臂向前上方伸展，手腕前屈，食指、中指用力拨球，通过指端将球投出。

(3)行进间勾手投篮

以右手投篮为例。接球或者停止运球之后，左脚向便于投篮的方位跨出一步并起跳，左肩靠近防守的队员，右腿顺势自然上提，眼睛注视篮圈，左手离球，右手持球向右肩侧上方伸出，举球到头的侧上方时挥前臂，以屈腕、压指动作通过食指、中指把球投进。

4.原地起跳肩上投篮

以右手投篮为例。双手持球于胸腹之间，两脚左右(或前后)开立，两膝稍微弯曲，将身体的重心落于两脚之间，上体保持放松，眼睛注视篮圈。起跳时，两膝适当弯曲(两脚前后开立时也可上一步再做此动作)，接着前脚掌蹬地发力，迅速向上摆臂举球并起跳，双手举球于肩上或者头上，左手扶球的左侧。当身体上升到最高点或者接近最高点时，左手离球，右臂向前上方伸展，同时突然发力屈腕，以食、中指拨球，通过指端将球投出(图 7-19)。

图 7-19

5.运球、接球急停跳投

在运球急停或者接球急停投篮时,可采用跳步或者跨步急停的动作方法,双手在停步的同时随起跳持球上举,当身体接近最高点时辅助手离球,投篮臂向前上方伸直,手腕前屈,食指、中指用力拨球将球投出。

(二)投篮的技术训练

1.投篮技术的训练方法

(1)原地进行徒手模仿投篮技术动作训练,体会动作方法。
(2)原地进行徒手多种角度的投篮练习,体会瞄准方法。
(3)原地进行跳投模仿训练。
(4)原地徒手进行正面的定点投篮训练,投篮的手法要正确。
(5)两人为一组,相距 4～5 米进行对投训练。

2.投篮技术训练的注意事项

(1)进行投篮训练时,练习者应该掌握正确的投篮技术动作,并在此基础上将投篮与摆脱防守、传球、接球、运球、突破、抢篮板球、脚步动作以及假动作等技术进行有机结合,从而培养篮球场上的应变能力。

(2)在战术背景下进行投篮训练，应该积极培养良好的配合意识，从而提高投篮技术的能力。

(3)练习者应该重视投篮时的心理训练，从而提升其投篮的命中率。通过比赛以及一些特殊的训练手段，提高自身的抗干扰能力，从而能够在一定的心理压力下有较高的投篮命中率。

六、抢进攻篮板球技术

抢篮板球技术是指在空中拼抢投篮不中的球的技术动作。抢篮板球技术具体包括抢进攻篮板球与抢防守篮板球两种。

(一)抢进攻篮板球的技术分析

处于篮下或者内线队员抢进攻篮板球，当同伴或者自己投篮时，靠近篮下的队员应该迅速对球反弹的方向进行判断，同时通过假动作绕胯挤到对方的身前，利用跨步或者助跑起跳跳到最高点进行补篮或者直接摘得篮板球。

处于外线位置队员抢篮板球，在同伴进行投篮时，如果进攻队员面向球篮，首先应该观察判断球的反弹方向、速度以及落点，然后突然起动冲向球反弹方向进行补篮或者抢获篮板球。以从防守人身后左侧冲抢为例，当进攻队员面向球篮时，右脚向右侧跨步，向右侧做假动作，之后以左脚为支撑脚，右脚向左跨出一小步，将身体的重心转移到左脚，右脚立即向前跨步绕前，挤靠防守人，跳起抢篮板球或者补篮。

抢进攻篮板球的动作如图 7-20 所示。

图 7-20

(二)抢进攻篮板球的技术训练

1.抢进攻篮板球技术的训练方法

(1)原地连续双脚起跳或者前、后转身跨步连续起跳,同时用单手或者双手触篮板或篮圈 10～20 次。练习过程中应该注意动作的连贯性。

(2)两人为一组,一人向篮板或者篮圈抛球,另一人以面向持球人的基本姿势站立,准备抢球,之后转身跨步(上步)起跳用单手或者双手抢球。

(3)两人为一组，站位于篮下两侧，轮流跳起在空中用双手将球托过篮圈，碰板传给同伴。需要注意的是，必须在跳到最高点时托球，两人都做完一次为一组，连续托球15～30组。

2.抢进攻篮板球技术训练的注意事项

(1)该训练应该在战术背景下进行，并将抢篮板球技术与战术结合起来进行训练。

(2)抢篮板球技术与其他技术结合起来进行训练，抢防守篮板球与一传、运球突破技术相结合，抢进攻篮板球与补篮或二次进攻相结合进行训练。

(3)应该注重抢篮板球技术的实战训练，加强抢篮板球的对抗训练，抢防守篮板球应该先挡人后抢球，抢进攻篮板球应该先冲抢占据有利位置之后再抢球。

第三节　高校篮球防守技术教学

一、抢球、打球、断球技术

抢球、打球、断球都是具有很强攻击性的篮球防守技术，这是运用积极性防守战术的基础。随着篮球运动的不断发展，抢球、打球、断球技术在篮球运动中的应用也更加广泛。

(一)抢球、打球、断球的技术分析

1.抢球技术分析

(1)拉抢

在拉抢之前，防守队员应该准确抓住对手的持球空隙部位，突然用两手抓住球之后猛拉，进而抢夺球权。

(2)转抢

在防守队员抓住球的同时应该迅速利用手臂后拉以及两手转动的力量,将球从对方手中抢夺过来。在抢球过程中,为了加大夺球的力量,防守者可以利用转体的身体动作,让对方无法握球。如果抢球未果,应该尽可能与对手造成“争球”。在转抢时,防守队员还应该做到动作的快速、准确、突然。

2.打球技术分析

(1)打掉对方手中的球

①打持球队员手中的球

在进攻队员接到球的一瞬间,没有对球进行很好保护或者由于观察场上情况而失去警惕时,防守队员应该迅速上步打球。通常来讲,当进攻队员持球部位较高时,防守队员可采取由下而上的方法打球。打球时,掌心应该向上,手指与指根击球的下部。如果对方的持球较低,应该多采取由上而下的方法打球。打球时,掌心向下,用手指和手掌外侧击球的上部。同时,防守队员应该注意上步要迅速、突然。

②打运球队员手中的球

以右手运球为例。在对方的运球队员向前推进时,防守队员应该用侧后滑步移动,用右手臂堵住运球队员左面,防止他向自己的右侧变向运球,左手臂干扰运球。在球刚从地面上弹起,还没有接触到运球队员的手时,应该及时用手指、手腕和前臂的力量从侧面将球打出,并及时上前抢球。注意干扰对方运球,从而创造出打球的机会,并及时上前抢球。

③打行进间投篮队员手中的球

当进攻队员运球上篮时,防守队员应该随进攻队员进行移动,当防守队员跨出第一步接球时,应该及时靠近,当进攻队员跨出第二步起跳举球时,迅速移动到他的左侧稍前方,用手从他的胸部向下将球打落。在打球时,防守队员的脚步应该伴随投篮队员进行移动,同时保持合适的距离,从而把握好打球的时机与打球的有利位置。

(2)盖帽

盖帽时,防守队员应该注意降低自己身体的重心,快速移动并选择有利的方位,对对手起跳与投篮出手时间进行准确判断,及时起跳;起跳之后迅速伸展自己的身体,高举自己的手臂,当对方球出手时,用手腕动作将球拍出或者打掉。需要注意的是,防守者的手臂与身体应该充分伸展,用前臂、手腕、手指动作打球,动作要短促而有力。

3.断球技术分析

(1)横断球

横断球时,运动员应该屈膝降低自己身体的重心,当球刚由传球队员手中传出的一瞬间突然起动,单脚或者双脚用力蹬地跃出,保持身体的伸展,两臂前伸将球截获。如果距离比较远,可以进行助跑起跳。在进行横断球时,运动员应该注意屈膝降低身体的重心,把握球出手时机要准确,用力蹬地,伸展自己的双臂来迎球。

(2)纵断球

当防守队员从接球队员的左侧向前断球时,左脚向左侧前方跨出半步,之后侧身跨右脚绕到接球队员的前方,右脚或者双脚用力蹬地向前跃出,保持身体的伸展,两臂前伸把球截获。在纵断球时,防守队员的微蹬地动作应该迅速而有力,伸展自己的身体并保持平衡。

(3)封断球

在进行封断球时,当持球队员暴露了自己的传球意图或者传球动作较大或较慢时,防守者可以在对方球出手的一瞬间突然进行起动,伸臂封盖或者将球截获。在封断过程中,防守者应该注意掌握好断球时机,动作应该迅速而突然。

(二)抢球、打球、断球的技术训练

1.抢球技术训练

(1)2 人为一组,相距 1.5 米,相对站立。一人双手持球于腹前,另一人按抢球的动作要求,突然止步将球抢夺回来。持球者由正常握球开始,不断加大握球的力量,使抢球队员体会和掌握拉抢和转抢的动作方法。在每人抢若干次后,攻守交换继续进行训练。

(2)原地抢球训练。2 人为一组。持球队员在原地做投切结合的脚步动作,防守队员学习并体会抢球动作的要领。训练一段时间之后,互换攻守。在抢球过程中,应该保持正确的防守位置,控制自己身体的平衡;抢球的动作应该果断,主要以小臂、手掌、手指短促动作突然抢球。

(3)抢空中球训练。3 人为一组,一人持球与其他 2 人面对站立,相距 3～4 米,持球队员将球抛向空中,另外 2 名队员迅速起动、选位、起跳、抢球。

(4)抢地滚球训练。队员在端线两侧面对面站成两列横队。教练在端线中点向场内抛球,左右对应的 2 个队员快速冲向球,抢到球的队员向对面篮筐进攻,没有抢到球的队员进行防守,轮流进行训练。同时,为了提高练习者的反应能力,可以将两边的队员进行编号,在教练叫到某号时,两边同号的队员应该马上起动抢球,抢到球者进攻,没有抢到球者进行防守。

2.打球技术训练

(1)接球时的打球训练。两人为一组,相距 1.5 米。持球人做出传球动作后,另一队员迅速上步打球,二人轮流进行练习。

(2)正面打运球队员的球的训练。在半场或者全场一攻一守的训练中,防守队员应该紧跟运球队员。当球刚从地面弹起时突然打球,2 人轮流进行攻守训练。

(3)从背后抄打运球队员的球。2人为一组,一人进行持球突破,一人进行防守。在进攻队员持球突破的一瞬间,防守队员利用前转身上步,从运球队员身后,用靠近运球的手由后向前抄打球,之后进行上步抢球。2人轮流进行训练。

(4)抢篮板球下落时的打球训练。2人为一组站于篮下,一人把球抛向篮板,另一人跳起抢篮板球。在获得球下落转身时,投球者立刻上前打球。2人轮流进行训练。

3.断球技术训练

如图7-21所示,④与⑤原地相互传球,在⑤未接到球之前,△4从⑤身后进行纵断球,断球之后运球上篮,上篮后抢篮板球并将球传给⑦,⑦与⑥相互传球,在⑥没有接到球前,△4蹿出横断球,断球之后运球上篮,上篮后抢篮板球再将球传给④;△4排在△6后面。如此反复练习。

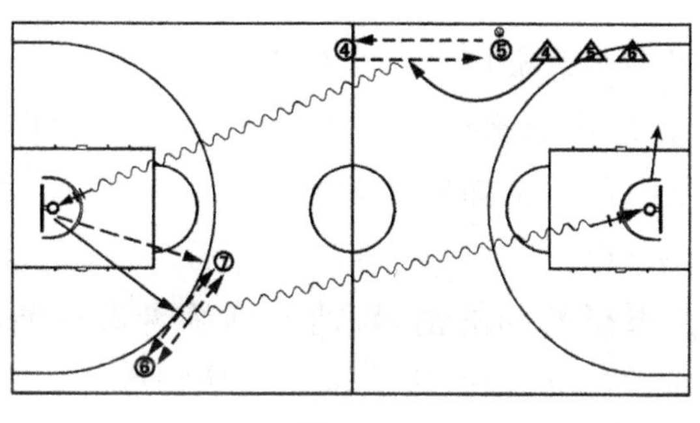

图7-21

二、抢防守篮板球技术

在抢篮板球技术中,抢防守篮板球的技术能够由守转攻,创造出快速反击的机会,从而更利于获得比赛的胜利。

(一)抢防守篮板球的技术分析

在篮下防守、进攻队员进行投篮时,要根据对方球员移动的情况与位置,运用上步、撤步以及转身等动作将进攻队员挡在身后,同时抢占有利的位置。在篮下抢位挡人时,一般采取后转身挡人的方式,降低身体的重心,两肘外展,从而抢占空间的面积,并保持有利的起跳姿势。

对于处于外围的防守队员抢篮板球,在进攻队员投篮、防守队员面向对手时,应该认真观察对方球员,通过合理的技术动作利用转身阻止对手向篮下的移动,同时抢占有利的位置,这是进攻队员需要做的几个方面。在起跳抢球时,两臂上摆的同时两脚前脚掌用力蹬地,身体与手臂尽可能向球的方向进行伸展,达到最高点时用单手、双手或者单手点拨球的方法来争抢。

(二)抢防守篮板球的技术训练

1.抢篮板球技术的训练方法

(1)练习队员分别站成两列,根据口令进行徒手原地双脚起跳,进行单、双手抢篮板球动作模仿训练。

(2)队员持球向篮板或者墙上抛出后进行上步起跳,用双手或者单手在空中争抢反弹回来的球。

(3)练习队员分别站成两列并保持面对面,一步间距,2 人一组进行训练。根据教师的信号,前排训练者进行前转身、后转身挡住后排训练者,多次训练之后进行交换训练。

(4)练习队员分别站成两列,每人一球向头上抛球之后起跳,双手或者单手进行空中抢球训练。

(5)抢占位置的训练。2 人相距 1 米,对面站立,进攻队员运用假动作设法摆脱防守占据有利的位置,防守队员通过采取转身将攻方挡住,同时起跳模仿抢篮板球的动作。多次训练之后进行攻守交换。

2.抢篮板球技术训练的注意事项

(1)在抢篮板球技术训练过程中,练习者应该注意与其他技术相结合。

(2)抢篮板球的技术训练应该在战术背景下来进行,同时应该结合战术进行训练。

(3)在抢篮板技术训练过程中,练习者应该强调抢篮板球技术的实战训练,加强抢篮板球的对抗训练,抢防守篮板球注重先挡人后抢球,抢进攻篮板球强调先冲抢占据有利位置之后再进行篮板球的争抢。

三、防守无球队员技术

(一)防无球队员的技术分析

在篮球技术中,防守无球队员的技术主要包括防接球、防切入以及防摆脱。

1.防接球

防守无球队员的首要任务就是防接球。防接球技术主要应该注意两方面的内容:一方面,应该积极采取行动去限制或者减少对方球员接触球,尤其是在有效攻击区内的接球;另一方面,在接球队员处于被动情况时,防守队员应该进行主动跟防、追堵,尽可能破坏对手的接球。

在防接球时,防守者应该使对手与球都处于自己的视线范围之内,做到"人球兼顾",并保持正确的防守姿势,屈膝降低身体的重心,方便随时向任何方向进行起动,特别应该注意起动与移动步法的衔接与平衡的控制,在动态过程中始终保持在对手与球之间偏向对手一侧的断球路线上,同时伸出同侧手臂形成"球—我—他"的钝角三角形的防守选位。

2.防切入

防切入同样是一种防守无球队员的有效方法。防切入是指对进攻队员试图切入或者已经摆脱切入的防守。在防切入过程中,切记不可只看球而不顾人。防守队员应该始终遵守"人球兼顾、防人为主"的原则,让球与人始终在自己的视线当中。对方一旦有动作,应该采取凶狠顶挤、抢前等防守方法,让对方不能及时起动或者降低速度。如果对方迎球方向切入,就应该主动堵前防守,背对球方向则防其后,从而达到切断对手接球路线的目的。如果对手切入后没有得到球,就会很大程度上降低对方进攻的威胁。

3.防摆脱

防摆脱是防守无球进攻队员的一种重要方法,具体是指对无球进攻队员摆脱的限制与封堵。通常来讲,进攻队员在后场的摆脱主要是快下接球攻击,防守队员应该进行主动追防,同时注意传向自己对手的球,尽可能抢在近球侧的路线上堵截。在比赛当中,要完全控制进攻队员无球时的行动是非常困难的,因此抢占有利的防守位置就是防守无球队员的重点。

(二)防无球队员的技术训练

1.防守无球队员的训练方法

(1)强侧、弱侧的防守训练

进攻队员在外围传球,可做摆脱接球动作,但不可穿插、掩护。防守队员应该根据球的位置进行相应的选位,积极防守摆脱接球,多次训练之后进行攻守的互换。防守队员应该根据球的情况适时调整防守的位置,从而做到人球兼顾以及正确的防守姿势。

(2)抢位与防底线突破训练

在防守者进行抢位以及防底线突破训练过程中,当前锋队员在限制区两侧30°以下位置接球时,防守者应该卡堵其底线突破,抢防底线突破的位置,让对方不能够从底线进行突破。对方一接球，靠近底线的一只脚在前，并先堵死底线一侧。对方如果从底线进行突破，应快速滑步并结合堵截步将对方堵在底线外。训练过程中要求防守队员做到迅速到位。先卡堵死底线，之后及时结合滑步与堵截步抢位堵底线。训练过程中注意防突破，还应该认真防守对方的下一个变化技术动作。

2.防守无球队员训练的注意事项

(1)防守队员应该防止对手摆脱接球，同时做到人球兼顾，准确判断并掌握球的队员以及其他进攻队员在场上的变化，从而便于及时采取相应的措施。

(2)当进攻者积极移动接球时，防守队员应该注意抢占有利的防守位置以及对方的移动路线，防止对方接球。

(3)防止对手的摆脱接球，不能够让对手在其有效攻击区与篮下4～5米的区域内轻松接到球，还应该主动积极地阻截对手的移动接球。

四、防守有球队员技术

(一)防有球队员的技术分析

1.防运球

防守对方运动的目的主要是为了降低对方的运球速度，迫使对方改变其运球的方向，不让进攻队员向篮下运球，防止他在运球过程中进行突破。

一般情况下，为了不让对手运球超越自己，防守者应该与对手保持一臂左右的距离，双臂侧下张，两腿弯曲，在移动过程中始终保持正确的防守姿势，通过认真判断随时准备抢球、打球。要想让自身的防守更加具有攻击性，也可采用贴近对手的平步防守，从而扩大防守的范围，增加对手完成动作的难度。在防守过程中,不应该用交叉步进行移动,应该用撤步与滑步,同时还应该抢在运球者的前面半步到一步距离进行阻挡,迫使对方向边线、场角或者双方队员比较拥挤的地方运球。当进攻者通过变速变向、急起急停等方法来摆脱防守时,防守者应该在其变换动作时及时抢前向后移动,占据有利的位置并控制好身体的平衡,快速变换自己的步法进行阻截。

2.防传球

当持球队员离球篮较远时,其主要意图是向中锋传球或者转移球。在防守过程中,防守者应该根据对方的位置与视线判断其传球的意图,控制对方进攻性的传球。在进攻队员接球之后,防守队员应该选择正确的位置,保持适当的距离以及调整好身体的重心,眼不离球并保持精神高度集中,根据对手的位置、动作以及视线判断其传球的真实意图,挥动手臂进行干扰或者封堵。防守者应该特别防范对手向内线渗透性的传球,尽量迫使对方向外进行转移性传球。如果进攻队员运球成“死球”时,应该马上上前逼近,封住对方的传球出手路线。在对手传球出手之后,应该做到人球兼顾,防止对方的摆脱切入。

3.防突破

防突破的主要目的是防守进攻队员的持球突破,它主要包括防背对球篮突破的持球队员与防面向球篮的持球队员两种类型。

(1)防守背对球篮突破的持球队员

这种防守方法主要用于近篮区背向或者侧向球篮接球的情况,防守者应该保持“你—我—篮”的有利位置,靠对手不要太紧,应该保持适当的距离。对方接球之后是两脚前后站立时,如果后脚能够做中枢脚转身突破,就应该对其转身一侧多加防范,与对方同侧的脚向后撤半步,手臂侧伸,另一手臂封锁住对手一侧;当对方转身变向突破时,防守队员应该随之向后撤,前逼、侧跨步阻截;对手在接球时如果两脚平行站立,就应该根据对手接球位置离篮的远近进行防守，距离比较近时主要以防投篮为主，而距离较远时应该以防突破为主。

(2)防守面向球篮的持球队员

位置的选择对于防守面向球篮的持球队员来说非常重要。防守者应该根据进攻队员接球的位置、与球篮的距离与角度、来球的方向以及同伴防守位置的情况，堵强放弱，放一边，保一边，让对方改变方向，变换突破的步法，降低起动的速度，从而有利于自己及时抢角度，通过撤步或者滑步让对方无法超越。

4.防投篮

防投篮的根本目的在于防止对方投篮得分，因此防守者应该做到球到人到。一般防守者可以采取斜步防守贴近对手(一臂距离，能伸手打到球)，同时举臂挥动，干扰进攻队员投篮的意图，迫使对方改变动作，同时用另一臂伸向侧方，防止对手的运突或者传球。准确判断对手是否要投篮，识别其真假动作，及时起跳伸直手臂进行干扰，封堵其出手角度，改变投篮的飞行弧线，降低其投篮命中率。对手投篮球出手瞬间手臂及时地干扰和封盖，防守者的反应应该迅速，这是防守队员防投篮的关键所在。

(二)防有球队员的技术训练

1.防守有球队员的训练方法

(1)防投篮训练

①将队员分为两排，教练带领队员进行防投篮的模仿动作训练。

②2 人为一组。一攻一守，持球队员练习投突动作，防守队员练习干扰球与撤、滑步动作。

③半场一防一训练。在前锋位置上摆脱防守得球后一打一，防守队员训练在接近比赛情况下的一对一防守能力。

(2)“二防三”防传球训练

5 人为一组,进攻队员成三角形站位相互传球,2 人在中间进行防守,一个对持球队员进行防守。另一人一防二。一防二的人应该根据防持球人的防守站位与封球角度来选择一防二的防守策略。需要注意的是,防守队员应该正确选位,同时进行积极的场上移动。

2.防守有球队员训练的注意事项

(1)防守者应该认真观察、判断持球者的真正意图,同时及时实施对应措施,让自己始终处于主动防守的局面。

(2)防守队员应该注意防守对方的直接突破。

(3)在对方传球之后,防守队员应该注意防对方的空切。当对方投篮后,应该挡对方抢篮板球,同时积极防守篮板球。

第八章　高校篮球战术教学研究

篮球战术是取得比赛胜利的关键因素之一，出色的战术也是一支篮球队水平的展现，且执行到位的战术还具有非常高的战术美感。对于高校的篮球教学来说，战术教学也是重要内容。为此，本章就重点对高校篮球战术的教学进行研究，帮助学生更好更快地建立战术意识和具有顺利执行战术的能力。

第一节　高校篮球战术基本理论

篮球战术的学练及其自身不断发展完善是需要有一定的理论作为基础和指导的。通过对篮球战术基本理论的学习，有助于为篮球战术的具体教学与训练实践奠定良好的理论基础，并提供科学指导，以促进篮球战术能力得到不断提高。

一、篮球战术的概念、特点及分类

(一)篮球战术的概念

篮球战术是指篮球运动员在篮球比赛中通过合理、灵活地运用个人技术，来达到与个别队员之间以及整体队员之间的相互协调配合的组织形式和方法。

在篮球比赛中，篮球战术发挥着非常重要的作用。运动员以本队队员及对手的具体情况为主要依据，对自身已获得的身体、技术、心理等方面的训练效果进行综合运用，从而使全队形成一个极具战斗力的集体，以充分发挥团队优势，争夺比赛主动权，达到预期的比赛结果。

（二）篮球战术的特点

篮球战术有着多方面的独特性，下面选取其中四个方面的特征进行具体分析。

1.个体性与整体性

个体性与整体性相统一是篮球战术的基本特点之一。篮球比赛中，战术往往是通过一种集体行动展现出来的。但实际上，篮球场上每一名运动员的战术行动都包括两个方面：一方面是个体的活动，主要是对运动员个体个性的技术特长和运用能力的反应，具有非常明显的个性化特征；另一方面，每一名运动员的活动都是在同伴活动的相应条件下实施的。在比赛中运用和实现战术，除了需要每名运动员合理且创造性地实现个人活动外，还需要依靠队员之间的协调与配合，以使战术运用的效果发挥到极致。换句话说，每一种战术行动的整体协同特征都是在个体活动中体现出来的，这也直观地体现出篮球战术个体性与整体性相统一的特征。因此，在篮球战术运用中，要注意处理好整体与个体之间的辩证关系，在重视发挥集体力量的同时，还要注重对运动员个人能力和特点的培养。

2.目的性与针对性

机体的每一动作和行为都有其目的性，篮球战术的组织和运用是以取胜为目的的，正确选择符合本队水平的攻守战术形式和方法是目的实现的基本条件。这就要求在篮球比赛中运用战术时，要依据队员的身体、技术等条件，从本队的实际出发；同时在比赛中要争取主动权，进而夺取胜利还要求战术的运用要有针对性，即采取针锋相对的方法去制约和限制对方。此外，运用战术时还要根据比赛情况的变化及时加以调整。

综上可知，目的性和针对性的统一是篮球战术的显著特征之一。

3.原则性与机动性

在篮球比赛中，每一个篮球战术的组织与实施过程都伴随着与对手的限制和反限制、制约与反制约。这就要求运动员要在统一的战术思想支配下，进行相互协调配合的行动，以使集体的力量和优势得到最大限度的发挥。此外，篮球比赛中情况瞬息万变，因此运动员在行动上要有统一的原则和要求，同时每名运动员都要学会灵活机动地变换战术，这样才能更好地把握战机，克敌制胜。这一特征要求可以概括为"阵而后战，兵法之举；运用之妙，存乎一心"。

4.多样性与综合性

进攻战术手段的多元机动和防守战术方法的综合运用是篮球战术特性的重要表现。由于现代篮球比赛呈现出日趋激烈的趋势，导致篮球战术不断发展和更新，同时在内容与形式方面也不断丰富。因此，运动员比在赛中为了争取主动，使战术任务顺利完成，必须掌握多样化的战术形式与方法，这也是对付不同形式的攻守战术和适应各种临场情况的需要。战术的综合运用具体表现在两个方面：一方面反映在战术行动的统一上，即进攻与防守的统一（即在进攻行动中包含防守的成分，防守行动中又蕴含进攻的意图）、配合行动与个人行动的统一、技术与战术的统一；另一方面表现在战术运用的综合上，即用一种进攻战术对付多种防守战术、综合防守对付不同特点的进攻战术。因此，战术行动的多样性和综合性相统一，是现代篮球战术的基本特征之一。

（三）篮球战术的分类

篮球是一项在一定时间与空间内以球为争夺物进行攻守对

抗的竞技活动，在竞赛过程中对抗双方对球权的控制争夺激烈，双方在攻守之间相互交替，不攻则守，不守则攻，篮球进攻战术与防守战术便由此形成了。

篮球进攻战术和篮球防守战术是篮球运动最基本的战术形式。这两种战术形式通过不断变化形成各种各样具体的组织形式与方式方法，并在实践中不断发展、创新。通过不断总结和整理，篮球战术的各种形式与运用方法得到了较好的梳理，使得现代篮球战术体系最终得以形成。

以不同的划分标准为依据，可以对篮球战术体系进行不同的分类。下面阐述两种比较常见的分类方法。

（1）以篮球运动的对抗特征为主要依据，可以将篮球战术体系分为两类，一类是进攻系统；另一类是防守系统。需要注意的是，从 20 世纪 90 年代以后，篮球战术体系被分为三大类，即进攻系统、防守系统以及攻守转换系统。其中，篮球进攻战术主要包括基础配合、快攻战术、进攻人盯人防守战术、进攻区域联防战术等形式；篮球防守战术主要包括基础配合、防守快攻战术、人盯人防守战术、区域联防等形式。

（2）以参与战术行动的区域与人数为主要依据，可以将篮球战术体系分为三大类，即个人行动、配合行动和整体行动。

二、篮球战术的基本结构

（一）指导思想

指导思想对于篮球战术中各个方面的确立和行动的实施起着决定性的作用。战术指导思想在篮球战术的运用过程中发挥着重要的指导作用。战术指导思想是否科学，往往取决于教练员是否能够对篮球运动规律和客观实际有一个清晰的认识。战术指导思想包含如下两个层面的意义。

第一种是指在篮球运动训练与比赛活动全过程当中都执行

的指导原则，这种指导原则被称作长期性战术指导思想，积极主动、勇敢顽强、快速灵活、全面准确等口号实际上就是在全队中注入了这种战术指导思想的重要体现。

第二种则是针对某一场比赛或某几场比赛而专门制定的战术方法的原则，如稳扎稳打、以快制高、以外制内、内外结合等。

对于一支篮球队而言，确立自己的战术指导思想非常重要，科学的、准确的战术指导思想能够确保球队的战术体系风格鲜明，使战术在比赛中的运用效率更高。

（二）战术意识

战术意识是篮球战术活动中一种心理的呈现，它体现了人的思维是否能与战术设定相符，是运动员根据时下情况对于战术的一种反映，主要通过行动体现出来。战术意识明确反映了球员的战术思维能力，是球员在训练比赛中累积而成的宝贵经验，这些经验能够保证球员在比赛中非常自然地根据战术意图和实际情况选择更为合理的行动方案。战术意识在比赛中所发挥的定向、抉择、反馈、支配等作用，能够使运动员在战术行动中的发挥更为稳健，更加体现战术能力。

（三）基础技术

良好的技术是正确执行战术的基础条件，队员相互之间合理运用技术才能体现出一定的战术意图。队员所掌握的全面实用、准确熟练的技术能够保障战术的顺利执行。篮球技战术之间紧密相连，不可分割，在比赛中的运用往往也是综合在一起的。根据运动活动理论可知，动作和行动在比赛活动中是作为基本要素而存在的，动作相连构成了行动。因此技术是战术行动中最基本的要素，没有技术，战术就没有存在的可能。

（四）基本阵势

在篮球战术活动中，阵势是指其形态和方式。战术行动从外在来说，就是反映特定战术内容的阵势，因此阵势在篮球战术中也是不可忽略的要素。战术的形式都用专有词汇来命名，如区域联防中“2—1—2”“2—3”“3—2”等阵势，表明针对不同的进攻有着相应的对策。战术的阵势可以从各个方面来理解，从而使各种攻守战术的特点淋漓尽致地体现出来。

第二节　高校篮球进攻战术教学

一、篮球进攻战术教学

（一）进攻战术基础配合教学

1.传切配合

传切配合是指利用传球和切入技术所组成的简单配合，其内容主要包括传球和空切。传切配合是为了通过队员之间利用传球和切入来创造进攻的机会，以达到预定的进攻目的。下面分析传切配合的两种常见方法。

第一，如图 8-1 所示，④传球给⑤，然后摆脱△4的防守，切入接⑤的回传球并运球上篮。

第二，如图 8-2 所示，⑤摆脱△5的防守空切篮下，接④的传球上篮。

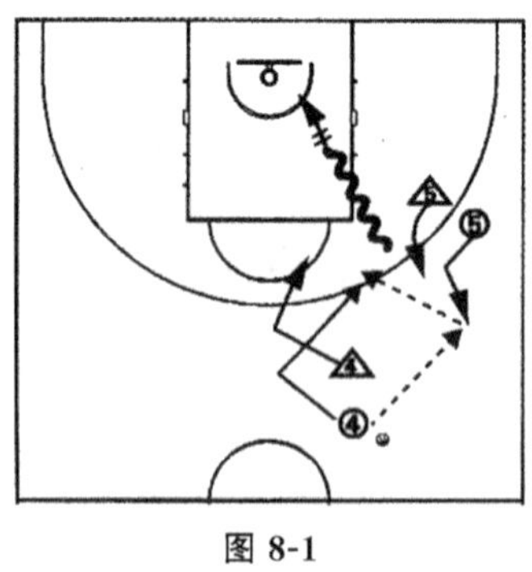

图 8-1

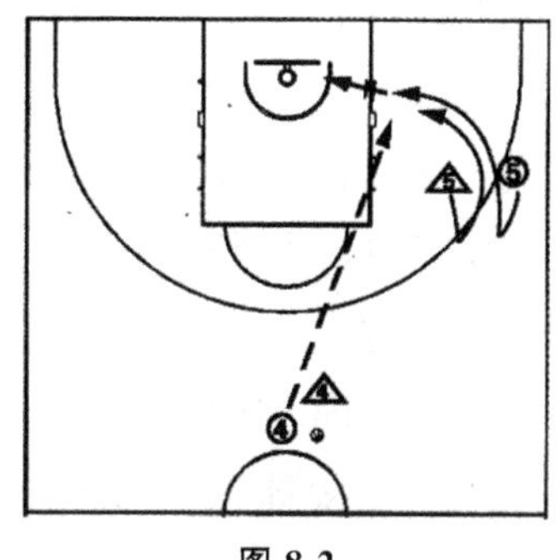

图 8-2

篮球运动员在赛场上进行传切配合时，需要遵循以下几点要求。

(1)必须要有一定的配合空间，切入的路线要合理。

(2)切入队员要根据场上情况，掌握切入时机，切入篮下并接队友的传球完成投篮。

(3)传球队员要善于利用运球、突破或假动作来吸引和牵制对手，传球动员的动作要隐蔽，当切入队员处于有利位置时，应及时、准确地将球传给他。

2.突分配合

突分配合是持球队员运球突破对手后，遇到对方换人、补防或"关门"时，及时将球传给无防守或进攻机会更好的同伴所采用的配合方法。突分配合的方法如下。

如图 8-3 所示，④传球给摆脱防守的⑤，⑤接球后向底线运球突破△5的防守，并传球给摆脱防守空切内线或底线的④或⑥。

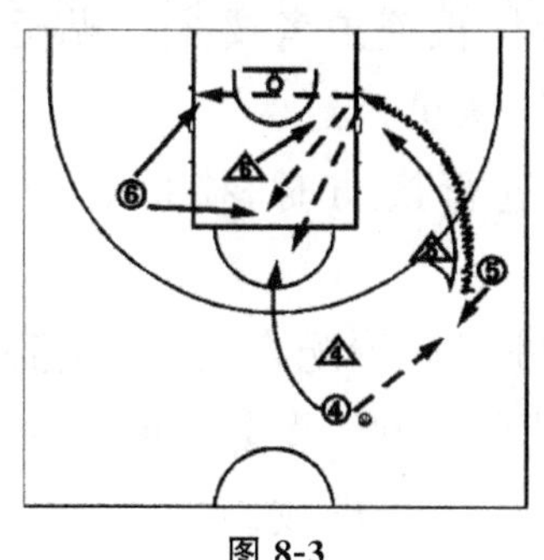

图 8-3

在篮球比赛中，运动员进行突分配合的基本要求如下。

(1)持球队员在突破过程中，要随时注意观察场上攻守队员位置和攻守情况的变化。同时，既要做好向处于最佳进攻位置的队友传球的准备，也应做好自己投篮的准备。传球时应注意动作的隐蔽性，还应做到传球及时、准确。

(2)在持球队员进行突破时，其他队员也应尽力摆脱对手，迅速占据有利的进攻位置，以便接球或抢篮板。

3.掩护配合

掩护配合是进攻者用身体挡住同伴防守者的移动路线，使同伴摆脱防守，获得接球和投篮的机会的配合方法。

如图 8-4 所示，根据身体位置和方向的不同，掩护配合可分为前掩护、侧掩护和后掩护三种。

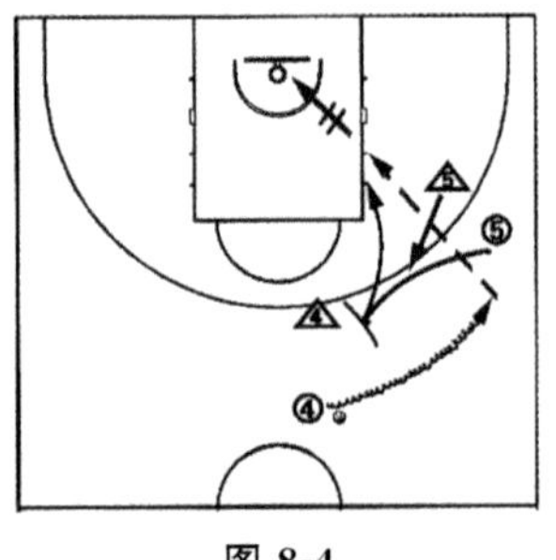

图 8-4

篮球运动员采取掩护配合时需要注意以下几点要求。

(1)掩护者要有明确的目的性，合理运用动作技术，注意行动要隐蔽，同时还应注意避免犯规。

(2)在进行掩护时，被掩护者要主动贴近掩护者，并且之间不能留有空隙，以防防守队员挤过。

(3)当防守队员进行换防时，掩护者应采取护送措施，参与进攻。

(4)进攻队员在进行掩护配合时，应做到配合默契，掌握好进攻时机，及时行动，动作果断，节奏分明，并结合场上防守的具体情况，组织突破、中投或内线进攻。

4.策应配合

策应配合是内线队员背对或侧对球篮接球后，与同伴的空切或绕过相结合，借以摆脱防守，形成里应外合的进攻配合。策应配合的方法如下。

如图 8-5 所示，④持球突破并传球给上提至罚球线的⑤，④纵切，⑥溜底线，⑤再传球给外围的④或底线的⑥。

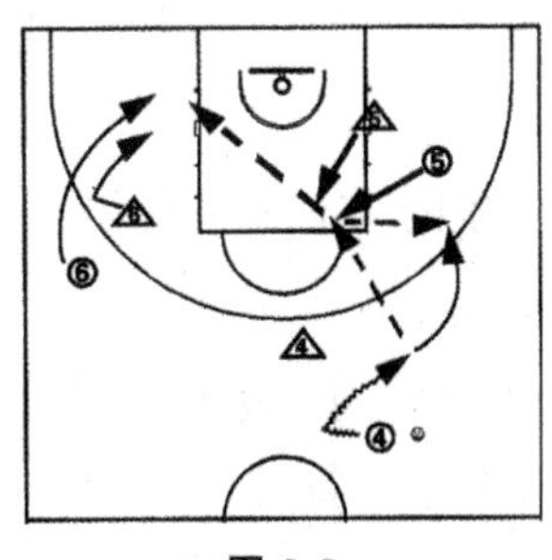

图 8-5

采用策应配合的方法进行进攻时需要遵循以下几点要求。

(1)策应队员应快速摆脱对手，并迅速占据有利的策应位置，接球时要两脚开立、两膝弯曲、两肘外展，以利于用身体保护球。

(2)根据场上队友和防守队员的位置及攻守情况的变化，做出正确的判断，并将球传给进攻位置最有利的队友，同时还应注意自己的进攻机会。另外，传球后还应注意转身跟进，随时准备抢篮板。

(3)为提高策应的成功率，在策应过程中，策应者应采取积极有效的措施，如转身、跨步、假动作等，及时调整策应的方向和位置，以协助队友尽快摆脱防守，从而减轻进攻的压力。

(4)外线的队员传球后，应采用突然、快速起动或假动作等方法迅速摆脱防守，切入，绕出接到策应队员的传球后迅速做出最佳选择，即投篮、突破或传球。

(二)进攻人盯人防守战术教学

1.进攻半场人盯人防守

阵地进攻中,要根据本队条件和防守队的特点,以及选择的战术来确定进攻的队形,进攻人盯人防守战术要充分利用传切、掩护、突分和策应等基础配合,打乱对方的防守体系,并结合个人的攻击能力,创造得分机会。常用的阵地进攻队形有“3—2”队形“1—2—2”队形等。

进攻半场人盯人防守的方法如下。

(1)掩护突破与空切配合

如图 8-6 所示,⑥传球给⑤,④提上给⑤做掩护,⑤借助④的掩护持球突破到篮下;同时⑧提上给⑦做掩护,然后转身插向篮下,准备接⑤的分球或抢篮板球,⑦借助⑧的掩护插向底线,准备接⑤突破分球,这样,⑤突破篮下时可以有自己上篮、分球给⑦或④或⑧投篮 4 个机会。

(2)掩护策应与传切配合

如图 8-7 所示,⑥传球给⑦,然后去给⑤做侧掩护,④做假动作后插到罚球线上要球,⑧去给⑦做侧掩护,⑦传球给④后,借⑧的掩护向篮下快下,⑤借助⑥的掩护插到圈顶准备策应跳投,④根据情况做策应跳投或传给⑦准备投篮。

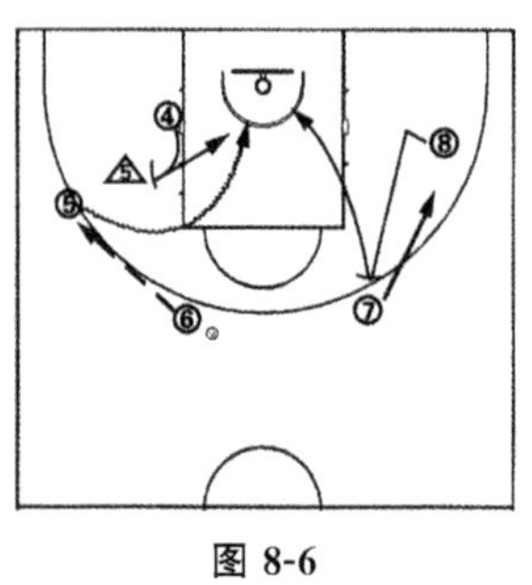

图 8-6

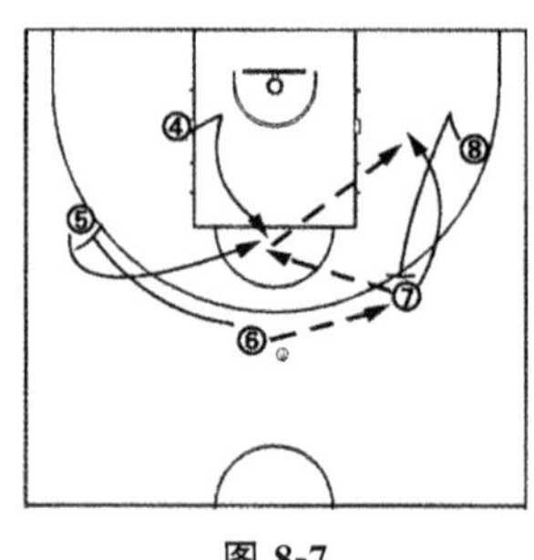

图 8-7

2.进攻全场紧逼人盯人防守

(1)三人掩护配合

如图 8-8 所示,在对方全场紧逼掷端线界外球时,⑤、⑥、⑧迅速在罚球线附近面对④站成屏风式的掩护横队,⑦在罚球区的另一侧。采用这种落位阵式时,④必须有较强的战术意识,传、运球要准确;⑦的突破速度要快、投篮要准确;⑤和⑥是接应队员,⑧是中锋,要有跟进策应和强攻篮下的意识。配合开始时,⑦首先向端线跑动,当防守队员阻拦接应时,迅速反跑,快下,准备接长传球快攻,⑥和⑤向边线移动接应第一传。如果④将球传给⑧,中锋⑧应该迅速沿右侧边线快下,⑤则迅速摆脱防守斜插中路接应,并运球突破,争取与⑧、⑦在前场以多打少。

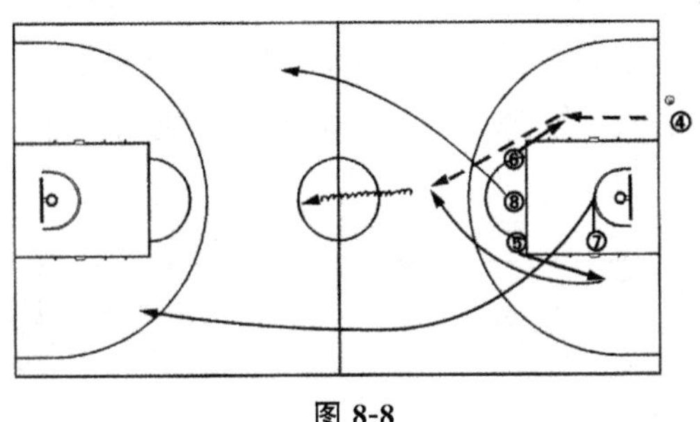

图 8-8

(2)两侧掩护配合

如图 8-9 所示,⑥、⑤在两侧接应第一传,⑧、⑦分别站在离⑥、⑤4～5 米处。掩护配合开始时,⑦和⑧分别给⑤和⑥做掩护,⑤和⑥利用掩护向两侧跑动,接长传球,破人盯人防守,同时,以防不测,⑦或⑧全力去接应第一传。

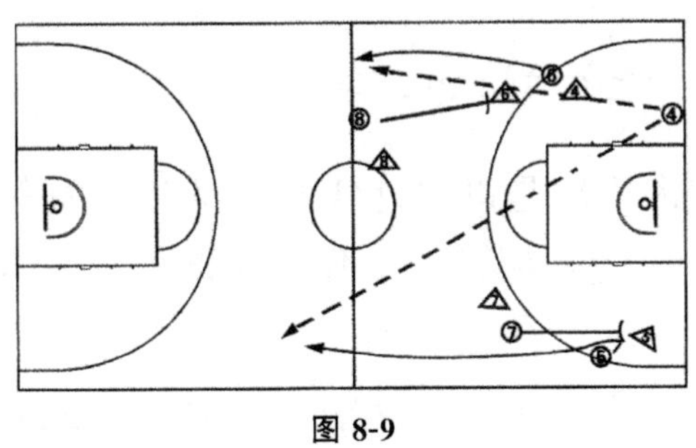

图 8-9

(3)中路运球突破

如图 8-10 所示,当⑦掩护后去接应一传,然后迅速从中路运球推进,⑤利用⑦的掩护,从边路快下,⑧和⑥交叉跑动,如果来堵截,将球传给⑥或⑧,⑥或⑧接球后运球突破前场,至篮下准备上篮。

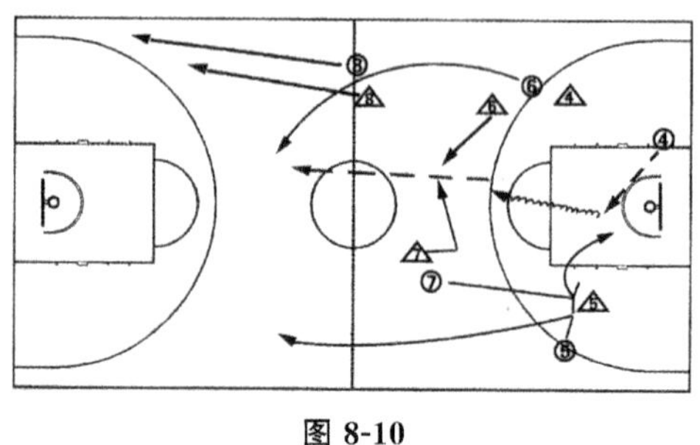

图 8-10

(4)策应配合

如图 8-11 所示,④掷端线球,⑥快速摆脱防守,接应第一传。④斜线跑动进场接回传球,⑦中场策应,⑤快速摆脱到篮下,⑧再摆脱防守策应要球,传球给⑤运球上篮,或等待同伴进入前场后准备阵地进攻。

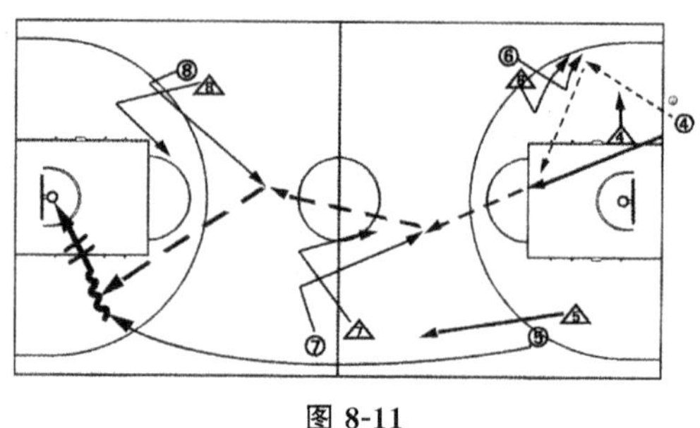

图 8-11

(三)进攻区域联防战术教学

1."1—3—1"三角穿插进攻法

"1—3—1"进攻法是以内外线队员的连续穿插,打乱"2—1—2"联防体系,最后造成防守空当,使传切配合上篮成功。如图 8-12 所示,⑦接到⑧的传球后,把球向左移动,⑥向左前方跳步接⑦的传球,由于⑥已进入投篮攻击点,⚠出来防守⑥,此时内线④斜插篮下要球，△4必然去跟防守④，紧接着⑤向罚球线远端斜插要球，△5紧随其上，⑧同时空切篮下接⑥传球上篮，这时△8是背对⑧，所以不会去防守⑧。该战术先后出现3次战机，成功的关键是穿插要球逼真，连续穿插衔接紧凑到位，传球及时到位。

2."2—1—2"中锋策应底线进攻法

如图8-13所示，⑥接到⑦的传球，见⑧从右侧溜底到左侧，就向篮下持球突破，使△5和△6"关门"防守，⑤上提接⑥突破分回传球，再传给溜底线过来的⑧，④下移把△4挡在身后，所以⑧投篮是很好的机会，这时④、⑤、⑦准备去抢前场篮板球，⑥撤到安全区域。该队形主要是针对"3—2"区域联防站位，以迫使防守队形改变，通过中锋策应，外围穿插，溜底线投篮等形式，造成局部区域的以多打少。

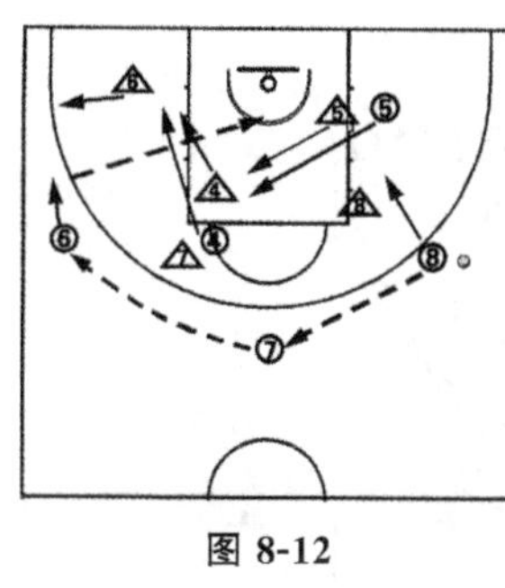
图 8-12

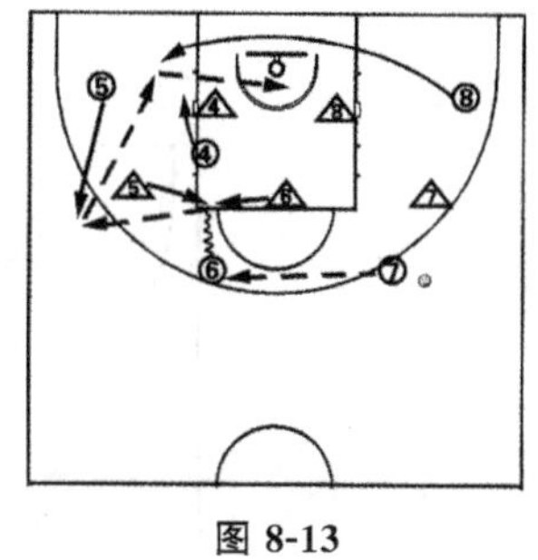
图 8-13

二、篮球进攻战术训练

(一)进攻战术基础配合训练

1.传切配合训练

(1)二人传切练习

如图8-14所示，④传球给⑤后做向左切入的假动作，然后变向从右侧切入，⑤接球后回传给④的下一位队员，并做向底线切入的假动作，然后变向从左侧横切。④切入后至⑤队尾，⑤至④队尾。依次进行练习。变向切入动作要快，切入过程中要侧身看球。

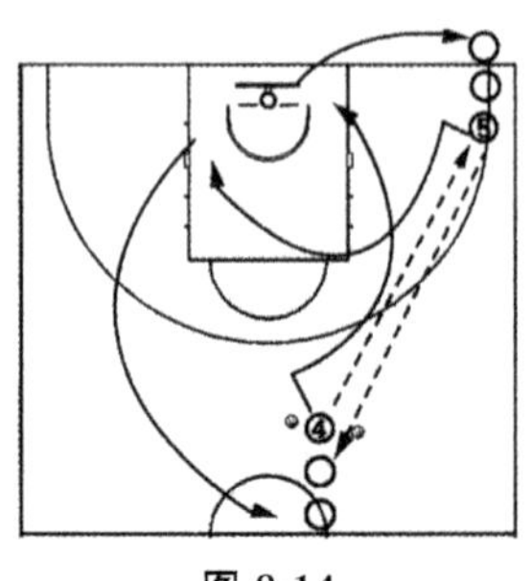

图 8-14

(2)三人传切练习

如图 8-15 所示，④与⑤各持一球，④传球给⑥后从右侧切入接⑤传球投篮。⑤传球给④后，横切接⑥传球投篮。④、⑤投篮后自抢篮板球传给本组的另一人。按逆时针方向换位，连续进行练习。

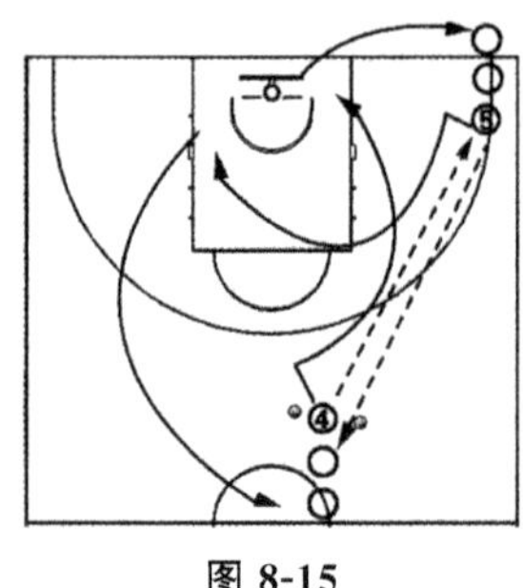

图 8-15

2.突分配合训练

(1)如图 8-16 所示，开始时④持球突破，在突破中跳起分球给向两侧移动的⑦，⑦在接球后做投篮动作，然后传球给⑤，⑤接球后从底线或内侧突破，跳起传球给接应的⑧。位置交换，④到⑦队尾，⑦到④队尾。突破要有速度，注意保护好球。接应分球的队员要移动及时。

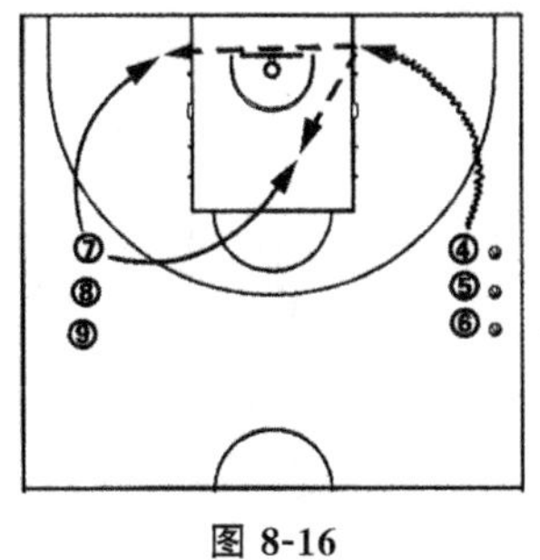

图 8-16

(2)如图 8-17 所示，传球给④，④接传球后向篮下运球突破，当遇到△5补防时，将球分给移向空位的⑤，⑤接球投篮。△4、△5抢篮板球回传给④。④接球前要做摆脱动作，突破时保护好球，⑤要及时突然移动至空隙地区接应。

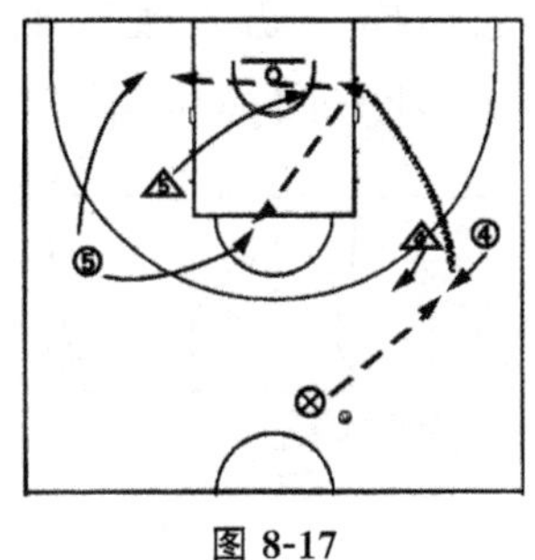

图 8-17

3.掩护配合训练

(1)如图 8-18 所示，将练习者分成两组，站在④身前充当防守者，⑥跑到侧后方给④做侧掩护，④先做向左跨步切入假动作，待⑥做好掩护后，及时向另一侧切入，⑥适时地后转身跟进。然后两人互换位置，轮流进行练习。

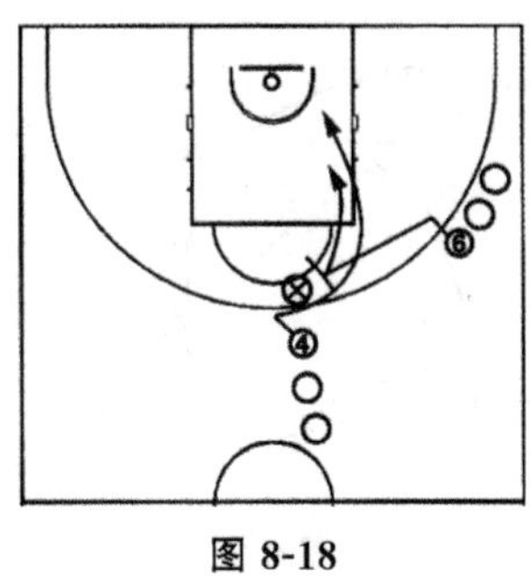

图 8-18

(2)如图 8-19 所示,⑥传球给④,然后去给④做侧掩护,④利用掩护运球切入时,△6换防△4,④可将球传给转身跟进的⑥投篮。

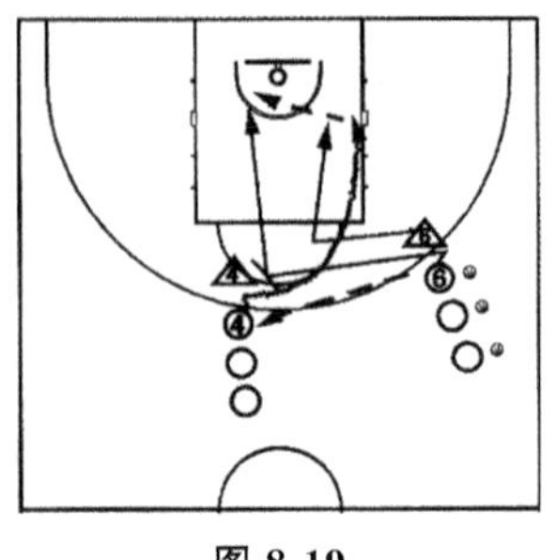

图 8-19

(3)如图 8-20 所示,站在④身前充当防守者,⑥传球给⑤后,去给④做侧掩护,④先向左前方下压,做向左突破的假动作,待⑥做好掩护时,突然变向加速向右切入接⑤的传球投篮。⑥及时转身跟进抢篮板球。按顺时针方向换位,依次练习。

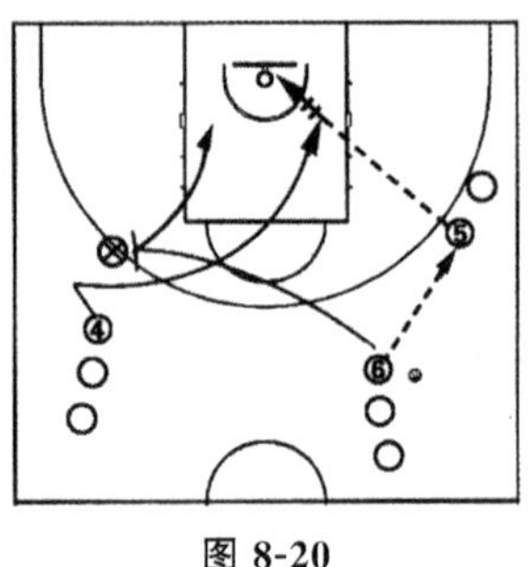

图 8-20

4.策应配合训练

(1)如图 8-21 所示,将练习者分为三组,按逆时针方向传球,传球后跑到下一组的队尾落位。

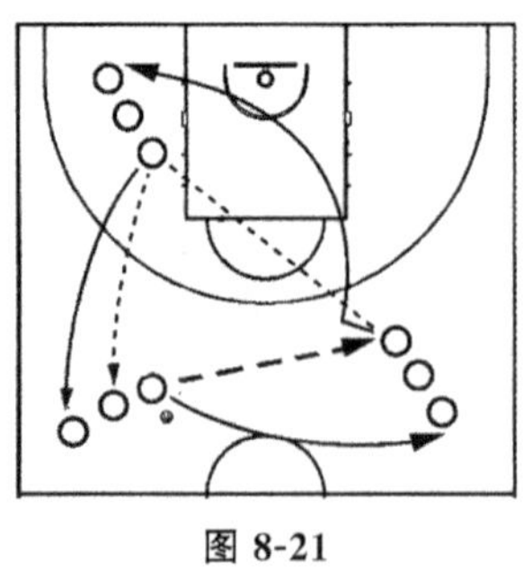

图 8-21

(2)如图 8-22 所示,⑥传球给⑤,⑤回传并上提做弧线跑动要球,⑥传球给插上策应的④,然后切入篮下接④的传球上篮。三人轮转换位。

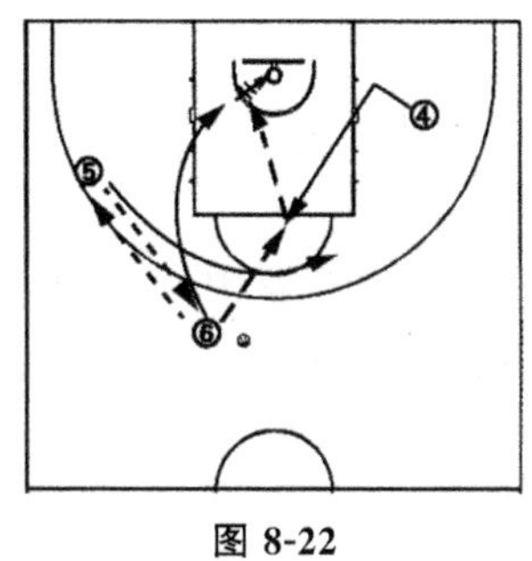

图 8-22

(二)进攻人盯人防守战术训练

(1)传切练习。将队员分成两组,由每组排头开始,依次进行。每组练习后,练习者排到另一组后面。

(2)二对二、三对三练习局部配合,如前锋与中锋,后卫与中锋,后卫与前锋,后卫、前锋与中锋等。

(3)5 人在无防守的情况下,初步熟悉进攻战术的路线和方法,明确主攻点、关键和难点,以及战术的变化。

(4)半场一对一摆脱接球训练。将队员分成两人一组,先由一组队员进行练习,练习一定次数后,换一组进行训练。

(5)半场五对五攻守练习。将队员分成 5 人一组,先由两组进行练习。进攻的一组按预定的配合方法进行练习,要熟悉进攻练习,了解不同的机会。防守的一组要人盯人,开始可以消极一些,但一定要跟着对手跑动。练习一定时间后,换两组上场训练。

(6)全场五对五攻守练习。将队员分成 5 人一组,先由两组进行练习。全场五对五练习时,可结合快攻反击,把全场进攻与半场进攻有机地结合起来,注意进攻的衔接训练,提高进攻的组织速度。

(三)进攻区域联防战术训练

1.半场四对四练习

将练习者分成4人一组,先出两组学生进行练习。防守站成"2—2"的联防阵势,进攻站成"1—2—1"阵势。进攻组要快速传球调动防守,创造投篮机会,或者利用穿插移动造成一侧防守负担过重,创造以多打少的投篮机会。防守可以由消极防守过渡到积极防守。

2.半场五对五练习

将练习者分成5人一组。练习时防守站成"2—1—2"的联防阵形,进攻站成"1—3—1"的阵形。进攻组运用传球、穿插、突破、策应来创造内外线攻击投篮机会,防守组由消极防守过渡到积极防守。

第三节　高校篮球防守战术教学

一、篮球防守战术教学

(一)防守战术基础配合教学

1.挤过配合

挤过配合是当掩护者邻近的一刹那,被掩护者的防守队员主动靠近自己的对手,并随其移动,从两个进攻者之间侧身挤进去,继续防住自己的对手的配合方法。挤过配合的特点是始终靠近对手,不让其轻易拿球;但容易犯规。挤过配合的方法如下。

如图 8-23 所示，④给⑤做掩护，当④接近△5的一刹那，△5抢前横跨一步贴近⑤，并从④和⑤之间主动侧身挤过去继续防守⑤。

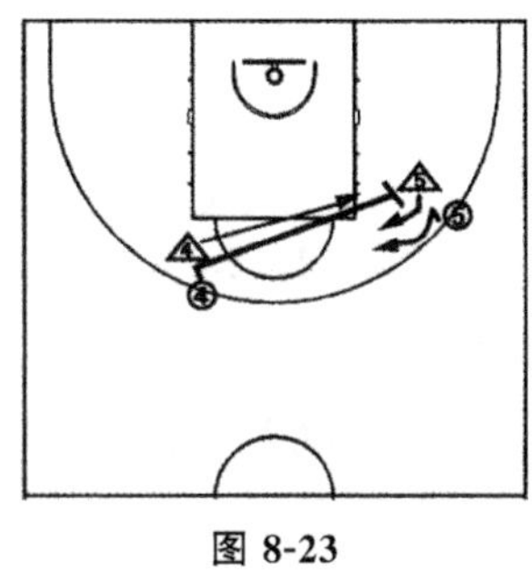

图 8-23

采用挤过配合时要注意以下几点。

(1)在实施挤过配合时，不应过早暴露挤过配合的意图，以防止对方反方向切入。

(2)实施挤过配合时，应在两个进攻队员身体靠近之前，果断抢步贴近对手，快速侧身挤过。

(3)防守掩护者的队员，应选择能够兼顾防守两个进攻队员的位置，做好随时换防的准备，并及时提醒己方队员注意对方的掩护意图。

2.穿过配合

当进攻队员进行掩护时，防守掩护者的队员主动后撤一步，让同伴(即被掩护的防守队员)能及时从自己和掩护队员中间穿过去，继续防守自己的对手，称“穿过配合”。穿过配合的特点是防守者始终离对手不远，又不容易犯规，但需要同伴的及时配合。穿过配合的方法如下。

如图 8-24 所示，当④给⑤做掩护时，△5上前一步从△4和⑤之间穿过继续紧逼防守⑤。

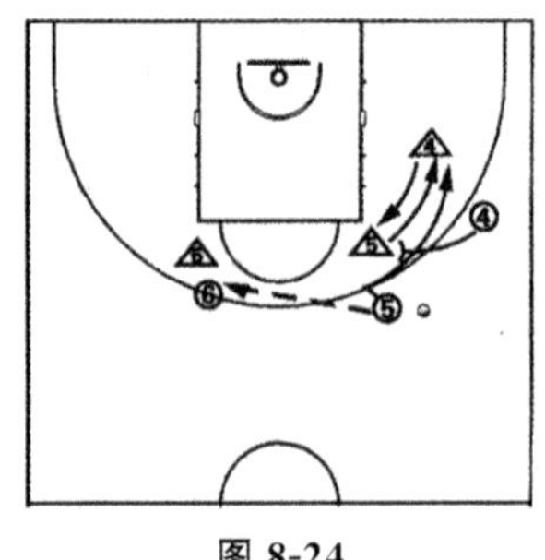

图 8-24

穿过配合的基本要求如下。

(1)防掩护者的队员应主动后撤一步选好位置,并及时提醒同伴,以便让队友穿过。

(2)当对方掩护时,防守掩护者的队员应撤步侧身,避开掩护者及时穿过。

3.交换防守配合

交换防守是当对方进行掩护或策应时,防守者之间及时交换自己所防守对手的一种配合方法。交换防守配合的方法如下。

如图 8-25 所示,当⑤给④掩护成功,△4和△5要及时交换防守对象。

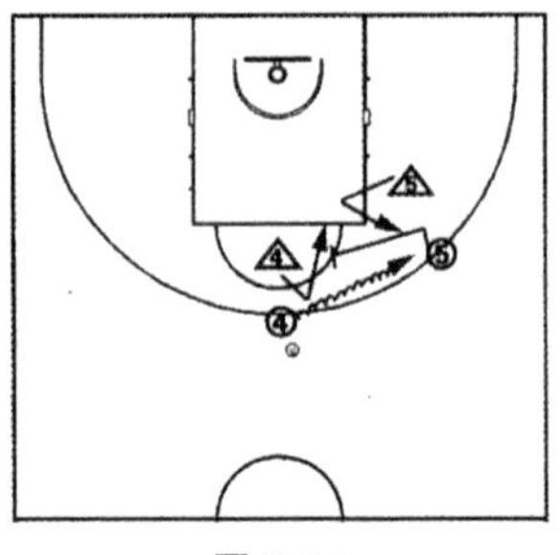

图 8-25

交换防守配合的基本要求如下。

(1)在利用交换配合堵截进攻队员的攻击路线时,防守掩护者的队员以及时发出信号提醒同伴。

(2)在掩护队员转身切入之前,防守被掩护者的队员应及时撤步,以抢占有利于防守的位置。

4.“关门”配合

“关门”是邻近的两个防守者协同防守持球突破的配合方法，像两扇门一样“关闭”起来，堵住持球队员突破的一种配合。“关门”配合的方法如下。

如图 8-26 所示，④持球向篮下突破，△5和△4采用“关门”配合。

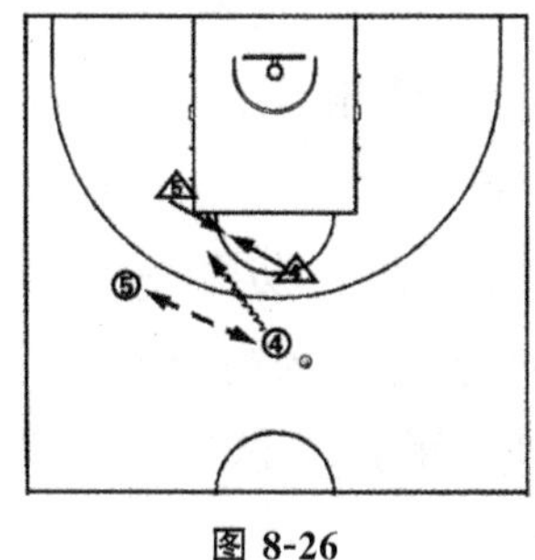

图 8-26

“关门”配合的基本要求如下。

(1)防守对方突破的队员应该积极地堵住进攻队员的突破路线。

(2)防守队员应根据持球队员的停球和传球，来决定围堵和回防，在进攻队员突破时，邻近突破一侧的防守队员应快速移动靠拢进行关门配合。

(3)邻近的两名防守队员在运用关门配合时，应两肩靠紧，微屈膝，含胸，两臂自然上举或侧举，在发生身体接触时，为避免受伤，应使用暗劲。

(二)人盯人防守战术教学

人盯人防守战术在篮球比赛中是运用最普遍的一种防守战术，指的是每个防守队员对对方的一名进攻队员进行严加防守，同时队友间进行协同合作的防守。从防守范围来讲，人盯人防守可分为半场人盯人和全场紧逼人盯人两种形式。

1.半场人盯人防守战术

(1)半场扩大人盯人防守

当对方外围投篮准确,突破能力及全队的整体进攻配合质量较差时,采用半场扩大人盯人防守战术可有效地遏制对方的习惯打法。这同时也是加强外线防守、切断内外联系,使中锋没有获球的机会,从而达到"制外防内"的防守策略。因此,半场扩大人盯人防守是一种防守目的明确,主动性、攻击性很强的防守方法。但这种防守方法对队员的体能消耗很大,不利协防,容易出现漏人的现象。

当比赛由进攻转为防守时,防守队员对于对方反击的速度要严加控制,马上后撤,对方进攻的持球队员进入半场后,防守队员要通过紧逼放慢其速度,使其无法突破。对于无球队员的防守,位置的选择最重要。

半场扩大人盯人防守的要求如下。

首先,由攻转守时,迅速回防,在球进入 3 分线之前,找到各自的防守对手,并迎上去,当进攻队员进入 3 分线时,紧逼防守,并防止突破。

其次,当进攻队员进入罚球线一带时,积极抢前防守,阻挠对方接球,破坏其进攻配合,控制持球队员,运用挤过防守,不让对方掩护成功。

最后,当球在两侧或场角进攻时,及时"关门"或补防,迫使底线突破者停球,阻止其通过篮下,利用边角组织夹击防守,高大队员及时绕前防守,控制篮下。

(2)半场缩小人盯人防守

半场缩小人盯人防守,基本控制的防守区域是在半场的 1/2 区域内,它是以加强内线防守、保护篮下为主要目的的防守战术。这种防守战术多用于对方篮下攻击力较强、外围攻击力较弱的球队,它的防守区域较小,有利于协防,控制内线进攻、抢篮板球后组织快攻反击。

半场缩小人盯人防守的基本方法如下。

①破掩护、交换防守或协防

如图 8-27 所示，进攻队员⑤将球传给⑦后，⑤去给④做掩护，防守队员 △5 和 △4 向后移动穿过去破坏对方的掩护；若对方掩护成功，△5 和 △4 要及时交换防守，或 △4 随之移动，继续去防④，其他防守队员相应向篮下收缩，进行协防。

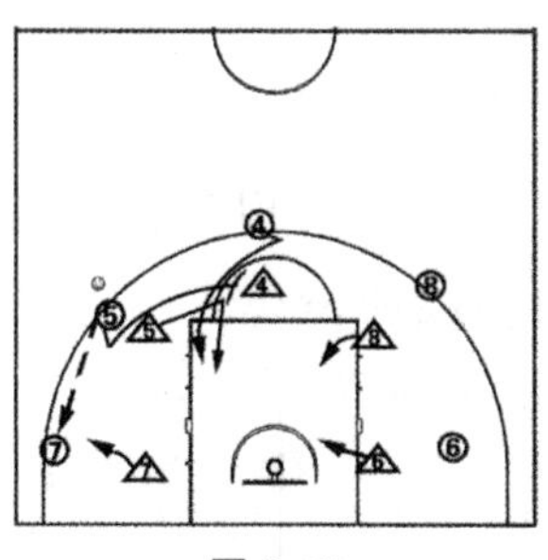

图 8-27

②围守中锋防突破

如图 8-28 所示，当进攻中锋⑥威胁性较大，而其他外围队员⑦、⑤、④中远距离投篮不准，但又善于切入时，特别是⑥接到外围⑧的传球，除 △6 全力防守之外，△4、△5、△7 都要相应缩小防区。

图 8-28

2.全场紧逼人盯人防守

全场紧逼人盯人防守是在全场范围内与对手展开争夺，防守队员在不同防区的紧逼过程中，任务也有所不同，所以，通常把球场划分为前场、中场和后场三个区域来组织人盯人防守。

(1)前场紧逼防守

①对方在后场外掷界外球时的紧逼

一对一紧逼形式如图 8-29 所示,△4积极阻挠④掷界外球,其他前场的防守队员采用错位防守,卡断传球路线,积极抢断球。后场的防守队员应提上防守,与对手保持稍远的距离,并随时准备抢断长传球。

②夹击接应的紧逼

在上述一对一紧逼形式中,如果④是控制球能力很强的队员,是该队的主要接应者,△4可以放弃对发球人的阻挠,转而对⑤进行夹击,阻止其顺利接应篮球。

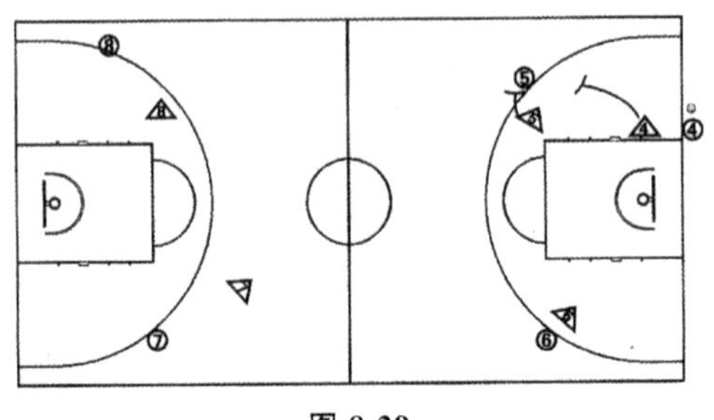

图 8-29

③机动夹击接球者的紧逼

如图 8-30 所示,△5和△6分别站在对手的侧前方,阻止对手迎前接应。△4放弃防守发球者,退到△5和△6的后面,随时抢断传给⑤和⑥的高吊球,△7提上,准备抢断传给⑥的长传球,△8向⑦方向靠一点,准备抢断传给⑦的长传球。

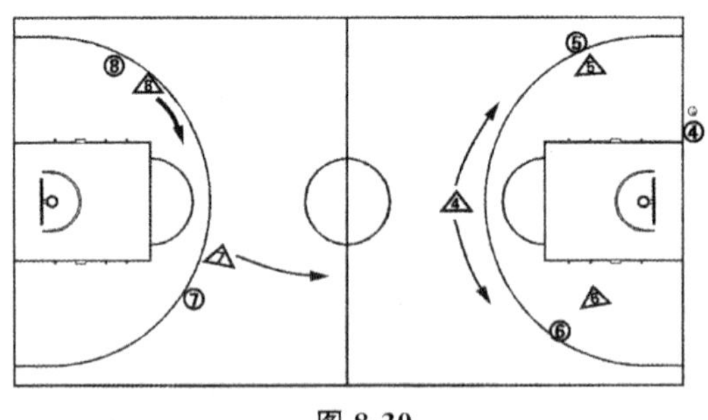

图 8-30

(2)中场紧逼防守

中场紧逼防守的方法及过程如下。

①在对方运球向前推进时堵中放边。

②同伴防守队员要根据场上情况和时机，大胆上前包夹对方运球队员。

③一旦包夹开始，后面的防守队员要向前补防，并积极抢断对手的传球。

④对手如将球传出或突破包夹，要立即回撤，重新组织防守力量。通过急与缓的节奏打乱对手的战术节奏。

(3)后场紧逼防守

一般来说，在后场应继续扩大防守，对持球队员积极封堵，尤其在底线场角，防守队员应积极组织夹击，破坏对方的进攻，使其出现失误，继续给对方心理上施加压力。如果在前、中场防守时，由于交换盯人、轮转补防出现防守队员高矮错配、强弱不均等现象，可以寻找适当的时机进行调整，以巩固后场的防守实力。

(三)区域联防战术教学

1.“2—1—2”联防

“2—1—2”联防，即前边站两名队员，中间站一名队员，后边站两名队员。这种阵型适用于阻截正面突破和篮下威胁较大而“两腰”攻击力较弱的队(图8-31)。

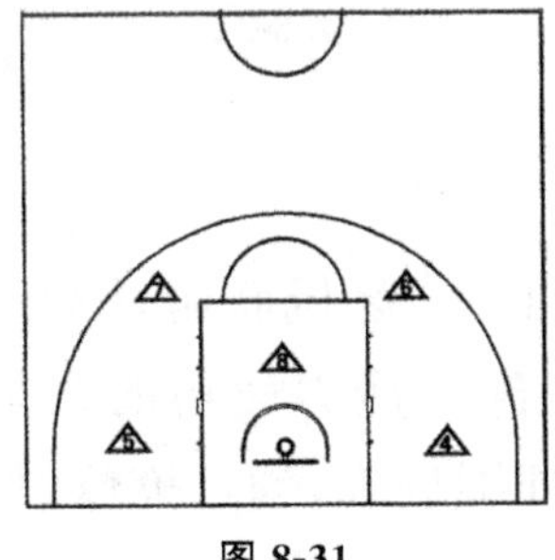

图 8-31

“2—1—2”联防中各位置上队员所应具备的条件：负责前突

的队员⑥、⑦要快速、灵活、机智，并善于抢断，反击和组织快攻；⑧队员要具有较强的补位意识，身材高大，并善于抢篮板球；④和⑤队员要具备全面的技术，身材高大，善于抢篮板球和发动快攻。

2."2—3"联防

如图8-32所示，"2—3"区域联防阵型的特点是篮下防守力量较强，有利于争夺篮板球，有利于对付擅长篮下进攻的队。与"2—1—2"区域联防阵型一样，两侧45°外围一带是薄弱区域，容易造成进攻队投篮。

"2—3"联防中每个位置上的队员所应具备的条件：负责前突的⑥、⑦应是灵活、快速、机智，善于抢断反击和组织快攻的队员；⑧队员应具备较强的补位意识，且身材高大，善于抢篮板球；④、⑤队员应具备较为全面的技术，身材高大，具有发动快攻和争抢篮板球的能力。

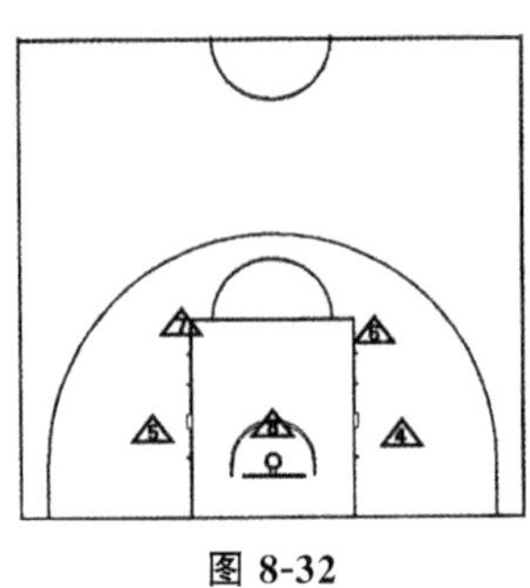

图 8-32

3."3—2"联防

如图8-33所示，"3—2"区域联防是针对内线攻击能力较弱，而外围投篮较准，组织配合能力较弱的队采取的防守形式，这种布局可以破坏对方的外围进攻，创造抢球、打球、断球反攻机会。

"3—2"联防中各位置上队员所应具备的条件：负责前突的队员⑥、⑦、⑧，要快速、灵活，具备抢断球和发动反击的能力；

△4、△5队员要擅长内线的防守，身材高大，具有争抢篮板球和发动快攻的能力。

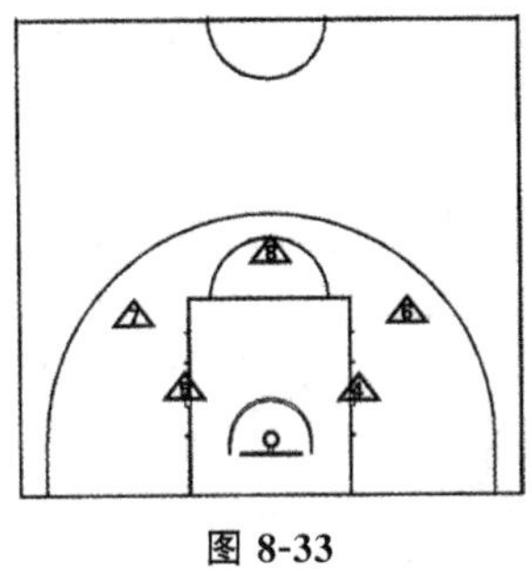

图 8-33

二、篮球防守战术训练

(一)防守战术基础配合训练

1.挤过配合训练

如图 8-34 所示，④去给⑤做掩护，当④接近⑤时，同时⑤准备移动，△5要及时向前跨一步靠近⑤，并在⑤与④之间侧身挤过继续防守⑤。⑤去给⑥做掩护，△6按△5同样的动作挤过。依次进行循环练习，然后攻、守互换。

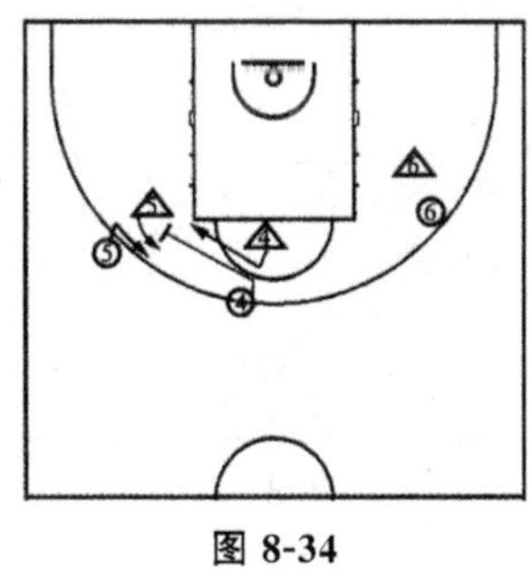

图 8-34

2.穿过配合训练

如图 8-35 所示，在弧顶外持球，④、⑤、⑥轮流做定位掩护，

△4、△5、△6防守者练习挤、穿、换防守。当弧顶传球给⑥时，④立即起动借⑤定位掩护摆脱防守切入，△4做挤过、穿过或交换防守练习。⑤做完掩护后拉出，④切入后到限制区左侧做定位掩护，⑥将球传过弧顶后利用④掩护切入，△6做挤过、穿过或交换防守练习。如此反复进行练习，到一定次数后攻守交换。

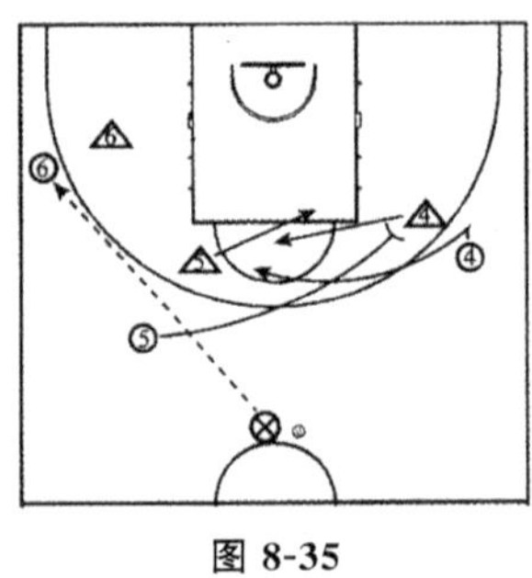

图 8-35

3.交换防守配合训练

如图 8-36 所示，与④和⑥在外围传接球，当传球给④的同时，⑤给④做后掩护，④将球回传给弧顶队员，④借掩护之机切入篮下，这时△5一边跟防，一边通知△4，当④切入时，△5突然换防④，并准备断弧顶队员传给④高吊球，此时△4要抢占内侧防守位置，防止⑤接弧顶的球。

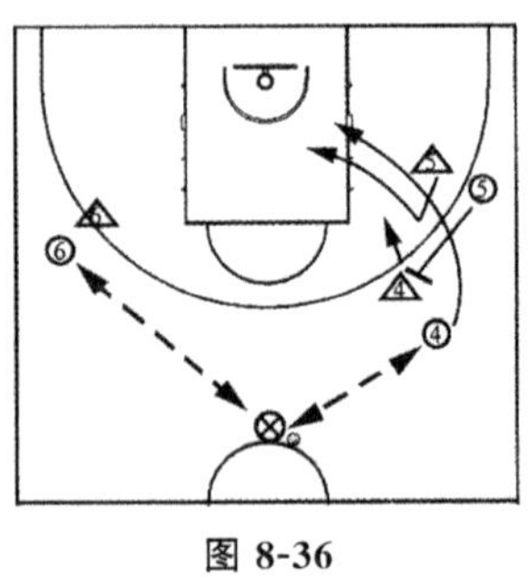

图 8-36

4.“关门”配合训练

如图 8-37 所示，④、⑤、⑥在外围相互传球，寻找机会从△4与

△5或△5与△6之间突破。△4、△5、△6除了要防住自己的对手外，还要协助邻近同伴进行“关门”，不让对方突破到篮下。当进攻者突破不成把球传出时，“关门”的队员还应快速还原去防自己的对手。

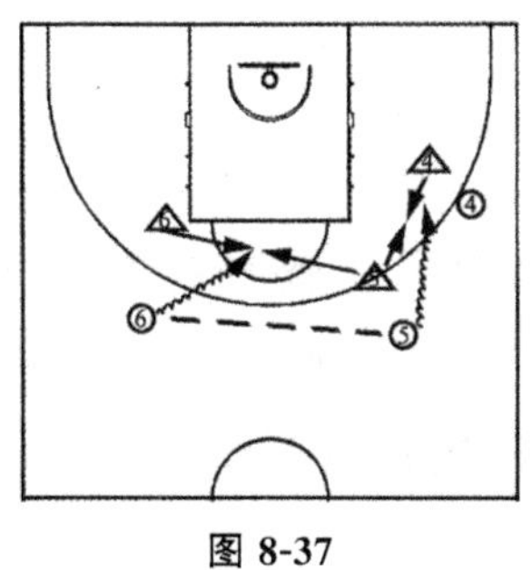

图 8-37

(二)人盯人防守战术训练

1.半场人盯人防守战术训练

(1)提高脚步动作的灵活性和个人防守技术训练。从各种脚步动作练习开始，过渡到半场或全场的一对一攻守对抗练习，在对抗中重点提高个人的脚步移动速度和一对一紧逼抢的能力，培养抢前防无球队员的接球和切入能力训练。

(2)半场二对二练习。进攻者掷端线界外球，两防守者或各紧逼自己的对手，不让接(发)球；或两人夹击接应者，争取断球或使对方违例。

(3)半场五对五攻守对抗练习。进攻投篮命中后从中圈发球继续进攻，进攻队员抢到前场篮板球，可以补篮或二次进攻。防守队员抢到后场篮板球或抢断成功，应从中圈开始发球进攻。

2.全场紧逼人盯人防守战术训练

(1)全场运球一防一。要求堵中放边，防强手，放弱手，始终与对手保持不远于一臂的距离。

(2)全场二防二。要求封堵掷界外球队员，紧逼接应队员，提高攻守转换的速度。

(3)全场五对五教学比赛。只要进攻队员投中后,应当立即全场紧逼,其他情况可采用半场扩大紧逼防守。

(三)区域联防战术训练

1.随球移动选位练习

(1)随外围球的转移进行移动选位。五人按联防形式防守,外围四人传、接球进攻。防守队员根据球的不同位置进行移动,不断调整防守位置。传球时可由慢到快,当防守队员选好正确的位置后再传球。

(2)根据外围球的转移方向和内线队员的穿插进行移动选位。五人防守,五人进攻。防守队员要根据球移动,同时还应根据内线队员的活动移动,并进行协同防守。开始训练时,外围队员传球,中锋在内线穿插,然后可以适当地将球传给中锋,中锋接球后再传出,训练防守队员的伸缩移动能力,体会球到篮下的防守方法。

2.局部对抗练习

(1)一防二练习。二人外围传球,一人左右来回移动防守有球队员。二人传球不要太快,待防守者到位后再传给另一队员。

(2)二对二训练。进攻队员二人在球场右侧或左侧的 3 分线附近相互传球。防守队员二人站位在同侧限制区线附近。当本区进攻队员接球时,要按人盯人方法防守,另一队员后撤保护。练习时,当对方球到底角时,要重点防对方底线突破,当对方得球时,按先防突破再防投篮的原则移动。

(3)二对三练习。进攻队员三人沿 3 分线站位,进行外围传球。防守队前锋二人在罚球线附近根据球的转移进行防守。练习时,离球近的队员先去防对方得球的队员。另一防守队员选择一防二的位置。

(4)三防四练习。外围四人传球,三人防守。三人防守应积极移动补位,一人防对方持球队员,二人防对方三名不持球队员,防守区域可机动变化,力求做到球到人到。

3.局部防守配合练习

(1)堵截护送盯人练习。进攻队两名队员在篮下来回溜底,两名防守队员用人盯人方法来回跟踪防守。进攻队可结合内线活动及背插,提高防守移动速度与补防能力。

(2)盯人与补位配合练习。进攻队员溜底或斜插时,处于该区的防守队员跟踪,当进攻队员向这一区域移动时,临区的防守队员及时进行补位。可以三对三,在两侧反复训练。

4.攻守转换练习

可采用二对二、二对三、四对四、五对五半场攻守的练习方法。刚开始时,进行两队攻守练习,一队进攻,一队防守。练习一定时间后教师发出信号,进攻组队员听信号后转为快速退防,迅速抢占有利位置。按二人、三人、四人、五人联防的原则和方法进行防守。练习时可往返进行,也可以提出特殊要求和规定。

5.五对五练习

(1)半场五对五训练。进行半场五对五训练时,应当有目的地解决某些问题,如给进攻队提出一定要求,专门解决防守的某一配合;改进本队的弱点,以及练习某些特殊配合等。

(2)全场五对五训练。主要是在与比赛相近的情况下,提高联防的水平。把队员按 5 人一组,分成若干组,轮流进行训练。练习中可规定特殊任务或提出具体要求,如快攻投中后在前场继续进攻等。

第九章　高校篮球游戏学练研究

篮球游戏是现代体育教学方法中越发受到重视的一项。鉴于篮球游戏具有的娱乐性特征，使得其在篮球教学中有着极其特殊的作用。通过篮球游戏将篮球技战术融入其中，使学生在游戏之中潜移默化地接受篮球训练、提升球感以及综合技能水平。为此，本章就主要对高校篮球游戏的学练方法进行指导。

第一节　篮球游戏的基本理论

一、篮球游戏的概念

篮球游戏是指以篮球和篮球场为主要道具和场所的，有特定目标和任务并在一定规则制约下组织的某种活动形式。

篮球游戏的内容丰富，形式多样，组织简便，氛围轻松，又由于其带有竞争性的因素，因此它对篮球教学训练有很大帮助，是篮球教学开始的热身运动或结束时的放松运动最好的选择。

篮球游戏大多是集体分队进行。篮球游戏在篮球训练中的意义在于，可以通过游戏培养球员的集体主义精神；培养勇敢顽强的优良品德和作风；提高观察与判断能力；有利于篮球意识的强化和形成。这些都对篮球教学训练的顺利进行起着积极的作用。

二、篮球游戏的特点

篮球游戏是体育游戏与篮球训练的结合。因此，篮球游戏具备了篮球训练和体育游戏两方面的特点。除此之外，篮球游戏还具有一些专属于它自身的特点。主要体现如下。

（一）目的性

篮球游戏的娱乐性和进行时的轻松氛围会让人容易忽略它存在的目的。它并不单纯是一项娱乐游戏，而是在游戏中蕴含着许多训练内容。例如，增强篮球球员的体质和篮球技能的提高就是篮球游戏的意义之一。

不同的篮球游戏拥有不同的针对性。细致的分可以如有的篮球游戏针对运球能力的培养，有的针对传球能力的培养等。此外，篮球游戏还具有合理安排运动负荷的作用，如在进行了大运动量训练后，安排一些篮球游戏予以调整球员的体能分配。

（二）灵活性

篮球游戏的灵活性体现在游戏中的动作、路线、规则及场地器材都是根据参加者的实际情况进行设计、选择和变化的。其具体表现如下：

（1）篮球游戏中的动作，可以根据参加者的具体情况和不同要求作相应变化，可以是正常的跑、跳、投，也可以是变异的各种跑、跳、投，可以提出严格的动作规范，也可以淡化动作规范等。

（2）篮球游戏中的路线，可以根据参加者具体情况和不同要求作相应的变动，可以是直线、曲线也可以是弧线、螺旋线；可以一次直接到达终点，也可以几个人接力到达终点。

（3）篮球游戏中的规则，需要简明扼要，不宜过分复杂。篮球游戏的规则可根据篮球游戏的目的，对活动的路线作不同限制，能产生不同的游戏效果。

(三)竞争性

篮球游戏的竞争性可以体现在比体能、技能与智力,或者是比与同伴协作的能力、集体写作能力和应变能力等。除此之外,篮球游戏还可以使弱者有机会成为获胜的一方,这也给实力强的一方提出新的挑战,必须充分发动思维积极思考游戏规则等内容,把握游戏的本质,也能反败为胜,在篮球游戏中可以更好地挖掘人的潜力。因此,篮球游戏不仅能提高参与者的活动能力,还能培养创造思维能力。

(四)趣味性

趣味性是一切游戏的根本属性,这也是篮球游戏中的重要属性。由于篮球游戏本身所具备的趣味性和休闲性,因此它可使球员在轻松愉快的氛围中进行,这对于情感调节、放松身心、娱乐休闲,开展趣味性竞争都有着积极的作用。球员轻松、自由、平等地参加游戏活动,把注意力集中于活动过程的乐趣上,从而获得自由表现的机会,并使参与者拥有一种轻松愉快的心境。篮球游戏过程中的随机性、偶然性,会使游戏参加者产生浓厚的兴趣和愉快成分,满足人们情绪、情感上的需求,产生愉快的情绪体验,这也是篮球游戏的魅力所在。

三、篮球游戏的训练任务与要求

(一)篮球游戏的训练任务

篮球游戏也是篮球训练内容之一,它的训练任务包括以下几点:

(1)正确、熟练地掌握篮球运动技术和技能。

(2)力求吸引球员始终保持持久的兴趣和旺盛的求知欲。

(3)调节和提高球员兴趣、减轻疲劳感,提高教学训练质量。

(4)提高球员的感觉器官和机能的敏感性、稳定性与思维能力。

(二)篮球游戏的训练要求

篮球游戏已经成为现代校园篮球教学和篮球专业运动队中经常使用的训练活动方法。在进行篮球游戏教学时,应注意以下几方面的基本要求。

1.满足篮球教学训练的需要

在制订篮球游戏教学计划时,要考虑到游戏的内容和方法是否符合球员所处年龄段的生理、心理两方面的发展需要。与此同时,还不能忽视篮球游戏对篮球训练的辅助作用,使游戏紧密配合篮球教学的任务,通过游戏提高球员的技能。游戏的内容不要过于复杂,否则会对教学效果产生一定的影响。

2.提高球员思维能力水平

通过篮球游戏,要充分发挥球员的想象力和创造力,发展思维,提高认识能力。做到这一点,要求教师在说教的同时,还要对球员进行积极的启发和诱导,从而提高球员的体力和智力水平,并有利于球员思维能力的形成和发展。

3.加强球员的思想品德教育

篮球运动是一个五人参与的团队体育项目,因此集体协作的特点就是篮球运动的本质属性之一。所以,在组织篮球游戏时也需要特别注意在游戏中包含团队和集体的意义在内。

在游戏中,球员之间需要团结互助、协同配合,加强集体观念。教练在篮球游戏教学中要做到因人施教,根据计划按部就班地进行;要尊重、关心球员,成为球员的良师益友;要做到公正裁判,准确评定成绩等,通过篮球游戏加强对球员的思想品德教育。

四、篮球游戏的创编步骤与原则

(一)篮球游戏的创编步骤

1.游戏任务的确定

作为一种具体游戏,篮球游戏的创编必须要有其具体的目的和任务。例如,为提高某项身体素质培养兴趣。

2.游戏素材的选择

篮球游戏素材要根据游戏的任务从篮球运动本体内容中来进行选择。例如,学习篮球某项技术,可以以该技术动作为素材。

3.游戏方法的确定

游戏方法通常包括游戏的准备、进行形式、队形及其变化、活动时间、空间地域范围及路线、接替方法和动作要求等内容。

4.游戏规则的制定

制定游戏规则时,要注意正规的篮球规则的基本要求,要有利于运用技术与战术的规范要求,要明确合理与犯规、成功与失败的界限,制定出对犯规者的处理办法。另外,规则要有利于维护游戏的安全。

5.游戏名称的确定

游戏名称要具有教育性、形象性、激励性和象征性,还要简单易懂,并能反映出该游戏的主要特点。

6.游戏演试的示范

篮球游戏的创编,是为了更好地进行篮球游戏教学训练任务的进行，对游戏进行科学合理的示范和演试，是篮球游戏获得训练效果的基础。

(二)篮球游戏的设计原则

篮球游戏本身具有辅助教学的作用，这个观点已经开始逐渐被广大体育训练工作者认可和重视。随着篮球运动的不断发展、创新，随之而来有越来越多的篮球游戏被设计出来。一个好的、富有实效的篮球游戏的设计需要按照一定的原则进行，主要包括以下几点。

1.针对性原则

篮球游戏的设计应注意遵循针对性原则。对游戏的设计为了符合这一原则，可根据本次教学和训练的目的和内容，球员的具体实际，教学训练的客观条件，如场地、器材、设备、天气等有针对性地设计游戏的内容、方法、规则，还可以针对不同的教育目的，有针对性地设计和选择不同的篮球游戏。

在篮球教学训练中运用和组织游戏的根本目的是使球员体能健康得到加强并有助于掌握技术，培养品质，发展与篮球有关的各种思维能力。因此。只有遵循针对性原则，教学训练的任务才能真正落到实处。

2.趣味性原则

趣味性是篮球游戏不同于篮球训练的根本因素，因此，设计篮球游戏时必须遵循趣味性原则。篮球游戏的趣味性更多地表现为具有较强的对抗、竞赛和竞争性。这种使人感到愉快的竞争、竞赛或对抗能有效地激发人的活力和潜在能力。

篮球游戏的趣味性，还在于设计者要设计和采用一些与日常习惯不同的动作，逐步提高难度的动作及难以协调的动作，或者还可以采用一些奇怪有趣的规则，使参与者能够全身心地投入到游戏之中，进而获得通过自己努力而取得成功的满足感。

3.教育性原则

在设计篮球游戏教学活动中要考虑到它是否包含教育性因素，即从游戏的设计、命名、形式、方法到具体要求，都要立足于它的教育价值，避免设计出的游戏过分强调趣味性。因此，在篮球教学训练游戏中，必须注意教育性原则。要重视培养参与者的道德品质、顽强作风、团结协作以及集体主义精神等。

4.安全性原则

在设计篮球游戏时需要考虑到安全因素。开展篮球游戏一般会选择篮球场作为场所，篮球和标志杆作为器材，从表面上看是相对较为安全的，但在设计某些针对性强的游戏时，也一定要注意贯彻安全性原则，避免参与者受伤，保证其身体安全。

在以篮球运动技战术为素材的游戏中，球员往往会由于兴奋性高，出现不注重动作质量的问题。因此，在设计篮球游戏时尤其要注意从游戏规则上保证动作规格，控制过大、过猛动作的出现，使球员的精力全部投入做好游戏上面，从而达到学练统一的目的。

第二节　传接球类游戏

传接球是篮球运动的重要进攻技术。全面熟练地掌握传接球技术，才能把全队连成一个整体，充分发挥集体的力量，进而争得比赛的主动权。

传接球技术是与篮球运动同时出现的最早技术之一，经过一百多年的发展，其动作方式、种类之多可列篮球运动技术之首，大体上可包括五大类四十多种。但无论是哪一种方式，传球的动作过程都是由传球动作方法、球的飞行路线、球的落点三者所组成；接球则是由准备接球、接球、接球后的动作三个环节所组成。传接球的技术运用效果的好坏，主要表现在激烈对抗中能否及时、快速、隐蔽地传球到位，能否及时摆脱防守接到球，保护好球并迅速衔接下一进攻动作。要做到这一点，关键在于传球时前臂、手腕、手指的力量和动作的技巧，接球时上步卡位，伸手迎球动作和接球后迅速保护球，及时衔接下一进攻动作的强烈意识。此外，还涉及视野的扩大，意图的隐蔽以及能否与运球、突破、投篮等其他技术动作紧密结合等不可忽视的因素。

比赛的实践证明，传接球技术掌握及其运用的水平高低，不仅直接影响球队的战术质量和比赛胜负，更重要的是反映了球队队员的球场作风、篮球意识、整体观念以及协作精神，而这正是构成众多教练员和教师在进行教学训练时，明确要求球队队员不断提高传接球技术及其运用质量，做到“能传决不运”的重要原则，而这也同样是组织传接球游戏所要达到的根本目的。

一、“两人传两球”游戏

(1)“两人传两球”游戏的目的。使学生熟练各种传接球技术，提高手对球的控制能力。

(2)“两人传两球”游戏的场地器材。篮球场 1 个或平整的空地 1 块，每人 1 个篮球。

(3)“两人传两球”游戏的方法。学生两人一组，各手持一个篮球相对而立，两人同时依规定的传球方式把球传给对方，双方在传球出手的同时即准备接住对方的来球，直至规定的时间到，计算各组连续传球的次数，次数多者为胜。

(4)“两人传两球”游戏的规则。

①传接球次数计算是从其中一个开始，以“一传一接”为一次。

②传接球失误时，前所计的次数不算，重新开始重头再计。

(5)“两人传两球”游戏的建议。

可根据学生的传接球掌握情况决定传球方式，包括如下几点。

①一人传双手头上传球，另一人传双手胸前传球。

②两人都用双手胸前传球。

③一人用双手胸前传球，另一人用双手反弹传球。

④两人都用单手体侧传球，或单手低手传球，或原地推拨传球，或单手体侧传球。

二、"两人传三球"游戏

(1)"两人传三球"游戏的目的。提高学生的快速反应和手对球的控制能力。

(2)"两人传三球"游戏的场地器材。篮球场 1 个，每两人 3 个篮球。

(3)"两人传三球"游戏的方法。把学生分为两人一组，相距 4～5米，面对面站立。两人用三个球做原地的单手体侧传接球，要让球不停运转直到规定时间到，累加其传球次数，次数多的组为胜。

(4)"两人传三球"游戏的规则。

①计算传球次数以开始手持两球的队员传球次数为准。

②三个球要始终保持运转，不能有明显停顿。

③传球失误时从失误处继续累加下去。

(5)"两人传三球"游戏的建议。

①此游戏适用于有一定技术水平的队友进行；传接球技术动作尚未规范时不宜采用。

②可根据球的数量，几个组同时开始或一个一个组进行。

三、"三人传四球"游戏

(1)"三人传四球"游戏的目的。强化传球出手速度，并要有余光观察的能力。

(2)“三人传四球”游戏的场地器材。篮球场一个,篮球若干个。

(3)“三人传四球”游戏的方法。队员按三人一组组成三角形分散站于场内,彼此相距5米,一人拿两个球,另两人各拿一球。游戏开始,按逆时针方向拿两球的人先传出一球,并立即传出第二个球。同时,第二个人和第三个人分别传出手中球,三人都要传球一出手立即接同伴的传球并迅速再传球出手。如此使四个球在三人手中不停传接。在规定时间内传接失误少者为胜。

(4)“三人传四球”游戏的规则。按竞赛规则进行。

四、“对墙传球”游戏

(1)“对墙传球”游戏的目的。提高传球的速度和准确性。

(2)“对墙传球”游戏的场地器材。平整的墙面,篮球若干个。

(3)“对墙传球”游戏的方法。在离墙4米左右画一标志线,队员呈连横排站立在标志线后,前排持球。墙上画出一边长为30厘米的正方形,游戏开始,每人用事先规定的传球方法连续对墙传球,每人传球20～30次,如传在方块内算得1分。在规定的传球次数中看谁传在方块的球最多,多的为胜,站在后排的队员担任裁判,数出传准的次数。做完后,前后排交换,游戏继续。

(4)“对墙传球”游戏的规则。脚不许踩标志线。

(5)“对墙传球”游戏的建议。传球的距离可根据实际情况而调整,传球方式可改变。

五、“传球脱险”游戏

(1)“传球脱险”游戏的目的。培养灵敏素质,提高传球速度。

(2)“传球脱险”游戏的场地器材。篮球若干个。

(3)“传球脱险”游戏的方法。把全班学生按8～10人进行分组,每组手拉手面向里围成一个圆圈,并选一人站在圈外。游戏开始,圆圈上人互相做传球练习。圈外人则随球移动,看准时机,在某一人接到球但还未传出之前,用手击他肩膀,击倒后两人交换位置,游戏继续进行,圈上人应尽量快速地将球传出去,使球在手中停留的时间极短,以防被圈外人击倒。

(4)“传球脱险”游戏的规则。

①传球失误、球脱手落地均为犯规,应与圈外人交换;

②圈外人必须击倒球正在手中者才算有效,在球已出手或尚未接到球时击拍无效。

(5)“传球脱险”游戏的建议。可增加圈外人数,也可增加篮球数。

六、“转身传球”游戏

(1)“转身传球”游戏的目的。培养灵敏素质,提高传球能力和脚步移动的协调性。

(2)“转身传球”游戏的场地器材。在场地上画长 20～30 米,宽 5～8 米的长方形若干个。

(3)“转身传球”游戏的方法。游戏者每三人一组,一块长方形场地。游戏开始,甲乙两人先在两端掷地滚球,丙在场内接球。先由甲掷,丙跑上接球后,转身传给乙,并就地做好接球准备,乙接球后又掷出地滚球,丙跑上接球传给甲,连续做 10～20 次后,轮换练习。

(4)“转身传球”游戏的规则。

①掷出的地滚球可在长方形内任意位置。

②接球人应跑上接地滚球,转身传出的球要准确,若传球失误则受罚。

(5)“转身传球”游戏的建议。根据对象和天气状况掌握运动量。

七、“坐地传接球比赛”游戏

(1)“坐地传接球比赛”游戏的目的。帮助学生熟练双手传接球技术，发展其上肢力量。

(2)“坐地传接球比赛”游戏的场地器材。篮球场 1 个或平整的空地 1 块，两人 1 个篮球。

(3)“坐地传接球比赛”游戏的方法。学生两人一组手持一球，相对伸直腿坐于地上，两人的双脚脚掌相抵。游戏开始，两人以规定传、接球方式坐在地上连续对传，直到传完规定的次数，先传完的组为胜。

(4)“坐地传接球比赛”游戏的规则。

①次数的计算以其中一人“一传一接”为一次计。

②传接球失误，重新开始，以前所传次数累计。

③在整个传球过程中，两人必须始终伸直腿坐地上，否则犯规，判其重新坐好后再从头计算次数，此前的次数取消。

(5)“坐地传接球比赛”游戏的建议。

①可改为仰卧起坐传球比赛。

②可改为先计算个人成绩，再计算全队成绩的方法。

③可改为在规定时间内计算各组累加次数的方法，累加次数多的组为胜。

④可以双手传、接球方式(如双手胸前传球、双手头上传球等)为规定方式。

八、“交叉步对传比多”游戏

(1)“交叉步对传比多”游戏的目的。学生在快速移动中熟练双手胸前传接球技术，提高移动中传接球时的手脚协调性。

(2)“交叉步对传比多”游戏的场地器材。篮球场 1 个，两人 1 个篮球。

(3)“交叉步对传比多”游戏的方法。两脚左右开立与肩同宽，向右交叉时，左脚经提前跨步落右脚的右侧，同时右脚向右迈一步成原姿势站立；向左交叉步的动作相同，方向相反。游戏开始，甲、乙两人约定甲持球原地不动，乙先做交叉步移动；乙向右做交叉一步移动时，在他的右脚落地的同时，甲传出的球到乙的手中，在原地把球传回给甲，同时做向左的交叉步移动，在他的左脚落地的同时，甲传出的球到乙的手中，乙再次把球传回给甲。如此循环下去，在规定的时间内比赛交叉步传接球次数的多少，多者为胜。传球方法以双手胸前传接球的方式为宜。

(4)“交叉步对传比多”游戏的规则。

①必须按规定步法和传、接球方法进行比赛，否则无效。

②计算次数以移动者的一传一接为一次计算。

③传接球失误，从失误处重新再计算。

(5)“交叉步对传比多”游戏的建议。

①可改为规定传接球次数，先完成的为胜。

②可改为以先计算全队中个人(或组)胜负次数，胜者得 1 分，然后把个人(或组)的得分累加得分多的队名次列前。

第三节　运球类游戏

在篮球技术中，运球是最基本的技术之一，也是篮球比赛中运用时间最长的技术。因此要想打好篮球，必须很好地掌握篮球的基本技术。然而在实际教学中如果按部就班地进行运球技术教学，有的学生就会因为运球的枯燥而降低对篮球的兴趣，特别是女生。而有的学生则因运球没学好就急着想打比赛，导致活动效果很差。在教学中适当使用运球游戏进行教学，可以使学生产生浓厚的兴趣，从而获得更好的教学效果。

运用游戏形式进行运球和持球突破技术的教学训练，其目的是让学生在游戏中掌握运球和突破的基本技术，培养其勇猛、顽强、果断的作风，提高其运用运球和突破技术的意识，使他们学会判断和掌握运球或突破时机，扩大视野，在提高个人实力的同时，提高球队的整体实力。

一、"对抗出局"游戏

(1)"对抗出局"的游戏的目的。提高学生对抗时的运球能力。

(2)"对抗出局"的场地器材。依人数的多少在场地内画几个与中圈等大的圆，篮球若干个。

(3)"对抗出局"的方法。依队员的对抗能力分为每两人一组，在一圆圈内各运一球，游戏开始，在控制好自己的球的情况下，两队员用肩膀互相挤推，力争把对方挤出圆圈，在规定的时间内，将对方挤出圆圈次数多的同学为胜，另一人受罚。

(4)"对抗出局"游戏的规则。

①只能用肩膀挤推，不能用手。

②在对抗过程中，若队员运球失控，判出圆圈一次。

(5)"对抗出局"的建议。分组时，要按能力均等的原则。

二、"运球绕人"游戏

(1)"运球绕人"游戏的目的。提高运球跑动能力，活跃课堂气氛。

(2)"运球绕人"游戏的场地器材。一个半场，篮球若干个。

(3)"运球绕人"游戏的方法。将学生分为人数相等的两组，两组间隔约 5 米面向站立，其中一组持球。游戏开始，持球同学运球跑向自己对面的同学，绕过该同学后运球回到自己原来的位置，将球传给对面的同学，绕过该同学后运球回到自己原来的位置，将球传给对面的同学，游戏重新开始，每一轮比赛最后回到原位置的同学判输，几轮比赛后被判的同学集体受罚。

(4)“运球绕人”游戏的规则。启动时不能向前抛球，运球不能走跑。

三、“运球攻守”游戏

(1)“运球攻守”游戏的目的。培养学生抬头运球习惯，培养灵敏素质。

(2)“运球攻守”游戏的场地器材。篮球场 1 个，篮球若干个，粉笔。

(3)“运球攻守”游戏的方法。把队员分成人数相等的 3～4 组，各组首尾相接站成半个球场大小的圆，面对圆心。游戏开始，各组排头两名或 3 名学生在圈内各一手持球，一手拿粉笔头，听教师哨音在圈内任一点开始运球，每个学生力争在运球的同时在另一学生背部画一痕迹。游戏者只攻不守。背部出现痕迹者退出游戏。第一退出者得 1 分，第二退出者得 2 分，依此类推，只剩一人时游戏结束，该学生为优胜者，得分最高。一轮结束计算各组得分后按次序进行下一轮。每人进行一次后，累计各组部分，按总分多少排出各组名次。

(4)“运球攻守”游戏的规则。运球不得出圈，只准在运球的同时进攻，画在背部有效。

(5)“运球攻守”游戏的建议。此游戏能提高学生变向、变速运球及用手感控制削球的能力，可在半场内进行。

四、“穿越丛林”游戏

(1)“穿越丛林”游戏的目的。巩固学生已学的各种运球突破技术，提高在快速运球中的控球能力。

(2)“穿越丛林”游戏的场地器材。篮球场 1 个，篮球若干个。

(3)“穿越丛林”游戏的方法。把学生分为人数相等的几组，每组 5 人左右为宜，前后间隔约 1.5 米，每组排头持球面向本组队员。游戏开始,各组持球队员用跳步急停后交叉步突破的方式依次突破本组队员,到队尾后用地滚球方式把球传到排头,自己与前一位同学间隔 1.5 米站立,依此类推,各组同学轮一遍,先做完的组为胜。

(4)“穿越丛林”游戏的规则。突破时走步的同学判为重做。

(5)“穿越丛林”游戏的建议。突破方式可改为急停后同侧步突破、运球后转身突破、提前变向突破等。

五、“持球突破投篮”游戏

(1)“持球突破投篮”游戏的目的。提高学生突破和投篮动作的衔接能力。

(2)“持球突破投篮”游戏的场地器材。篮球场 1 个,篮球 2 个,标志杆 2 个。

(3)“持球突破投篮”游戏的方法。在两个半球 45°的 3 分线上各放一个标志杆,标志杆前 1 米处画一横线,把学生分为人数相等的两组成纵队站于标志杆后,各组排头持球。游戏开始,排头做交叉步突破至横线跳起投篮,投中后(不中要补中)自己抢篮板球传给本组第二位同学,依此类推,先做完的组为胜。

(4)“持球突破投篮”游戏的规则。必须使用规定的突破动作。

六、“运球相互拍打”游戏

(1)“运球相互拍打”游戏的目的。帮助学生熟悉球性,提高控制支配和保护球能力。

(2)“运球相互拍打”游戏的场地器材。篮球场 1 个,每人 1 个篮球。

(3)“运球相互拍打”游戏的方法。全体学生人手一球分散于半场(或 3 分线以内)内,自己运球并随时伸手拍打周围同伴的球,同时注意保护好自己的球不被别的同伴拍打。凡拍打到同伴球的学生得一分,持续 3～5 分钟后统计个人得分,分数多者获胜。

(4)"运球相互拍打"游戏的规则。

①只准在规定区域内相互拍打,否则算自动退出比赛。

②拍打到同伴的球一次得 1 分,被同伴拍打到一次失 1 分;统计时把得分减去失分即为个人得分。

(5)"运球相互拍打"游戏的建议。

①可进行几个 3～5 分钟,以提高游戏难度。

②可在计算个人得分的同时计算全队得分,全队得分高者获胜。

③可用每局淘汰最后 3 个或 5 个得分最低的队员的方法,以增加游戏的竞争性。

七、"救球"游戏

(1)"救球"游戏的目的。发展学生手指、手腕按球的能力。

(2)"救球"游戏的场地器材。篮球场 1 个,每人 1 个篮球。

(3)"救球"游戏的方法。把学生分成人数相等的两队成横排相对而立,每人面前放一个篮球。游戏开始,两排学生同时下蹲用最快速度把放在地上的"死"球拍"活"成原地高球姿势站立,在规定时间内站起来的人数多的队为胜。

(4)"救球"游戏的规则。

①只能用手、手腕的力量快速拍按球,使球变"活",不得把球拿起来。

②同队队员间已把球拍"活"的队员不得去帮助未把球拍"活"的同伴把球拍"活"。

③不得以任何方式干扰对方拍"活"球。

④违反上述规定者为犯规,凡犯规者罚其把球连续拍"活"三次后才计成绩。

(5)“救球”游戏的建议。如果参加游戏的人数多或无法做到每人一个篮球,可把参加游戏的人分成若干个小组,每个组的人数与现有的球数相同,采用淘汰的方法进行对抗。

八、“运球追逐”游戏

(1)“运球追逐”游戏的目的。提高学生行进间运球技术,发展其运球的手、脚、眼的协调能力。

(2)“运球追逐”游戏的场地器材。篮球场 1 个,每人 1 个篮球。

(3)“运球追逐”游戏的方法。学生甲、乙两人一组各运一球分散于球场内任意跑动,规定教师吹一声长哨为甲追乙,两声短哨为乙追甲。游戏开始,随着教师哨声的变换,甲、乙两人在场内反复进行追逐与反追逐。追到对方并用手轻拍对方后背得 1 分,在规定时间内得分多者为胜。

(4)“运球追逐”游戏的规则。

①只有运着球追到对方并拍到对方背后才得分,若追到对方时运球失误,或拍到对方身体其他部位无效。

②双方在运球时要随时注意躲闪其他人的运球,以免发生碰撞,当发生碰撞被对方击拍到则算有效。

(5)“运球追逐”游戏的建议。

①也可改为个人得分基础上计算全队得分,得分高的队为胜。

②如参加的人数多,可分为几队轮流进行。

第四节 投篮类游戏

投篮是篮球运动最重要的基本技术,是最主要的得分手段,是决定篮球比赛胜负的关键因素。投篮与防投篮构成了篮球比赛中攻防矛盾的焦点。因此正确掌握和熟练运用投篮技术，不断提高投篮命中率，对于夺取比赛胜利具有重要的意义。

投篮是与篮球运动同时出现的技术，它始终随着现代篮球运动的发展而发展。当前投篮技术的发展趋势和特点具体表现在以下方面：投篮难度、命中率越来越高；投篮的攻击性、突然性、技巧性越来越强；投篮的动作方式及其变化越来越多；投篮的动作越来越趋向早（举球早）、高（出球点高）、快（出手快和突然）。因此投篮时要做到快、高、准、变就成为现代篮球比赛对投篮队员最基本的要求。

投篮的方式种类很多，但无论任何方式的投篮，其动作结构都包括准备、出手、结束三个阶段；包括持球动作、出手动作、瞄篮方法、球的飞行弧线、球的旋转五个要素；无论是结构还是要素，投篮出手都是影响投篮命中率的关键环节。为此，在投篮的教学训练中，严格要求队员规范地完成投篮动作的全过程，学会合理地控制、支配、调整动作各环节的力量、方向、速度、角度，以保证投篮出手的连贯性、协调性和整体用力性。组织投篮游戏的出发点和归宿也不过如此。

一、“罚球比赛”游戏

（1）“罚球比赛”游戏的目的。提高学生原地投篮技术动作的质量和命中率。

（2）“罚球比赛”游戏的场地器材。篮球场 1 个，篮球 2 个。

（3）“罚球比赛”游戏的方法。把学生分成人数相等的两队，两队面向球篮成纵队站立于罚球线后，排头各手持一个篮球。游戏开始，各队从排头开始依次罚球（可规定或不规定投篮方式），无论投中与否都由投篮队员自己去抢篮板球传给下一个队员，如此循环下去，直到以下几种情况结束。

①全队每人投篮出手一次，累计投中个数，投中个数多的队为胜。

②规定时间到，累计投中个数，投中个数多的队为胜。

③完成规定的投中个数，先完成的队为胜。

(4)"罚球比赛"游戏的规则。按篮球比赛的罚球规则执行。

二、"阻力投篮"游戏

(1)"阻力投篮"游戏的目的。提高学生快速移动能力和投篮能力。

(2)"阻力投篮"游戏的场地器材。篮架 1 副，弹性绳 1 根，篮球若干个。

(3)"阻力投篮"游戏的方法。把学生按两人一组分成若干组，第一组一名队员身上用弹性绳绑好，另一端固定，另一队员站在规定的区域内准备传球。开始的信号发出后，投篮的队员快速向前跑动，按同伴的传球投篮，每投一次，必须迅速后退，用手触固定点，然后再向前跑动接同伴的传球投篮，依此类推，直至规定的时间到，记录进球数，各组做完后，以投进球多的组为胜。

(4)"阻力投篮"游戏的规则。

①每人投篮时间为 30 秒，两人共 1 分钟。

②投篮姿势不限。

(5)"阻力投篮"游戏的建议。可限制接球区域和投篮姿势。

三、"攻守投篮"游戏

(1)"攻守投篮"游戏的目的。提高学生的灵敏性和应变能力，培养对抗意识和配合意识。

(2)"攻守投篮"游戏场地器材。篮球场 1 块，篮球 2 个。

(3)"攻守投篮"游戏的方法。将学生分为人数相等的两队，每队 6～8 人。双方各有一名队员手持球站在本方半场的端线外准备发球。游戏开始，当教师鸣哨后，各自发球开始比赛，两队同时在场上传球、运球、突破。力求将球投入对方篮内得分；同时又要设法阻截和防止对方将球投进本方篮内，并积极抢断对方的球，组织反攻，力争将其攻入对方篮内，规定时间内，以进球多者为胜。

(4)“攻守投篮”游戏的规则。比赛中出现犯规、违例、传球出界等情况时，均判对方在犯规违例方的半场发界外球。

(5)“攻守投篮”游戏的建议。本游戏运动量较大，时间不宜过长。

四、“跑投三十分”游戏

(1)“跑投三十分”游戏的目的。提高学生快速投篮的能力。

(2)“跑投三十分”游戏的场地器材。篮球场 1 个，篮球 4 个。

(3)“跑投三十分”游戏的方法。把学生分为人数相等的四队，每两队用一副篮筐，各队在规定地点站好，排头各持 1 球。游戏开始，各队从排头起做原地跳投 1 次，罚球 1 次，都是自投自抢，无论投中与否，都把球传给下一个队员，其他队员依次按同样方法进行，按跳投投中得 2 分，罚球投中得 1 分的分值累计，直到投满 30 分，以完成得快慢排列名次。

(4)“跑投三十分”游戏的规则。

①严格限制投篮距离，跳投时的起跳点不能越过规定范围。

②不得故意干扰对方投篮。

(5)“跑投三十分”游戏的建议。

①根据队员的水平，对投篮动作提出不同的要求或规定。

②如果人数太多，可多分几队，用淘汰赛或擂台赛的方法抢投 30 分。

五、“上篮连中比快”游戏

(1)“上篮连中比快”游戏的目的。提高学生快速运球上篮技术运用能力。

(2)“上篮连中比快”游戏的场地器材。篮球场1个，两人1个篮球。

(3)“上篮连中比快”游戏的方法。把学生分为甲、乙两人一组的若干组，每组1个篮球。比赛开始，各组的甲首先上场，在两个球篮间快速运球上篮，如甲能按规定连中4球则算完成一组，可由本组的乙再上场以同样方法进行，若甲未能按规定完成一组，由乙上场以同样方法进行，直到甲、乙两人完成规定的组数；先完成的组为胜。

(4)“上篮连中比快”游戏的规则。

①只能是“上篮”，否则投中无效。

②凡出现走步、两次运球等违例现象，违例者已投中的次数取消并罚其重做。

(5)“上篮连中比快”游戏的建议。

①此游戏适用于人数少的队训练时用，但若参加人数多，可3～4人一组或分成若干队进行对抗。

②不一定要求上篮时连中，可要求每人投中若干个或两个累加投中若干个则可。

③为防止学生追求上篮命中率而减慢上篮速度，此游戏可改为单位时间内，累计上篮命中次数判胜负。

六、“1+1”投篮游戏

(1)“1+1”投篮游戏的目的。规范学生投篮动作，提高学生罚球或原地投篮的命中率。

(2)“1+1”投篮游戏的场地器材。篮球场一个，篮球两个。

(3)“1+1”投篮游戏的方法。把学生分为人数相等的两队，各成纵队站于罚球线(或指定的投篮点)后，排头各手持一球。游戏开始，从排头起依次进行“1+1”投篮，即先投第一球，若投中则可投第二球；若第一球未投中，则把球传给本队下一个人，自己站到队尾，如此直到全队做完，累计所投中的球数多的队为胜。

(4)“1+1”投篮游戏的规则。

①必须在规定的投篮点投篮，否则投中无效。

②必须以规定的投篮方式投篮，否则投中无效。

③球在投篮队员手中停留不得超过5秒，否则投中无效。

④每人只有一次“1+1”的机会。

(5)“1+1”投篮游戏的建议。

①可改为规定投中个数的方法，先达到规定投中个数的队为胜。

②可改为限定时间比赛的方法，在规定时间内投中次数多的队为胜。

③可根据情况规定或不规定投篮方式，如原地单手肩上投篮、原地双手胸前投篮、原地双手头上投篮、原地跳投、运球或接球急停跳等。

七、“抢胜三球”游戏

(1)“抢胜三球”游戏的目的。锻炼学生心理素质，训练学生在比分接近的情况下提高投篮命中率。

(2)“抢胜三球”游戏的场地器材。篮球场1个，篮球2个。

(3)“抢胜三球”游戏的方法。把学生分为人数相等的两队在规定的点进行投篮比赛，比赛的顺序是甲1、乙1，甲2、乙2交替进行，直到一方净胜3球为止。

(4)“抢胜三球”游戏的规则。

①队员必须按预定次序进行比赛，中途不得更改。

②比赛开始先做的一队如果先胜三球，后做的一队仍有一次投篮机会。

(5)“抢胜三球”游戏的建议。

①为活跃气氛，在队员投中后，本队队员最好能高声呼出胜过对方的次数，如“赢一个”“赢两个”等，落后的队可以高呼“还差一个”等。

②投篮点和投篮方式可根据需要来确定。

八、“抢投得分”游戏

(1)“抢投得分”游戏的目的。磨炼学生的投篮基本功,提高对抗中快速出手能力和命中率。

(2)“抢投得分”游戏的场地器材。篮球场1个,每两人1个篮球。

(3)“抢投得分”游戏的方法。划定一个“投篮区”作为队员对抗的基本范围。把队员分为人数相等的甲、乙两队。游戏开始,双方各出一人进行对抗,两人均自投自抢进行防守。例如,甲方的甲1与乙方的乙1对抗,甲1持球并把球传给乙1同时上前封盖乙1的投篮,而乙1在接到甲1传来的球且尚未来得及投篮出手,并以同样方法去抢篮板球和把球传给甲1并对甲1进行防守。每人一次进攻机会。如此反复循环直至规定时间到,命中次数多的一方得1分;以后各组均按同样方法进行,直至双方全部轮完1次,以得分多的队为胜。

(4)“抢投得分”游戏的规则。

①投篮双方均不得超越投篮区的限制线,否则投中无效。

②双方接球后即出手,不得以运球或突破避开对方防守,否则投中无效。

③双方投篮后即冲抢篮板球并在获球的地方把球传给对方,不得走到对方面前交球接防守,否则算对方直接得1分。

(5)“抢投得分”游戏的建议。

①可在两个半场内同时进行4～6组的对抗。

②可根据情况规定或不规定投篮方式,延长或缩短投篮距离。

第五节　脚步动作类游戏

脚步动作游戏是通过各种突然、快速的脚步动作，达到进攻时能摆脱防守，防守时能跟住对手，以争得时间和空间主动权，进而有效地完成攻防任务的一种技术。它是篮球各项技术的基础，也是比赛中运用最多的一项技术。它对于掌握和提高其他技术、培养和发展学生的速度、力量、灵敏、反应、协调等基本素质以及培养用于克服困难的意志品质和勇猛顽强的作风，起着积极的作用。

移动技术包括走、跑、跳、停、转、滑、撤等20多种基本脚步动作方式。各种移动动作方式在比赛中的作用不尽相同。但无论是哪一种方式，其动作结构都主要以腰、膝、裸关节为轴的各种运动动作所组成，上肢加以协调配合，而且都是通过脚掌不同部位的蹬地、碾地或低地用力，配以脚、腿、腰、胯的协调用力来实现身体重心的转移和控制的。现代篮球比赛要求队员在比赛中运用各种脚步动作时，要做到突然、快速和多变。因此，队员进行移动技术教学训练，不仅要发展队员的判断、反应能力，提高身体训练水平，更重要的是培养队员变换身体重心和控制身体平衡的能力。

鉴于移动技术本身的动作简单，对教学训练条件的要求不高，但练起来又较枯燥的特点，以游戏的方式进行移动技术教学训练，就成为篮球教学训练中常用的教学手段。从教学的角度来说，移动技术教学训练中很重要的两点：一是要与篮球的专项身体数值训练紧密结合；二是要与篮球的对抗技术，如运球与防运球、突破与防突破、传球与防传球、投篮与防投篮、接球与防接球等紧密结合。但从移动游戏的素材选择角度来说，则更着重于移动的单一技术动作和专项身体素质训练紧密结合。因此组织移动游戏的目的主要是掌握各种移动技术动作方法，学会在球场上正确地蹬地用力、转移身体重心、保持身体平衡的基本方法；掌握移动技术运用方法以及不同技术动作间的相互衔接要点，提高脚步移动的速度、速率、突然性和灵活性；在模拟比赛实战的情况下，提高移动技术与其他技术的快速转换能力。

一、"不倒翁"游戏

(1)"不倒翁"游戏的目的。锻炼学生的反应能力，提高学生的起动速度。

(2)"不倒翁"游戏的场地器材。篮球场 1 个，标枪或竹竿 1 根。

(3)"不倒翁"游戏的方法。学生围成一个圆圈向圆心站立，报数并记住自己的号码。教师在圈中央用手扶竖立在地面上的竹竿。然后让学生绕圆慢跑，教师随意叫某一号码，同时将竹竿放开跑进圆圈。被叫到号的学生应立即跑到中间扶住将要倒下的竹竿，并使其竖直，然后呼叫另一号，游戏继续，未来得及扶住竹竿者受罚。

(4)"不倒翁"游戏的规则。扶竿同学放手时不能有意加快杆的倾倒速度，放手后也要注意躲避下一位扶竿者的跑动路线。

(5)"不倒翁"游戏的建议。游戏人数以 15 人左右为宜，人数太多可分组进行，太少则要增加跑动半径。

二、"摸球追拍"游戏

(1)"摸球追拍"游戏的目的。训练起动、急停技术，提高速度素质。

(2)"摸球追拍"游戏的场地器材。在场地上画一个等边三角形，在三个顶角放三只立柱，在三角形中心点放一篮球。

(3)"摸球追拍"游戏的方法。分成人数相等的三个组，站在立柱后成纵队，面向中心点。游戏以三人一组进行，听到信号后，每组第一人按规定的跑动路线进行摸球,即甲组到中间摸一下球,随后绕过乙组立柱再到中心摸球,在绕过丙组立柱到中心摸球,最后回到甲组。在游戏进行过程中,三人中后一人追前一人,如追拍到前一人得一分,在追拍过程中,还要随时注意信号,如听哨声后做急停并要沿轨迹相反方向跑,如此以回到原位为第一轮结束,累积每组得分,以得分多的组为胜。

(4)"摸球追拍"游戏的规则。

①追拍必须按规定路线行进。

②摸球时不得使球滚动,发生移动必须放还原处。

三、"关门"游戏

(1)"关门"游戏的目的。提高滑步及关门防守技术,培养学生协同配合的精神。

(2)"关门"游戏的场地器材。篮球场一个,在场地上画几个与中圈等大的圆,篮球若干个。

(3)"关门"游戏的方法。在每个圆心上放一篮球(要使篮球固定不动),每组分 4 人防守和 3 人进攻站于圈内外。游戏开始,攻方利用身体虚晃、转身、急停及各种脚步动作设法进入圆圈触摸球,而防守则通过快速的移动及相邻两人的关门配合不让对方进入圆内,以 2 分钟内攻方能否进入圆圈触摸球判断胜负,然后交换位置游戏重新开始。

(4)"关门"游戏的规则。

①防守只能依靠快速地移动,用身体来防守对方进攻,不能用手臂阻止对手。

②进攻方不能有推人动作。

(5)"关门"游戏的建议。进攻和防守的人数可适当增加或减少,但防守区至少比进攻多一人。

四、"团体赛跑"游戏

(1)"团体赛跑"游戏的目的。训练腿部力量,提高速度素质。

(2)"团体赛跑"游戏的场地器材。场上放几行等距离的立柱,将人数分成相应均等的几组,在端线外面对场内纵队站立(后一人抱住前一人腰)。

(3)"团体赛跑"游戏的方法。游戏开始,每组从端线出发,绕过所有立柱到另一端线,游戏以一组排尾先过端线为胜。

(4)"团体赛跑"游戏的规则。

①队伍不得松散,要集体通过端线。

②必须按图示路线跑动,不得触及标志杆。

③击掌时,下一位同学不准抢跑。

(5)"团体赛跑"游戏的建议。

①可通过增加标志杆的数量来增加跑动难度,改变标志杆的位置来改变跑动路线。

②标志杆可由见习生来顶替。

五、"大渔网"游戏

(1)"大渔网"游戏的目的。训练灵敏反应和脚步动作的灵活性,培养协同一致的配合能力。

(2)"大渔网"游戏的场地器材。在篮球场上进行,先指定两名队员担任"渔网",其他人在场内可以任意跑动。

(3)"大渔网"游戏的方法。游戏开始,担任"渔网"的第二名队员手拉手在场内跑动并设法用手触及其他人,被触到者加入"渔网"队伍,如此"渔网"逐渐扩大,直至场上剩下最后一名,游戏结束。

(4)"大渔网"游戏的规则。

①"渔网"不得松散,如松手触到人不算。

②不得离开球场跑动,被迫出界按触到论。

六、"急起急停"游戏

(1)"急起急停"游戏的目的。练习急停技术,提高快速起动能力。

(2)"急起急停"游戏的场地器材。篮球场一个。

(3)"急起急停"游戏的方法。学生成一列横队站于端线后,以教师哨声为信号向对面端线跑动。教师鸣哨,学生起动跑,教师再吹鸣哨,学生急停,如此进行。在最后一次鸣哨跑动后,先到达端线的学生为胜。

(4)"急起急停"游戏的规则。听到急停哨声应立即停止跑动,否则视为犯规。

(5)"急起急停"游戏的建议。

①为练习急停技术,可要求学生在第一轮游戏中采用跨步急停,第二轮游戏采用跳步急停。

②若与篮球运动规律相结合,起动信号应改为教师的手势或口令,急停信号用哨声。

七、"摸高快跑"游戏

(1)"摸高快跑"游戏的目的。提高学生的弹跳力,练习急停和转身的技术动作。

(2)"摸高快跑"游戏的场地器材。篮球场一个。

(3)"摸高快跑"游戏的方法。把学生分为人数相等的两队,各成纵队站于端线外。游戏开始,两队排头迅速起跑至中线用手摸中线后返回,在篮板下急停跳起摸篮筐两次,再拍击本组第二位同学的手,自己站队尾。能摸到篮板的学生要连续起跳三次再接力;摸不到篮板的学生在篮下尽力纵跳四次后再接力,先轮完的队为胜。

(4)“摸高快跑”游戏的规则。

①接力时，击掌后才能跑动，否则退回原处重新开始。

②触篮筐时不能手抓，否则重罚。

(5)“摸高快跑”游戏的建议。

①起跳前的跑动距离和方式可改变。

②起跳方式可改为单脚、双脚或单、双脚交替，触摸方式可改为单手触摸和双手触摸。

八、“贴膏药”游戏

(1)“贴膏药”游戏的目的。发展学生的反应、躲闪、奔跑、急停和转身能力。

(2)“贴膏药”游戏的场地器材。篮球场 1 个或平整的空地 1 块。

(3)“贴膏药”游戏的方法。学生两人成一组，每组间隔两臂左右，围成一圆圈站立；先由 A、B 两人开始，A 指定为追人者，B 则指定为被追者。被追者 B 可利用圆圈上的“人墙”做障碍，追逐者奔跑周旋，当即将被追人者 A 触摸到或不想再“奔逃”时，可跑到圆圈上某一组的左或右侧并紧贴其站立，临时组成 3 人并排的一组；此 3 人并排的最外侧(例如，若被追者 B 贴于该组左侧时，其最外侧为右侧，反之亦然)的队员应立即代替原被追者 B 成为新的被追者；原追人者 A 则换追这个新的被追者；若被追者在达到安全位置前被追人者触摸到，则两人角色互换，被追者反追追人者。如此反复进行。

(4)“贴膏药”游戏的规则。

①被追者和追人者均可在圈内外任意跑动，但不可能跑出规定的球场范围。

②被追者只有在其肩部紧靠某组左或右侧人的肩部后才为安全，否则算被追人者追到。

③被追者不得在某组的身后停留超过 3 秒；而追人者则不得

在某组的两人间强行触及位于该组后面的被追者。

(5)“贴膏药”游戏的建议。

①此游戏可变化为两人前后站立，前贴后跑或后贴前跑。

②为提高练习密度，可同时由两对或三对相互追逐者开始。

③大家熟悉游戏方法后，游戏改为运球“贴膏药”。

参考文献

[1]贾志强，贺金梅.篮球基本技术课堂[M].北京：北京体育大学出版社，2015.

[2]刘青松.高校篮球运动教程[M].北京：中国水利水电出版社，2015.

[3]高治.现代篮球技战术实践与创新[M].北京：中国书籍出版社，2014.

[3]黄滨，翁荔.篮球运动[M].杭州：浙江大学出版社，2014.

[4]尹承昊.中国人的篮球体能训练秘籍[M].北京：机械工业出版社，2015.

[5]李彦龙.篮球运动的本质与价值研究[D].武汉体育学院，2014.

[6]许博.篮球规则图解——2015[M].北京：化学工业出版社，2015.

[7]林克明，王哲中. 篮球文化价值初探[J].体育文化导刊，2008(12).

[8]范尧.我国高校竞技篮球系统自组织演化机制研究[D].东北师范大学，2012.

[9]唐建倦.现代篮球运动教程：理论·方法·实践[M].广州：华南理工大学出版社，2014.

[10]孙民治.篮球运动教程[M].北京：人民体育出版社，2007.

[11]张凤珍. 我国竞技体育后备人才培养体制的现状分析及对策[J].体育与科学，2008(03).

[12]黄俊玉.慕课在高校体育教学中的应用研究[J].中山大学研究生学刊,2015,36(03).

[13]杨继华.多媒体技术在高校体育教学中应用研究[J].当代体育科技,2015(13).

[14]张磊.多媒体技术在高校体育教学中应用的研究[D].四川大学,2005.

[15]张英波.现代体能训练方法[M].北京:北京体育大学出版社,2006.

[16]王家宏.球类运动——篮球[M].北京:高等教育出版社,2005.

[17]郭永波.篮球运动教程[M].北京:北京体育大学出版社,2005.

[18]田玉军.实用篮球技战术解析[M].北京:中国商务出版,2008.

[19]薛岚.论篮球运动的健身功能与方法[J].北京体育大学学报,2003(04).

[20]陈勇,周欣.浅析篮球运动在全民健身运动中的地位[J].科技资讯,2009(07).

[21]吴东明等.体能训练[M].北京:高等教育出版社,2005.

[22](美)艾克著,高博译. NBA 篮球训练法[M].北京:化学工业出版社,2013.

[23]胡安义,肖信武.高校篮球技战术教学与实战训练[M].北京:人民体育出版社,2010.

[24]黄德星.篮球训练执教方略[M].昆明:云南大学出版社,2014.